# 孙冶方文集

## 第8卷

（1980—1983年）

孙冶方 ◎ 著

知识产权出版社
全国百佳图书出版单位

图书在版编目（CIP）数据

孙冶方文集. 第 8 卷/孙冶方著. —北京：知识产权出版社，2018.1
ISBN 978–7–5130–5210–8

Ⅰ. ①孙… Ⅱ. ①孙… Ⅲ. ①经济学—文集 Ⅳ. ①F0–53

中国版本图书馆 CIP 数据核字（2017）第 257212 号

内容提要

《孙冶方文集》（10 卷本）收集孙冶方 1925 年至 1983 年间的各类作品 356 篇（部）。他的作品有着鲜明的时代特点，真实地反映了作者尊重规律、追求真理的研究轨迹，也真实地反映了他一以贯之的执着精神和宁折不弯的人格魅力。

读者可以从《孙冶方文集》中看到我国经济学界一代宗师孙冶方屡经磨难的艰苦历程，了解孙冶方的学术观点和理论勇气，了解我国社会主义政治经济学各个历史阶段的发展印迹，并从中受到启迪。

项目负责：蔡　虹　　　　　　　　　　本卷责编：国晓健
套书责编：石红华　蔡　虹　　　　　　责任出版：刘译文

### 孙冶方文集（第 8 卷）

孙冶方　著

出版发行：知识产权出版社 有限责任公司　　网　　址：http://www.ipph.cn
社　　址：北京市海淀区气象路 50 号院　　邮　　编：100081
责编电话：010–82000860 转 8324　　　　　责编邮箱：caihongbj@163.com
发行电话：010–82000860 转 8101/8102　　 发行传真：010–82000893/82005070/82000270
印　　刷：三河市国英印务有限公司　　　经　　销：各大网上书店、新华书店及相关专业书店
开　　本：720mm×1000mm　1/16　　　　印　　张：22
版　　次：2018 年 1 月第 1 版　　　　　　印　　次：2018 年 1 月第 1 次印刷
字　　数：276 千字　　　　　　　　　　　总 定 价：1680.00 元（全套共 10 卷）
ISBN 978–7–5130–5210–8

出版权专有　侵权必究
如有印装质量问题，本社负责调换。

# 《孙冶方文集》 编辑委员会名单

主　　任：张卓元

成　　员：（以姓氏笔画为序）

王迎新　吕民生　李　昭　旷建伟

沈国弟　张建清　武克钢　范世涛

周　济　冒天启　薛小和

孙冶方(1908—1983)

1980年孙冶方在首都(协和)医院

1981年9月孙冶方在大连出席全国经团联首届年会

(以上照片由孙冶方亲属提供)

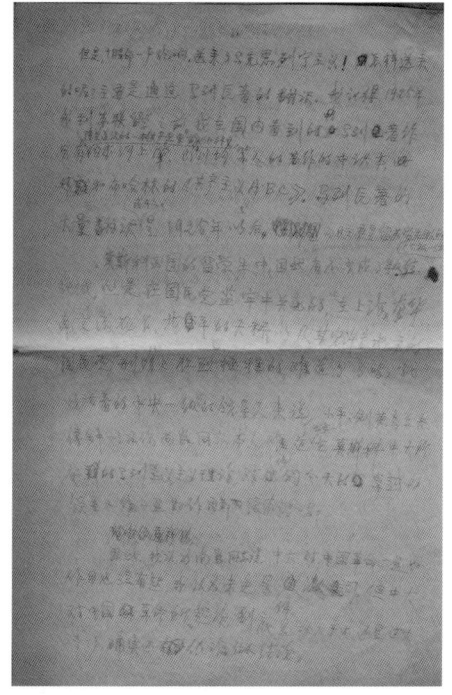

1981年8月孙冶方《莫斯科中山大学和中国留苏学生的功过》一文底稿

1981年6月30日孙冶方就社会经济统计问题致孙世铮同志信

1982年8月18日就《天云山传奇》的讨论致德华同志信

（以上手稿照片由孙冶方亲属提供）

# 编者说明

孙冶方是我国著名经济学家，15岁起就从事革命活动，在长达60年的革命生涯中，为宣传马克思主义政治经济学呕心沥血、奋斗终生，在经济学界和社会大众中享有崇高声誉。

2018年是孙冶方诞辰110周年。为缅怀先贤足迹，激励后人理论创新，2016年年初，孙冶方经济科学基金会与知识产权出版社相约，共同编辑出版《孙冶方文集》（以下简称《文集》），是为纪念。

孙冶方一生勤于思考，治学严谨。纵观现存的各类作品，字里行间无不充满了理论探索与实践创新。1979年人民出版社出版《社会主义经济的若干理论问题》；1982年出版《社会主义经济的若干理论问题》续集；1984年山西人民出版社出版《孙冶方选集》，中国展望出版社出版《孙冶方社会主义流通论》；1985年人民出版社出版《社会主义经济论稿》，中国社会科学出版社出版《关于中国社会及其革命性质的若干理论问题》。1998年为了纪念孙冶方诞辰90周年，孙冶方经济科学基金会委托山西经济出版社在上述作品基础上，出版了5卷本《孙冶方全集》（以下简称《全集》）。2008年，孙冶方经济科学基金会与无锡市玉祁镇孙冶方纪念馆合作，将在整理孙冶方文献资料时新发现的多篇文章、译著合并，内部出版了《全集（补遗）》。

如今呈现在读者面前的《文集》（10卷本），是在《全集》和《全集（补遗）》基础上再次整理编辑而成，是两年来紧张工作的成果，也是改革开放以来孙冶方作品收集整理工作的继续。

《文集》能够顺利出版，得益于多方面的共同努力。一是浙江财经大学孙冶方经济科学奖文献馆利用文献数据库及全国的图书馆网络检索文献（特别是1949年以前公开发表或出版的作品）获得资料。二是孙冶方亲属较为全面地整理了20世纪80年代保存至今的孙冶方文稿原件、打印件、书信及手稿等。三是《文集》编辑委员会在孙冶方曾经生活并工作过的上海、江苏、浙江和无锡等地，以及国家统计局、中国科学院哲学社会科学部（现中国社会科学院）、中国社会科学院经济研究所等单位寻访时获得了十分宝贵的文献、书信和报告若干。四是《文集》编辑委员会成员个人提供报告、书信等重要资料。

有关《文集》编辑整理时遵循的原则以及不同情况的处理作如下说明。

一、《全集》和《全集（补遗）》收录作品分别为111篇（部）和24篇。《文集》增加新近收集到作者1925年至1983年间的作品221篇，计有理论文章59篇、译作11篇、报告65篇、书信86封，其中148篇是首次公开出版。

二、《文集》编辑过程中，发现《全集》和《全集（补遗）》存在一些差错，主要是有的作品标题中的个别用字以及发表的时间、刊登的期刊、卷次和脚注等有误或不完善，一并予以修改和补充。

三、《文集》每卷卷首增加了该卷相应时间段作者的照片及作品影印件。《社会主义经济论稿》《社会主义经济论大纲》及《孙冶方大事记》（补充修订后）仍置于《文集》最后两卷。

四、孙冶方（薛萼果）因为工作和生活的需要，有过多个曾用名和笔名。经考证确认的就有孙勉之、孙一洲、孙宝山、孙宜（毅）刚、叶非木、勉之、叶舟、亨利、宋亮、席矩、倪江、方青等。新出现的笔名"席矩"是根据冯和法的回忆文章，及在不同刊物发表文章的考证确认;"倪江"则根据作者相关记录和文章内容确定。文献检索发现,个别笔名可能和他人同名,为避免误收同名作者作品,需要经过编委会集体讨论、仔细甄别、慎重确认后方予收入。其他笔名文章参照《全集》和《全集(补遗)》所用笔名,由编委会认真讨论后收入。

20世纪30年代发表于《中国农村》《中国农村经济研究会会报》上的少数文章,虽无作者署名,经反复考证后确认系孙冶方执笔,在注释中已予以说明,有关考证将另文发表,不在此赘述。

五、《文集》作品以发表、出版或写作的时间为序。对于没有标明详细时间的作品,如缺少月份,则按照通行的做法,置于全年的最后。这样编排,目的是客观地反映孙冶方在各个年代工作和生活时的原貌。

六、对于新收录的作品,尽可能保持原有作品的风貌,仅对个别之处进行了删减或修订;一些书信、报告,原件中没有标题,编辑时增加了现在的标题;个别文献原件页码不全;有的字迹缺失或无法辨认时以空格表示,这些情况在注释中都分别进行了说明。

七、一些早年作品经不同出版社再次出版时,由作者重新审阅并增加了当时新版本的参考文献,因此出现30年代写的文章,参考了70年代出版的文献的情况,现统一注释为"参见……"。

八、根据作者的日记和工作笔记等线索查找,许多文章、书信、报告、谈话等至今仍没有收集到;一些笔名文章虽已找到,但由于可参考查证的资料十分有限,目前无法确认作者而暂不能收入。

综上所述,新出版的《文集》中仍然可能有某些不足甚或错误之处,敬请读者批评指正。

最后,我们要特别感谢在《文集》编辑出版过程中,提供了

编者说明

支持与帮助的单位和个人。可以说，没有这些单位和个人的无私支持和鼎力相助，《文集》以全新的面貌如期出版也就没有可能。

这些单位是：中国社会科学院办公厅档案处，中国社会科学院经济研究所及经济史研究室、图书馆，国家统计局资料中心编研处，无锡市档案馆，无锡市博物院，无锡市史志办公室，无锡市玉祁镇孙冶方纪念馆，上海市档案馆，中共上海市委党史研究室，江苏省档案馆，中共江苏省委党史研究室，浙江省档案馆，浙江财经大学孙冶方经济科学奖文献馆，等等。个人有：中国社会科学院副院长蔡昉、中国社会科学院经济研究所所长高培勇、国家统计局办公室主任曾玉平、上海市现代管理研究中心主任陈加英、南京大学商学院院长沈坤荣，以及沙尚之、汪静、沈树正、马骏、崔建华、李晶、刘胜文、王大庆、郑泽清、谢黎萍、陈晓明、吴斌、徐洁、江剑萍、周建军、陈彤光、吴佳佳、殷语、朱昱鹏、谈菁、杜松等。此外，知识产权出版社的蔡虹、石红华及各位编辑，孙冶方经济科学基金会办公室的周小和、王昊、李建、王莉4位同志，为《文集》的最终出版付出了辛勤的劳动和大量的心血，在此一并致以感谢！

《孙冶方文集》编辑委员会

2017年10月30日

# 序

## 张卓元

孙冶方是我国当代卓越的马克思主义经济学家。他一生论述甚丰，20世纪五六十年代因提出把计划和统计放在价值规律基础上、千规律万规律价值规律第一条等，在经济学界起到振聋发聩的作用，产生了很大的社会影响。1998年，应山西经济出版社之约，我们编辑出版了《孙冶方全集》5卷本，主要收集中华人民共和国成立后孙冶方撰写的文章、研究报告、调查报告、政策建议等。此后，通过孙冶方亲属阅读整理他的日记、手稿、旧作等，发现有相当数量的文稿没有收入全集。为纪念我们敬仰的孙冶方诞辰110周年，我们又对孙冶方一生的作品，主要是经济学作品，进行查找和核实，以《孙冶方全集》为基础，把大量新发现的孙冶方遗作补充进去，按时序排列，形成现在的《孙冶方文集》10卷本，由知识产权出版社2018年年初出版。

重新出版《孙冶方文集》10卷本，不只是为了纪念孙冶方诞辰110周年，对于更好地了解孙冶方对马克思主义经济学的贡献，对于深入研究当代中国经济学思想史，对于认真吸收中国老一辈经济学家的理论精华，更好地构建中国特色社会主义政治经济学，都是很有意义的。

在《孙冶方文集》出版之际，我作为孙冶方经济理论的追随者和学生，作为文集编委会成员之一，在编辑过程中看到不少过去没有看到的文章、资料，学习到许多东西。下面拟就以下三个问题，简要谈谈个人的看法。

## 一、孙冶方是怎样治所的

孙冶方1957年年末到中国科学院经济研究所任所长,1964年年底接受批判被剥夺领导职务。他一到所,特别重视和强调经济理论研究要很好地联系实际,要从实际出发寻找研究课题,深入实际调查研究。他专门写报告要求对经济所实行双重领导,即由中国科学院和国家计委领导。后经周恩来总理和李富春副总理批准实行双重领导,他本人列席国家计委党组会议,接受国家计委分派的任务。为了便于研究人员到经济部门做调查研究,他把经济所从海淀区中关村搬到财经部门集中的西城区三里河。他接受李先念等领导同志交办的任务,亲自率领一批研究人员到上海第一机床厂等企业进行调查。他关于固定资产管理体制改革(反对复制古董)和加强经济核算包括资金核算的研究报告,就是深入调查研究后写出的。他在调查过程中,还同李立三、李人俊、汪道涵、马天水、顾树桢等中央经济部门和地方工作的同志多次深谈,征求他们的意见。在孙冶方的带动下,在经济所逐渐形成了调查研究的风气。还有,从上个世纪50年代末到60年代初,孙冶方和薛暮桥、于光远一块发起,针对农村"一平二调"和"大跃进"带来的国民经济断崖式下滑和比例失调等问题,组织经济理论工作者和实际工作者,讨论了社会主义商品生产、价值规律、按劳分配、社会主义再生产、经济核算、经济效果等问题,对全国的经济理论研究工作起到了引航的作用。

其次,大力倡导标新立异,向传统的经济理论挑战,扭转从书本到书本、从概念到概念、搞规律排队和只限于解释当前政策的教条主义学风。他自己带头创新理论(后面有专门论述),给经济所带来一股清新的研究风气。他还邀请当时苏联的统计局综合平衡司司长索包里作报告,他对传统的社会主义经济理论和体制持批评态度，主张生产价格论、强调资金核算的重要性等，使我们这些听众大开眼界。与此同时，他对当时广为流行的苏联科学院院士斯特鲁米林关于没有价格与价值的背离就没有价格政策的观点（上个世纪五六十年代国内有从事实际工作的同志很欣赏这一观点），不以为然，认为正确的价格政策恰恰是力求使价格与价值一致，只有这样，才是真正尊重价值规律。

再次，以任务带学科带队伍。孙冶方于1960年年初起，接受中宣部布置的写社会主义政治经济学的任务（薛暮桥、于光远也各负责写一本），于是组织全所研究现实经济问题的骨干力量，写《社会主义经济论》，他本人提出与众不同的按马克思《资本论》过程法（即资本的生产过程、资本的流通过程、资本主义生产的总过程，把资本和资本主义改为社会主义即可）展开，以最小的劳动消耗取得最大的有用效果为红线进行写作。在这个过程中，带出了一批年轻的经济学家，他们在中国改革开放后分别成为一些科研单位的骨干。

## 二、孙冶方治学是如何标新立异的

孙冶方提倡标新立异，他是以身作则的。他发表在《经济研究》1956年第6期的《把计划和统计放在价值规律基础上》一文，就是真正的标新立异，在经济学界引起轰动。他到经济研究所后，提出了一系列崭新的观点和主张，包括：恩格斯1844年在《德法年鉴》上提出的"价值是生产费用对效用的关系"并不是错误的、后来被恩格斯本人抛弃的观点，而是正确的、对准确理解马克思劳动价值论有重要意义的观点；主张以生产价格作为社会主义国家定价的基础；流通部门是很敏感的，国民经济中许多问题，都会在流通过程中首先表现出来，批判部分学界鼓吹的"无流通论"；财经体制的核心问题是作为独立核算单位的企业的权力、责任和它们同国家的关系问题，而不是有人常说的中央和地方的关系问题；凡是在原有资金价值量范围内的生产，是简单再生产，是属于企业（指国有企业）可以自主决定的权利，因此折旧基金应留给企业支配使用，而现实中要求折旧基金上缴的固定资产管理体制会导致出现复制古董的怪异现象；利润是反映企业技术水平高低、经营管理好坏的综合指标，高于社会平均资金利润率的是先进企业，低于社会平均资金利润率的是落后企业；用最小的劳动消耗取得最大的有用效果应作为社会主义政治经济学的红线贯穿始终；千规律，万规律，价值规律第一条；等等。

孙冶方在经济理论上标新立异，不是偶而突发的奇思异想，而是经过长时期调查研究深思熟虑后得出的。关于固定资产管理体制和重视利润的主张，就是经过大量实地调查研究和总结国内外经验教训后提出的。关于价值理论则除了调查研究、实际工作体会外，还大量引经据典，与不同观点商榷。他在1959年第9期《经济研究》发表的《论价值》一文，长达三万多字，系统地表达了他对价值和价值规律的独特观点。还有，我们常常看到孙冶方特别喜欢引用马克思在《资本论》第三卷中的一段话，马克思说，"在资本主义生产方式消灭以后，但社会生产依然存在的情况下，价值决定仍会在下述意义上起支配作用：劳动时间的调节和社会劳动在各类不同生产之间的分配，最后，与此有关的簿记，将比以前任何时候都更重要。"（《马克思恩格斯全集》第25卷，北京，人民出版社，1974年，第963页）据我体会，马克思这段话说的价值决定，正是价值规律的核心，也是孙冶方反复强调的价值规律的内涵。因此他坚信价值规律在资本主义生产方式消灭以后，在社会主义社会经济活动中，仍然起支配作用。

### 三、孙冶方经济理论的现实意义

孙冶方经济理论的核心，如果用一句话来概括，就是千规律，万规律，价值规律第一条。这是在一次批判他的座谈会上，当批判他的人质问他国民经济综合平衡依据的是什么规律时他脱口而出的，他在1978年10月还专门以此为题写了一篇文章，发表在《光明日报》上。孙冶方在文中写道，"我这句话虽然是在激动中脱口而出的，然而这是符合我多少年来长期坚持的思想的。"我认为，这就是孙冶方的主要经济理论观点。孙冶方一辈子强调价值规律，并不是有人想象的那样现在已经过时了，恰恰相反，在我们努力发展社会主义市场经济的今天，仍然具有重要现实意义。

第一，马克思主义经济学原理历来认为，价值规律是商品经济和市场经济的基本规律，是支配市场经济活动的最根本的法则。现在我们正在社会主义条件下发展市场经济，就要按市场经济规律办事，就是要按价值规律办事。如果我们在经济活动中违背价值规律，必然会受到这样那样的惩罚，如效率低下、竞争力下降甚至亏损破产等。相反，如果我们在经济活动中尊重价值规律，按价值规律办事，努力降低个别社会劳动消耗，提高产品技术含量和品质，就能在市场竞争中处于强势，不断发展壮大自己。当然，我们也要看到，孙冶方对价值规律如何调节社会生产和流通，它的机理是什么，并没有作出有说服力的说明，而这是在中国改革开放中，通过市场机制即放开市场和价格才实现这种调节的。

第二，在孙冶方的论述中，价值由社会必要劳动时间决定的规律，其含义是比较广泛的，既包括个别商品的价值由社会必要劳动时间决定，也包括在社会总劳动时间中，要把必要的比例量用在不同各类的商品上,也就是我们今天常说的,在资源配置中起决定性作用。孙冶方常常引述马克思关于价值决定在未来社会对社会劳动在不同各类生产之间的分配仍起支配作用,也是这个意思。当前我国深化经济体制改革,就是要紧紧围绕使市场在资源配置中起决定性作用来进行,实质上正是要更好地让价值规律调节资源的配置。

第三,价格政策应很好地尊重价值规律。孙冶方一贯反对实行价格与价值背离的政策,要求不断缩小工农产品价格剪刀差,国家定价应以价值和价值的转化形态生产价格为基础,否则难以正确评价经济活动的效果,难以评价企业的真实业绩。这点至今仍有现实意义。现在占全社会商品和服务97%的价格已放开由市场调节,也就是价值规律调节,在公平竞争的市场环境不断完善的条件下,价格将越来越贴近价值而波动。剩下的3%由政府定价,主要限定在重要公用事业、公益性服务、网络型自然垄断环节,也要尊重价值规律,但不是由价值规律自发调节。这说明,孙冶方当年的设想,在社会主义市场经济条件下正在逐步成为现实。

第四,从政治经济学发展史来看,改革开放前,经济学家们在创建社会主义政治经济学体系时,总离不开规律排队,而且总是把社会主义基本经济规律、有计划发展规律放在首位,贬低和排斥价值规律的作用。1982年,还有一些经济学家拿社会主义基本经济规律和有计划发展规律起主要作用来反对社会主义经济也是一种商品经济。可是,在半个多世纪前,孙冶方就已经提出,无论在国民经济中,还是在社会主义政治经济学中,价值规律是首要规律。他关于撰写《社会主义经济论》要以最小的劳动消耗取得最大的有用效果作为红线,也是他关于千规律万规律价值规律第一条在构建社会主义政治经济学中的具体应用。因为在孙冶方看来,价值由社会必要劳动时间决定的规律,体现的正是生产费用对效用的关系，如果生产没有社会使用价值的东西，其劳动消耗是白费的，不是社会必要的，不能形成价值，所以他一直认为恩格斯关于价值是生产费用对效用的关系是完全正确的命题。因此我认为，孙冶方经济理论的核心——价值理论，对于今天构建中国特色社会主义政治经济学，是值得大家重视的。这也是孙冶方经济理论重要现实意义之所在。

2017 年 10 月

# 孙冶方：以自己的生命敲击改革开放大门的先驱

## ——《孙冶方文集》序

### 冒天启

　　孙冶方（1908—1983），江苏无锡人，是中国经济学界几代人都敬仰的一位颇具盛名的马克思主义经济学家。在他长达半个多世纪的经济学理论研究活动中，始终坚持立足中国国情，独立思考，按照价值规律内因论和商品生产外因论的经济学思想，是中国经济学界对自然经济论进行批判的先行者，是对传统经济体制实行改革的最早倡导者，是创建社会主义经济学新体系的积极探索者。

　　孙冶方在上个世纪20年代初，去莫斯科中山大学学习，毕业后在莫斯科东方劳动者共产主义大学担任政治经济学讲课翻译，在那里学习、工作了四年零九个月；回国后长期从事经济理论研究、宣传和教学，并担任实际经济工作的领导。生前曾任中国社会科学院顾问，经济研究所所长、名誉所长，国务院经济研究中心顾问，国务院学位评议组成员，政协第五届全国委员会委员，中共中央顾问委员会委员等职。孙冶方病逝前，为表彰他对马克思主义经济学的重大贡献，中国社会科学院党委授予他为模范共产党员；学界老一辈经济学家也在1983年6月13日联合发起成立了孙冶方经济科学奖励基金委员会，以纪念这位经济学界的泰斗。媒体公认，孙冶方经济学思想，对中国的改革开放具有"破茧"的功能,他以自己的生命在敲击着改革开放的大门,2008年12月7日,被媒体评选为中国"30年最具贡献的十位经济学家"。

孙冶方一生治学严谨、惜字如金,在同辈的经济学家中,其著述不算最多,甚至没有过专著,但他的文章却篇篇都针砭时弊,影响深远。1984年,山西人民出版社根据他在病逝前亲自审定的篇目,出版过一部《孙冶方选集》;1998年,为了纪念他诞辰90周年,孙冶方经济科学基金会委托山西经济出版社出版了5卷本《孙冶方全集》;2008年,孙冶方经济科学基金会与无锡市玉祁孙冶方纪念馆在整理孙冶方文献资料时,发现《孙冶方全集》漏选了孙冶方的不少文章、译著,因此,内部出版了《孙冶方全集(补遗)》。2016年,应知识产权出版社邀约,经多方反复彻查文献、严格审定,以一部全新的10卷本《孙冶方文集》典籍问世。

孙冶方是老一辈的马克思主义经济学家,社会在变迁、知识在更新,为让新一代学子对孙冶方的经济学思想有个初步的了解,我们在这里简述他的成长经历、理论贡献以作为《孙冶方文集》新版之序。

## 一、成长经历

孙冶方,1908年10月24日出生在江苏省无锡县玉祁镇。原名薛萼果,字勉之,党内用名宋亮。从小家境贫穷,父亲背债做过纱厂的小职员。1921年秋,13岁的孙冶方才进无锡县立第一高小做寄宿生。孙冶方在校时,接受进步思想,1923年年初加入社会主义青年团,1924年经中共上海区委批准正式转为中共党员。不久,无锡地下党组织成立,孙冶方被选举为第一任中共无锡党支部书记,同年加入国民党。1925年11月,按照上级组织的安排，他去莫斯科中山大学学习，同去的有60多人，其中有张闻天、杨尚昆、乌兰夫，还有王明、蒋经国等。在那里经过两年比较系统的马克思列宁主义学习，1927年夏毕业，分配到莫斯科东方劳动者共产主义大学担任政治经济学讲课翻译。1927年11月，东大中国留学生合并到中大，孙冶方也随之返回中大继续担任讲课翻译。这一时期，有两件事对他影响较大，一是王明的宗派斗争。20年代赴苏的中国留学生中，既有后来成为党和国家卓越领导人的邓小平、叶剑英、杨尚昆等同志；也有后来堕落判逃的王明、张国焘等人。当时，王明在共产国际的支持下，把持了对中国留学生的领导权，大肆进行宗派主义活动，对不赞成他们意见的同志搞残酷斗争，捏造各种罪名进行打击。1927年夏，在一次讨论中大学期工作总结报告并对报告的决议案投票表决时，支持王明的共有28人，1人弃权，绝大多数同志都表示反对，其中有孙冶方的入党介绍人董亦湘。孙冶方没有参加这次会议，但平时与董亦湘及投反对票的同志来往较多。那时，由于孙冶方已担任了讲课翻译，经济收入较高，大家让他掏钱请客聚餐，王明根据这次"聚餐"，凭空捏造了"江浙同乡会"的案件，把他们作为反革命分子进行斗争。1928年，尽管经过由周恩来参加的中央专案组的重新审查，宣布"江浙同乡会"是莫须有的罪名，但王明却又利用联共清党，给反对他的同志扣上"托派"的罪名继续加以迫害，他们断定孙冶方也有"托派"嫌疑，无端地给了他"严重警告"处分。这件冤假错案，给孙冶方后来的党内生活带来不小影响。二是布哈林对列宁新经济政策的理论解释，给孙冶方后来从事社会主义经济理论研究，认识不发达国家社会主义建设道路，产生了潜移默化的影响。

1930年9月，孙冶方回国。在上海从事党的地下工作，先任上海人力车夫罢工委员会主席，后又任人力车夫总工会筹委会主席，年底，调任沪东区工商联筹委会主席。1931年年初，孙冶方在英租界被捕，但敌人没有任何证据断定他是共产党员，以为是"乡下佬"，因此在捕房里关了七天就释放了。出狱后，孙冶方向党中央递交书面报告，希望恢复组织关系，同时还积极参加抗日救亡活动。但王明宗派集团把持着中央领导权，对孙冶方的"书面报告"置之不理，孙冶方被排斥在党外7年之久。这期间，孙冶方在逆境中一直坚持斗争，以他对马克思主义理论和党的土地革命路线的透彻理解，与陈翰笙、薛暮桥、钱俊瑞等发起成立中国农村经济研究会，开设新知书店、中国经济资料室，发行《中国农村》月刊，深入工厂、农村，以大量的调查材料，论证中国社会的半封建半殖民地性质，批判王明和"托派"夸大中国社会资本主义性质，反对党的土地革命路线的"左"倾观点。1934年6月，面对国民党反动派的迫害，孙冶方不得不绕道香港去了日本，在东京替商务印书馆翻译卢森贝的《政治经济学思想史》。1935年9月回国，继续从事《中国农村》的编辑工作。

孙冶方：以自己的生命敲击改革开放大门的先驱

1937年5月，孙冶方恢复了党籍，调任中共江苏省文化工作委员会书记。1940年9月，孙冶方根据组织决定去延安，途经重庆时，向周恩来汇报了工作，周恩来根据当时形势，指示他去苏北新四军或华中局工作。1941年6月，孙冶方到了苏北根据地，先在华中局宣传部任宣教科科长，后又去华中局党校教学并兼任教育科科长。临去党校前，刘少奇找他谈话指出：党校教学要理论联系实际。7月13日，孙冶方以"宋亮"为笔名给刘少奇写信，请教如何看待党内存在的轻视理论的倾向。当天，刘少奇回信，就党内轻视理论的倾向作了分析，这就是"文化大革命"中曾一度成为"众矢之的"的《答宋亮同志》的信。1942年华中局党校成立校委会，孙冶方为校委员会委员，仍兼教育科长。1943年4月，新四军军部转移到淮南以后，孙冶方即被派到淮南路西地委任宣传部长。1947年5、6月间，孙冶方奉命到胶东向华东财办领导汇报工作，时值国民党军队正向滨海地区进攻，因此上级决定"驻鲁办事处"撤销,干部撤退到胶东,孙冶方被留在华东财办工作,11月任华东财办秘书长兼山东省政府实业厅副厅长,直到解放战争胜利结束。

1949年江南解放后,孙冶方随三野进上海,任上海市军管会重工业处处长,并负责接管了国民党政府的资源委员会,后任华东工业部副部长兼任上海财经学院院长。1955年年初,孙冶方调北京任国家统计局副局长,主要负责国民经济平衡统计表的编制,还有关于国民收入计算、计划统计指标体系、方法等工作。1956年7、8月间,他去苏联统计局考察,联系中国经济建设中已经出现的问题,深感我国经济管理体制和一些经济政策存在着严重的弊病,1956年11月,他写了著名的论文《把计划和统计放在价值规律的基础上》,批评斯大林把价值规律和国民经济计划管理对立起来的观点,指出:国民经济有计划按比例发展必须建立在价值规律的基础上才能实现。同期,他还写了另一篇有名的文章——《从总产值谈起》,批判总产值指标妨碍对企业进行科学管理,指出:利润指标是考核企业经营管理好坏的综合指标。

孙冶方于1957年底被调至中国科学院经济研究所任代所长。1958年6月21日,中央工业部电话通知孙冶方:中央监委已经批准了中央工业部对他有关历史问题的审查结论,同时恢复了1931年到1937年这一段党龄。这令孙冶方极为振奋。孙冶方虽然弃官从文,但在新的岗位上,仍以高度的敬业精神,花很大的力气疏通经济理论研究和实际工作结合的渠道,力主由国家实际经济部门主管经济研究所的研究工作。孙冶方大力组织研究人员认真读书,并引导人们把实践中存在的、有待于解决的问题提高到理论上加以研究。他身体力行,多次深入农村、工厂,写了大量的研究报告和文章,探讨社会主义经济理论,并逐步形成了以自然经济论为批判对象,以价值规律内因论和商品生产外因论为基础的理论体系，积极倡导经济体制改革。1959年7、8月，他在青岛撰写了《论价值》一文，发表在《经济研究》1959年第9期，系统陈述了自己的理论和改革主张。从1960年年底开始，他组织经济研究所的一些同志，着手编写《社会主义经济论》，系统清算阻碍社会主义经济理论发展的各种有害倾向。由于众所周知的原因，1964年开始，他在经济学界受到了围攻。1966年6月，《红旗》杂志公开点名在全国范围内开展了对孙冶方的大批判。从1968年4月5日被捕入狱，直到1975年4月10日出狱，孙冶方在特殊的环境中，用默记的方法，对《社会主义经济论》22章183节在脑海中过了85遍，坚持每月一次。1972年2月，他以给"外调"人员写材料为名，写了长篇文章《我与经济学界一些人的争论》，驳斥了康生、陈伯达一伙反马克思主义的谬论。1975年4月10日踏出狱门对工宣队的第一句话就是：我是一不改志、二不改行、三不改变自己的观点！回家后即着手《社会主义经济论》的写作。打倒"四人帮"后，孙冶方极为昂奋地参加了揭批"四人帮"的理论斗争以及考察出国访问。那时，国内各个部门都组团去东欧国家学习，曾有团组去匈牙利，接待方坦然地说，我们是按照你们国家孙冶方的经济学思想改革的！1979年8月，孙冶方肝癌已到晚期。在这种情况下，经济研究所加强了写作组的力量，为抢救学术遗产，由孙冶方在病床上口授录音，然后由写作组整理，前后约一年时间，完成了《社会主义经济论》大纲20余章。从这以后，孙冶方更拼命工作，3年时间，先后写出了22篇论文，对经济建设和改革中的紧迫问题，系统发表了自己的观点，同时还参加文艺、历史等方面的社会活动。1982年9月，孙冶方参加了党的十二大，并当选为中共中央顾问委员会委员。1983年2月22日下午5时，这位拼搏了一生的老布尔什维克，带着铮铮铁骨，离开了我们，时年75岁。

孙冶方：以自己的生命敲击改革开放大门的先驱

## 二、理论贡献

在中华人民共和国成立前的30至40年代，孙冶方发表过的论文，主要是联系中国实际，以大量第一手调查材料，论证中国社会的半封建半殖民地性质，但他的经济思想最有历史学术价值的部分是在共和国成立后的50年代中期到70年代末80年代初期形成的。在左的路线统治全党和社会的环境下，孙冶方大胆探索符合中国国情的社会主义经济理论新体系，勇敢倡导改革集权的计划经济模式。他的经济学思想可以归纳为一句话：价值规律内因论和商品生产外因论，在这个大题目下，他经常论述的经济思想主要是：

（1）用最小的劳动消耗取得最大的有用效果即"最小最大"。孙冶方自50年代中期以来，联系社会主义经济建设中的弊端，反复论述"最小最大"，并由此付出了血的代价。但"最小最大"的发明者，从经济思想发展史上看，实际上并不是孙冶方。早在1817年，李嘉图的《政治经济学及赋税原理》出版，1821年，这部书的第三版广为流行，书中写道：国家财富的增加可以通过两种方式：一种是用更多的投入来维持生产性的劳动……；另一种是不增加任何劳动量，而使等量劳动的生产效率增大……这两种增加财富的方法中，第二种方法自然是更可取的。当时，有一位匿名作者按照李嘉图的这个思想写了《国民困难的原因及其解决办法》的小册子，其中说道：一个国家只有在劳动6小时而不是劳动12小时的时候，才是真正富裕的，财富就是可以自由支配的时间。马克思对这个思想极为赞赏，说："这不失为一个精彩的命题。"同时还把李嘉图的上述说法概括为：在尽量少的劳动时间里创造出尽量丰富的物质财富。同时还强调：这在一切社会形态中都是适用的。但时间过了100多年，孙冶方把这个朴素的思想用中国化了的经济学语言,作了广泛宣传。他在多篇文章中都讲:要用最小的劳动消耗去取得最大的有用效果,这是一切经济问题的秘密,人类生活的好坏,从根本上说取决于劳动效率的高低,要以更少的劳动投入获得更多的有用产品;或者说,要减少生产每一单位产品所需要的劳动量。研究一定的劳动时间内生产了多少产品,是劳动生产率范畴问题;研究单位产品中包含有多少劳动时间即劳动耗费,是价值范畴问题。用最小的劳动耗费取得最大的有用效果,就是一个把个别的、局部的劳动还原为大多数的、社会平均必要的劳动耗费的复杂经济运行过程。孙冶方指出:在社会主义条件下,商品的内在矛盾即商品二重性和生产商品劳动二重性仍然存在,经济学要以"最小最大"为红线,去研究解决这些矛盾的途径,提高劳动生产率,发展社会主义经济。

孙冶方:以自己的生命敲击改革开放大门的先驱

孙冶方用"最小最大"总结社会主义建设的教训,批评在"政治挂帅"下高消耗、低效益的顽症;用"最小最大"判断社会主义公有制,批评自然经济论和"大锅饭"的体制;用"最小最大"批评"权力经济学",重新编写中国的理论经济学,因而使这个古老而朴素的经济学常识在新的历史条件下放出了新的理论光彩。实践证明,孙冶方的"最小最大"理论中所包含的一切思想都是正确的,因此,经济学界公认:"最小最大"是孙冶方公式。

(2)价值理论。孙冶方在这个重大理论问题上与众不同,他坦诚地承认:我的价值论源自恩格斯,但有自己独立的"逻辑上的一贯性和系统性"。1843年,恩格斯在《政治经济学批判大纲》中说:"价值是生产费用对效用的关系。价值首先是用来解决某种物品是否应该生产的问题,即这种物品的效用是否能抵偿生产费用的问题。只有这个问题解决之后才谈得上运用价值来交换的问题。如果两种物品的生产费用相等,那么效用就是确定它们的比较价值的决定因素。"恩格斯接着还说：在未来社会中，"价值这个概念实际上就会愈来愈只用于解决生产的问题，而这也是它真正的活动范围"。马克思对恩格斯的这个理论十分赞赏。1868年1月8日，他给恩格斯的信中说：由于我采取了抽象的研究方法，直接的价值规定，在现实社会中，实际作用是很小的，甚至是找不到的。（价值）"通过价格的变动来实现，那么事情就始终像你在《德法年鉴》中已经十分正确地说过的那样。"所谓"十分正确地说过"，就是指恩格斯发表在《德法年鉴》上的《政治经济学批判大纲》中"价值是生产费用对效用的关系"的说法。恩格斯在1895年逝世前半年再版《反杜林论》时，将这一观点与《资本论》一、二、三卷联系起来，重申（价值是生产费用对效用的关系）观点，"我在1844年已经说过了。但是，可以看到，这一见解的科学论证，只是由于马克思的《资本论》方才成为可能。"恩格斯在病逝前重申自己对价值概念的论述，足见这一思想的极端重要性。后来，恩格斯的这一理论，在欧洲工人运动中得到了广泛传播！孙冶方联系中国经济建设的实践，对恩格斯的价值理论做了充分的发挥，坚持认为：价值是生产费用对效用的关系，并由此形成了自己一套严密的价值理论体系，他曾对批判者戏言说：你们如果击破了我的要害——价值论，那么我的这个理论体系就摧枯拉朽了！他认为，价值规律是任何社会化大生产都不能取消的自然规律。他一再强调，价值并不仅仅是商品经济所特有的范畴，它是社会化大生产的产物，反映着社会化生产过程中的各种社会经济关系，就这一点来说，它对资本主义和共产主义都是共同的。但是在资本主义条件下，价值是通过交换价值表现出来的；而在共产主义条件下（包括社会主义全民所有制内部），价值却可以通过统计、会计具体地捉摸到。因而在量的意义上，价值就是物化在产品中的社会必要劳动。价值和交换价值是完全不同的两个范畴。价值由包含在商品或产品中的劳动量决定。但是,在商品经济特别是资本主义商品经济条件下,供求却始终是不平衡的。尽管每一物品或每一定量某种商品中包含着生产它所必需的社会劳动,但如果它的产量供应超过了当时的社会需要,那么一部分社会劳动还是会浪费掉的。因此,效用通过社会必要劳动的形成来最终影响价值的变化,离开了一定使用价值的质和量,就无从谈论"必要"还是"不必要"。社会主义建设效益差、浪费大,就是因为我们缺乏价值观念,不对生产费用和效用进行比较造成的。孙冶方认为,价值规律是价值存在和运动的规律,它是任何社会化大生产都不能取消的自然规律,社会主义经济作为社会化生产,它同样也存在着价值规律发生作用的机制。因此,孙冶方是价值规律内因论者,它反对斯大林的价值规律外因论,对斯大林的自然经济论和"大锅饭"体制,进行了尖锐而辛辣的批评。

孙冶方:以自己的生命敲击改革开放大门的先驱

(3)企业扩权理论。孙冶方强调,企业是独立的经济核算单位,要正确处理国家集中领导和企业独立经营的关系。孙冶方在我国最早提出了在全民所有制条件下,国家所有权和企业经营权分离的理论,他认为,在私有制条件下,谁具有生产资料的占有、使用和支配的权力,谁就是事实上的所有者。然而"在全民所有制之下,占有、使用和支配是一个主体,而所有权是另一个主体。国营企业,只是根据它们的活动目的和财产的用途对固定给他们的国家财产行使占有、使用和支配之权。而这些财产的所有者是国家。社会主义国家和企业的关系,并不像自然经济论所认为的那样,是上层建筑、法律关系,而是一种非常重要的经济关系。孙冶方在特定历史条件下针对集权计划经济,独创地提出了划分国家和企业权限的"杠杠",他认为,经营管理体制中"大权"和"小权""死"和"活"的界限是简单再生产和扩大再生产的界限,属于简单再生产范围以内的事是企业应该自己管的"小权",国家多加干涉,就会管死,束缚企业从事生产经营的积极性和主动性；属于扩大再生产范围以内的事是国家应该抓的"大权"，国家必须严格行使权力，不管或管而不严，就会大乱。而区分简单再生产和扩大再生产的唯一界限是企业资金价值量，凡是不要求国家追加投资的，在原有资金价值量范围以内的生产，都是简单再生产；而要求追加新投资，这超出了企业原有资金价值量范围，因而是扩大再生产。孙冶方按照上述"杠杠"，激烈地批评了固定资产管理体制，要求把折旧基金原则上全部交给企业，由企业自主去搞挖潜、革新和改造。

（4）利润理论。孙冶方认为，利润是考核企业经营好坏的综合指标。利润是物质生产部门职工为社会扩大再生产和社会公共需要而创造的一部分物质财富，无论是社会总产品，还是个别企业总产品，$c+v$ 即成本越低越好，与此相应，$m$ 即剩余劳动就会增多。在价格合理的条件下，降低成本和增加利润完全是同义语，它们都是企业技术水平高低、经营管理好坏的综合指标，抓住了利润指标，就如同抓住了"牛鼻子"一样，许多问题就会迎刃而解。孙冶方认为，价格不合理，就会扭曲利润的作用，比如工农产品的"剪刀差"，如果国家对农产品收购价格压得过低，按价格计算的国民收入实际上就把农民所创造的价值，算在了工业品价格上。孙冶方尖锐批评了斯大林通过"剪刀差"、向农民筹集国家工业化资金的超经济剥夺。不合理的价格，成了价值的"哈哈镜"，使得计划、投资和分配，失去了判断尺度，因此，他极力主张按资金利润率调整不合理的价格。

（5）流通理论。孙冶方认为，流通是社会再生产的物质代谢过程，社会分工使生产实现了专业化，但要使各个生产部门的再生产能正常进行下去，他们必须以产品交换为媒介发生经济联系，实现生产的物质补偿和替换。因此，流通是社会化大生产不可缺少的环节。孙冶方还认为，在社会主义条件下，由于全民所有制外部还存在着商品生产和交换，因此，全民所有制企业之间的产品流通和不同所有制性质企业之间的商品流通同时并存。要使社会主义流通（产品、商品）成为有计划的经济过程，孙冶方认为，我们必须研究流通中的各种具体问题，包括：流通渠道、购销形式、网点设置等。孙冶方一再强调，马克思《资本论》第二卷中所论述的许多问题，比如加速资金周转等，只要剔除资本主义的特殊属性，作为社会化生产的规定，对社会主义经济依然适用，因此，他在提出生产中的"最小最大"的同时，亦主张流通中也要研究以最少的垫支资金取得最大的有用效果的问题，因为等量资金的周转速度不同，获得的有用效果也是不等的。

孙冶方：以自己的生命敲击改革开放大门的先驱

（6）70年代末，孙冶方把批判的矛头直接指向了斯大林和《苏联社会主义经济问题》。

他批判斯大林对生产关系的定义，认为在生产关系之外去孤立地研究所有制是有害的。所有制是一种财产关系亦即法律用语，经济学在研究特定社会进行生产和交换并相应进行产品分配的条件和形式时，应该讲清楚：第一，用哪个阶级所有的生产资料来进行生产，生产出来的产品又归哪个阶级占有；第二，交换的产品是哪个阶级生产的，又为哪个阶级占有；第三，被分配的产品是哪个阶级生产，又归哪个阶级所占有，从而用什么形式按什么比例分配。我们在所有制上曾经搞"穷过渡"的做法，其理论根源就是斯大林把所有制形式从生产关系中独立出来简单地看作是一种"归属"关系，用政治运动来不断调整财产归属，结果把基于经济的所有制，变成了基于权利的所有制。实践证明，实现了国家"占有"，未必就是实现了社会主义的公有制，腐败官员在这个所谓的"公有制"经济中攫取"公款"和"公物"，可能比资本家在自己开设的商号里支取款项还随便。这样的公有制，"实质上是一种挂着社会主义公有制招牌的封建主义的特权所有制"。所以，所有制只能从财产的现实形态即生产关系的总和上来把握，从生产、交换、分配的各个环节来进行具体分析，而不能将它看作是一种简单的、孤立的财产归属!

他批判斯大林对生产力的定义,认为把劳动对象从生产力因素中排除掉也是有害的。

孙冶方是我国经济学界对自然经济论的最早批判者。自然经济论渊源甚深,毒害甚广,它依附在马克思主义的名义下,把社会主义和商品货币关系对立起来,把计划经济和实物经济混同起来,使社会主义制度的优越性难以发挥出来。孙冶方几十年来,以反自然经济论为大旗,揭露了自然经济论对实际工作的影响,他指出:自然经济论没有经济效益观点,借口政治账掩盖经济建设中的高消耗;没有生产经营观点,企业按上级定下来的指标进行生产,造成产销脱节;没有等价交换观点,把价值看作是使用价值的计量单位,用"剪刀差"向农民征收"贡税";没有流通观点,不准生产资料进入流通,用调拨代替了交换;没有资金核算观点,实行资金供给制,培植了败家子作风;没有固定资产的磨损观点,人为压低折旧率,迫使企业搞"古董复制",冻结了技术进步。孙冶方指出:按照自然经济论办事,就像原始公社首脑指挥生产一样,企业的一切活动都由集中的计划统一支配,生产什么,生产多少,生产者和消费者相互供应什么,都统一按实物计划规定。在我国经济理论界,就一个、两个或者更多一些的观点,就个别的、局部的观点去批判自然经济论,并不乏其人;但是,还没有哪位经济学家能像孙冶方这样全面、深入、系统地对自然经济论进行批判。

孙冶方是我国经济学界对传统经济体制实行改革的最早倡导者。我国从苏联移植过来的斯大林模式,实际上是以自然经济论为基础,由国家对社会的全部经济活动实行高度的集权管理,物资被统调统拨、资金被统收统支、人力被统包统配、产品被统购统销、计划被层层下达、干部被层层任免。60年代后,一些社会主义国家开始对集权计划经济体制进行"改革",就连苏联也进行了所谓的"完善"工作。但在我国,却在反对修正主义的口号下把斯大林以自然经济论为基础的集权模式看作是唯一的社会主义固定模式,对改革观点进行批判。孙冶方从50年代中期开始,逆潮流而进,以价值规律内因论为基础,以扩大企业经营管理权为突破口,要求正确处理国家和企业的经济关系,改革计划管理体制,改革物资流通体制,改革企业固定资产管理体制以及对价格、利润、统计等各方面进行改革。孙冶方为倡导体制改革而付出的努力,将永远激励着后继者。

孙冶方：以自己的生命敲击改革开放大门的先驱

孙冶方是我国经济学界创建社会主义经济学新体系的积极探索者。50年代中期,孙冶方就认为:从苏联舶来的经济理论不符合中国国情,它充满着唯意志论和形而上学。他在50年代末着手编写的《社会主义经济论》,就是为着取代那些陈腐的老框框。当然,社会主义还在实践,还不能产生出成熟的经济学体系,但是,孙冶方坚持联系生产力来研究社会主义生产关系,运用马克思主义的抽象法,以社会主义全民所有制的产品为出发点,把以最少的社会劳动消耗有计划地生产最多的满足社会需要的产品为贯穿整个体系的红线,把对价值范畴的分析贯穿于各章,分析生产过程、流通过程、社会再生产过程,从而揭示社会主义经济发展的内在规律,对这种旨在把社会主义经济学从唯意志论的毒害下解救出来的新体系,不能不看作是社会主义政治经济学发展中的一次大胆尝试和探索。同时,孙冶方在撰写《社会主义经济论》时,既坚持独立思考,又提倡集思广益,为我国经济学界培养出了一支具有深厚经济学理论功底的经济学家队伍,成为改革开放中的一支生力军!

孙冶方是我国学术思想界坚持理论联系实际,为真理而勇于献身的光辉典范。在他从事理论工作的60个春秋里,非常重视实践,经常深入工厂、农村做国情、田地调查,从中提出重大的研究课题,并寻求解决问题的答案。但他绝不把实践中的材料按政治气候和政策要求简单地加以堆砌和描述,而是力求准确完整地按照马克思经济理论基本方法加以研究,掌握社会主义经济的客观规律;同时他也非常重视理论,他深知中国革命和建设的理论准备不足,因此下大力气研究马克思主义经济理论,敢于从"俄文版的马克思主义"中剔出假货,剔出不符合中国国情的"条条",按中国国情去检验、评审"舶来品"的真伪和适用性,在批判和独立思考中形成自己的经济思想体系。他非常憎恨文化专制主义,同时也非常讨厌那种摸风向、探气候的风派理论工作者。孙冶方无论是从政做官,还是弃官从文,都有着一种强烈的专业精神,不为权、不畏权,独立思考,探求真理,始终表现出一个科学工作者的铮铮铁骨。但是,孙冶方在学术讨论中,却平等待人,虚怀若谷,热情欢迎来自各方面的批评和商榷意见,公开检讨并放弃那些被实践证明是错误的或自己认为应该补正的学术观点。孙冶方这种强烈的人文关怀精神,开放求是、吸纳灼见的治学态度,坚持来自实践而被认准的观点且又坦然放弃被实践证明不大适宜的观点,在学界表现出的铮铮风骨,是经济科学发展的宝贵财富。

## 三、理论的历史局限性

按照历史唯物主义的观点,人总是环境的产物。因此,我们坦城地认为,孙冶方的经济理论体系中也还存在着某些历史的局限性,这主要指他的商品生产外因论。孙冶方依照马克思关于"只有独立的互不依赖的私人劳动的产品,才作为商品互相对立"的论述,指出:等价交换基础上所有权的转移,是商品交换的本质。他由此推论说:(社会主义)国营企业之间的经济往来在本质上已经不是商品交换的性质了,……因为国营企业都属于一个所有者,属于全体人民,属于全社会,它们之间的交换并不引起所有权的转移问题,而只有核算问题。但由于国营企业还要与集体经济发生往来,个人消费品也作为商品存在,这作为一种外在的因素,使国营企业之间的往来不得不带有一定的商品性。孙冶方的这种商品生产外因论,基本上延续了斯大林在《苏联社会主义经济问题》一书中的观点,即由两种所有制的存在来看待商品生产。孙冶方在上个世纪60年代曾批评说:现在有一种我认为不正确的经济学思想,那就是把商品货币关系引进全民所有制内部关系中来,以市场竞争规律,以交换价值规律来解释和指导社会主义计划经济。而在80年代初,他再一次批评说:经济学界的一些同志,在这个问题上是从一个极端走向另一个极端,先是根本否认价值规律在全民所有制内的调节作用,尔后承认了这种作用,但却又把商品货币关系也引进了全民所有制,由此派生出,在企业管理体制上,尽管主张所有权和经营权分离,扩大企业权限,但所有制/产权改革,却没有进入孙冶方的研究视野;在计划管理体制上,尽管孙冶方主张旧的计划体制要推倒重建,但他要把计划建立在对价值、对社会必要劳动进行计算的基础上,实践证明,这是很难做到的。这说明,孙冶方用价值规律内因论批判斯大林的价值规律外因论时,却依然受着斯大林商品生产外因论的困扰。孙冶方经济思想的进步性和局限性兼容在他的总体理论框架中,这真实地反映了一位真诚的经济学家对历史的抗争和历史对他的束缚。

孙冶方:以自己的生命敲击改革开放大门的先驱

进入90年代,我们党明确了社会经济转型的目标是建立社会主义市场经济体制。在市场化改革日益深入的大背景下,我们静下心来重温孙冶方经济思想,心情非常复杂。对照当今在发展着的市场化改革中出现的各种新问题,对照当今变化着的经济理论界和不断提出的新观点,对照我们的新宪法和党的各种文件,其所蕴含的经济理论、经济思想都远远超出了孙冶方经济理论的基本框架。但是,联系当今经济建设的实践,我们仍然能看到孙冶方某些经济思想所闪烁的光辉和科学预见,比如,价格体制的改革、国有经济及国有资产的管理等。

孙冶方经济思想和改革主张,是在上个世纪 50 年代中期至 70 年代末期形成的,那是一个令中国知识界心悸而沉郁的年代,孙冶方独树一帜,为在中国宣传和发展马克思主义经济学进行了艰苦的斗争,他的许多理论活动在当时的历史和社会背景下都具有开拓性,从而在中国社会主义经济学思想发展史上写下了光辉的一篇。孙冶方以自己创造性的经济学理论研究,为学界开辟了一条经济学发展的道路;以崇高的人德,为经济学人树立了光辉的榜样。

我们仅以《孙冶方文集》的出版,纪念中国经济学界的这位泰斗!

2017 年 6 月 29 日定稿

# 目录

给林圃信　1
关于伪资源委员会的证明材料　3
推荐汪致重书　6
就加强统计工作改革统计体制的提案致胡乔木同志信　7
　　附　彭德怀同志在国家统计局《驳"国民经济比例失调"
　　　　的谬论》上的批语　8
关于加强统计工作和改革统计体制的问题　10
关于改革我国经济管理体制的几点意见　23
就统计领导体制问题致姚依林同志信　27
关于《刘少奇选集》编辑中几个问题的答复信　29
谈谈搞好综合平衡的几个前提条件　32
给冯国钧博士信　41
就推进技术进步问题给周传典信　43
流通概论　45
加强统计工作，改革统计体制　63
关于党章修改的意见报告　69
关于加强统计工作和改革统计体制的意见　70

讲经济就是要以最小的耗费取得最大的效果　76

孙冶方同志谈"国民经济的综合平衡"　82

推荐宫著铭信　85

给陈修良的五封信（1981年）　86

致中共无锡县委宣传部暨无锡地方志编纂委员会的信　90

就统计工作中的数学应用问题给孙世铮信　91

忘记过去，就是背叛　92

给湖北财经学院刘叔鹤教授信　95

就大学文理科比例问题给宋涛信　96

知难，行亦不易
　　——研究工作者如何防止骄傲　97

在"28个半布尔什维克"问题调查会上的发言　101

对中山大学一段历史的回顾　113

致于光远同志信　119

关于莫斯科中山大学及留苏学生对中国革命的功过问题　120
　　附　致谢筱迺同志并请转冯文彬同志信　121

生产劳动只能是物质生产的劳动　123

生产劳动和非生产劳动国民收入和国民生产总值的讨论
　　——兼论第三次产业这个资产阶级经济学范畴以及
　　社会经济统计学的性质问题　126

调整、改革与速度　143

坚持理论联系实际　推动经济体制改革
　　——1981年9月在大连市哲学社会科学学会联合会召开的
　　座谈会上的发言　145

也谈理论联系实际和百家争鸣问题　152

就加强马克思主义学习一事致院党委、梅益同志并胡乔木
 同志信 160

给钱宁信 162

给吴仲华信 163

按照马克思主义原理确定国民收入的科学范畴
 ——在全国第二次统计科学讨论会上的发言 164

二次发言提纲 180

要加强哲学社会科学理论学习
 ——重读刘少奇《答宋亮同志》 184

坚持计划经济为主市场调节为辅 191

给王淑文信 193

在中国生产力经济学研究会首届年会上的发言 194

为什么调整？调整中应该注意的一个重要问题
 ——兼论按资金量区分简单再生产和扩大再生产问题 200

不是要不要抓速度而是如何抓速度 228

给陈修良的三封信（1982年） 232

给国家计委经济条法办公室复信 234

 附 国家计委经济法办公室致孙冶方信 235

给赵人伟信 236

在经济计量学年会上的书面发言 238

坚持以计划经济为主市场调节为辅 243

我们的经济计划要符合社会需要 247

也评《天云山传奇》 250

介绍一本描写地下工作的好小说——欧阳文彬、费三金著
 《在密密的书林里》 258

效益与速度的统一：有计划地抓好企业技术改造　263

就《天》剧讨论给李德华信　268

对《论作为政治经济学对象的生产关系》一文的批判者
　　的答复　269

关于改革我国统计体制的呼吁　290

20年翻两番不仅有政治保证而且有技术经济保证
　　——兼论"基数大，速度低"不是规律　291

关于中共旅莫支部　303

《社会主义经济的若干理论问题》（续集）前言　307

统计要独立　308

就宣传个人问题致函《光明日报》
　　——感谢党和人民给予莫大荣誉鼓励　309

抗战初期上海文委的一些情况　310

# 给林圃信[*]

**林圃同志：**

来信及所赠《唯物辩证法的若干理论问题》前后两册，均收到，谢谢！因刚回京，忙乱异常，迟复为歉。

（1）在接您来信之前，孙连成同志和江海同志（人民出版社副总编）已来我家面谈过，我 1977 年后所写文章再出一本论文集，由他们出版，由张卓元同志编辑。

（2）您提供的两条关于价值的语录，确比我过去文章中所引用的语录，更有力。我也只是在狱中读到，以前未能加以引用。今后《经济论》全书出版时一定要以此两条为基调，但现在编的大纲恐不能多引语录。

（3）关于社会主义社会的剩余产品的社会占有问题，我的基本意见已见去年《红旗》那篇文章，即除奖金部分外（包括集体福利基金）都上缴，但现在的"分灶吃饭"办法是中央、地方、企业分成的，从而现在出现了基建投资大扩张、大乱。听说现在紫阳同志提出要抓紧基建投资了。我个人还是主张鼓励企业发展的基金应着重在原有基金，即简单再生产范围内缩短折旧年限及下放设备更新的职权（给企业）这两点上。新的投资（扩大再生产）必须严格统一掌握。我这条"杠杠"是坚守不放的。最近国

---

[*] 此信写于 1980 年 10 月 24 日。标题为编者后加。

家计委经济研究所有一个调查组来四川调查企改问题。我托他们就这一问题特别着重研究一下。不知您遇见他们否？承您对我的种种关怀，非常感谢！

敬礼！

孙冶方

80.10.24

# 关于伪资源委员会的证明材料[*]

资源委员会是国民党政府经营电力、电器、机械、化工、矿山等重工业的部门。该会领导机关及其所属沪宁地区的企事业单位在解放前夕确是有计划、有组织地保护工厂资财、技术文件,职工安于职守,为迎接我军接管做了准备。该会主要负责人钱昌照、孙越崎、吴兆洪等是立了功的。他们这一行动的性质,我认为可以视同起义。我是当时接管资源委员会系统的军代表,据我了解和现在记得的经过情况大致如下:

1948年下半年该会根据上级指令,已做了准备搬运工厂资财去台湾的"应变计划"。1948年初冬该会领导机关即会本部先从南京迁至上海待命。1949年1月该会顾问、副主任委员钱昌照从英国(可能经香港)回到上海,召集副主任委员吴兆洪、电器公司总经理恽震、财务处长李树农等负责人员秘密开会,研究战争形势及我党政策。最后决定放弃原定的"应变计划",改变为留待接管,并为迎接接管进行准备,那时也叫作"应变",但内容和性质同以前的"应变计划"完全不同了。迎接接管的行动由吴兆洪负责组织。分别告知下属单位负责人,要他们留守岗位,并造具财产清册、人员名册。为保证职工生活、安全及保护工厂仓库进行必需的物质准备和组织准备(有些单位成立应变委员会)。上海解放前夕,国民党行政院已在广州挂牌办公,指令吴兆洪即

---

[*] 本文是应中调部调查原资源委员会历史情况而写的证明材料,写于1980年10月25日。

去广州报到。吴阳奉阴违,飞去广州后又即秘密返沪,隐蔽等待解放。由于他们的这些积极行动,我们接管该会会部及所属各单位都很顺利,并迅速恢复生产业务。以上情况当时都报告了华东局。陈毅、曾山等领导同志对资源委员会这一行动表示赞许和肯定,并认为该会企事业是我今后发展工业的基础,该会主要人员大多是技术专家,应予重视。因此,接管后不久,我们就留用了该会会部的大部分人员,成立华东工业部。吴兆洪任华东工业部副部长,该会主要技术人员亦即该会各部门负责人任华东工业部各业务处处长。经华东局批准,我曾偕同吴兆洪去南京了解该会在各地各单位的情况,并在上海召开前资源委员会各单位负责人会议,陈毅同志曾到会讲话,给了与会人员极大鼓舞。我们还曾派该会前总务处长戴世英去香港,向该会主任委员孙越崎转达我党欢迎他回来参加工作的意思。不久,钱昌照、孙越崎都从国外回到北京,参加了第一届政协会议。

1949年年初,资源委员会主要负责人转变立场态度、弃暗投明、有计划地迎接接管这件事,不是偶然产生的。1948年秋冬我淮海战役大捷以后,国民党政府内部已是分崩离析,人员纷纷各找出路。我党重视建设人才和号召国民党政府人员各安职守,保护资财、立功有奖的政策已深入人心。国民党统治地区的技术业务人员,大多看清了国家和自己的前途,愿意留待解放为我量才录用。同时,我地下党已通过各种渠道向资源委员会有关人员进行工作。在上海,有刘长胜、吴雪之同志领导的接管准备工作组织,通过资源委员会各单位中的地下党员开展宣传、策反工作;还有联络部系统的季崇威同志通过其叔季树农劝说吴兆洪,起了一定作用。我驻香港代表机构也可能同钱昌照、孙越崎有过直接或间接的接触。解放以后,据吴兆洪等同志自己讲,他们所以转变是由于逐步看清了形势,了解了我党政策,相信我党必将致力于经济建设,资源委员会的工作基础和他们这样的人才,将会得到我党的重视。

可惜，由于接管以后工作十分繁忙，我们未曾对资源委员会迎接接管这件事做出全面、认真的书面报告和结论，取得正式批示，以致现在缺乏正式档案可查。

"文化大革命"期间，在怀疑一切、打倒一切的极"左"路线影响下，许多单位就此事对原资源委员会有关人员进行了审查，有的单位甚至把1949年他们名为"应变"实际迎接接管这件事错定为反动行为，以致有的同志受到冤屈。因此我把当年我们接管伪资源委员会的经过情况向你们做了以上汇报，请审核。至于张通祖同志的来信中所说我去南京时曾讲过"资源委员会是第一个国民党起义的文职机关"，现在我记不起这句原话，但从我对此事的认识来看，确有可能讲过这样的话。至于张通祖同志来信中提到他自己当时的情况及以后的遭遇，我是完全不知道的，只能由原机关酌情处理。

# 推荐汪致重书[*]

兹推荐汪致重先生去美国学习"国际贸易与投资"和"企业经营管理学"。

据我所知，汪致重先生虽然因为种种原因，没有能够在国内正式上大学，但他一贯努力自学各种大学课程。在经济学、英语和数学等方面均取得了相当于大学生的水平。

他在天津国际信托投资公司工作期间，仍然继续坚持学习，并在工作中掌握了大量的国际贸易和投资方面的实际经验。

我认为，汪致重先生事业心颇强，有较高的智力，勤奋好学，若能有机会得到深造，将会很有前途。

现在，他有志于学习和研究"国际贸易与投资"与"企业经营管理学"等方面的专业课程，如果美国的教育机构能够为他提供这一方面的学习机会，我将是十分感激的。

推荐人　中国社会科学院顾问

中国社会科学院经济研究所顾问

北京大学经济系教授

孙冶方（签字、盖章）

---

[*] 写于 1980 年 11 月 10 日。标题为编者后加。

# 就加强统计工作改革统计体制的提案致胡乔木同志信[*]

**乔木同志：**

送上关于加强统计工作改革统计体制的提案一件，请转呈书记处审批。如书记处原则同意这个意见，请将此提案批转交宪法修改委员会。关于客观、真实的统计数字对于社会主义建设的重要性是不用多说的。彭德怀同志对国家统计局的浮夸数字曾经有过非常尖锐的批评（见提案说明书）。但要保证统计数字的真实性和客观性，首先就得保证自中央一级到省、市、县、企业和生产队的统计机构的独立性。

过去李富春同志代表党中央和国务院负责领导国家统计局的工作的时候，非常重视统计工作的独立性和客观性。所以他不止一次声明过，他是以副总理身份而不是以计委主任身份来管统计的，他反对计划部门直接干预并篡改统计数字。但是由于事实上当时各省市以至县的统计部门，都按中央一级的模式归各级计委兼管，因此统计数字在省市以下仍然免不了受到干预而失去真实性。在反右斗争中，个别省的统计部门负责人还因为强调统计工作的独立性而受到批判，甚至被认为是对党闹独立性被打成反党分子和"右派"。

第二次世界大战以后，连许多资本主义国家都建立了庞大的

---

[*] 此信写于1980年11月。标题为编者后加。

国家统计机构（详见提案说明书），而且强调统计机构的独立性和不受外来干涉。但是在"文化大革命"时期，我国的统计机构竟萎缩成为计委下属的一个局，统计数字严重失实给国民经济带来不少祸害。现在虽然名义上仍算是国务院的直属机构，但仍委托各级计委代管。

统计机关的独立性和统计数字的准确性连资本主义国家都很重视，可是我们社会主义国家的统计机关的地位还不如资本主义国家。在浮夸风和"长官意志"的干扰下，有些年份我们的统计数字的准确性也还不如资本主义国家，这是不可原谅的。我认为这一切除了由于我国封建家长制落后传统起着影响外，与现行统计体制领导也有关系。

我建议把各级统计机关像各级监察机关一样，直属各级人代会常委会。统计数字既是计划的依据又是对计划和业务管理的监督，对此列宁是一再强调的。至少应恢复"文化大革命"前的办法归国务院和省、市、县政府直接领导，而不是归计划部门代管，以避免计划机关和业务管理部门以自己的主观意志强加于统计部门和统计数字。

## 附　彭德怀同志在国家统计局《驳"国民经济比例失调"的谬论》上的批语[1]

"这篇文章除了蒙蔽真相、制造假象，继续扩大'左倾'错误外，几乎没有其他参考价值，因为它与实际情况不相符合。事实是这样：1958年全国农村公社化运动后，公共食堂成立的初期，是10至11月，在这两个月中一般的吃的稍微好一点，12月

---

[1] 此批语为转抄件。——编者注

后逐渐下降,到 1959 年二三月时,一般没有油吃,农民生活下降,口粮也吃不饱,更谈不到什么肉、蛋、副食品和农民多吃了一些。12 月和 1959 年 1 月,农民的生产热情开始下降,有些已经很严重,家禽家畜大量减产。上述情况还比较正常的只是少数。统计局同志,不深入地去了解这些情况,硬说如何如何。粮食年度的征购数字,1137 亿斤,显然是过多了。因此,返销数字也比以往任何一年都要大,在这方面一字不提。"

就加强统计工作改革统计体制的提案致胡乔木同志信

## 关于加强统计工作和改革统计体制的问题[*]

我今天是回娘家。解放以后,我先在华东工业部门工作,后来到统计部门。从统计部门出去到了社会科学院经济研究所。在"十年浩劫"中,统计部门同社会科学院都是重灾区。粉碎"四人帮"后,这两个重灾区都在逐渐恢复。在乔木同志领导下,社会科学院恢复很快。这两年来,统计工作也在大踏步前进。特别使我高兴的是,两个月前,听说家计调查也恢复了,有1万多户,比过去多,这是一件大事,很重要。这几年来,我们在研究经济问题时,讲到国计民生,特别是讲到综合平衡和人民生活时,很多资料没有。家计调查在"文化大革命"中也被否定了,现在恢复了,这是统计部门的一件基本建设工作。

国家统计局负责同志告诉我,这次会有各省、自治区、直辖市统计局的局长参加,希望我同他们见见面,我很愿意给统计工作鼓吹鼓吹。不久以前,我们在研究工作中,对统计数字有些意见,因此,我心血来潮,向过去的老同事做了些调查,写了个提案给宪法修改委员会,另外还写了个说明书,叫《关于加强统计工作,改革统计体制的意见》。我作为一个经济学研究者,作为一个公民,要关心国家经济建设,我感到我们的社会,我们的领导对统计工作重视不够,因此,我就写了这个提案。社会科学院

---

[*] 这是作者于1980年12月29日在全国统计局长会议上的讲话。

的领导很重视,在《中国社会科学院简报》第88期上,把我的意见登了出来。昨天,我看到《经济管理通讯》第245期也转载了。

最近,我同一些在中央开会的省、直辖市负责人也谈起这个问题,包括我的老上级张劲夫同志。我这个人好管闲事,我心血来潮不是偶然的,我想了很多,才打了这个报告,主要是强调统计工作的重要性。为了加强统计工作,我提出要把统计体制改变一下。几个月前,我就对统计部门的同志放了空气。听说,统计部门有些同志觉得我说得太过头了,太大胆了,有些不同意见。我有点顽固,我仍坚持自己这个意见。我希望听到同志们的批评指教。我离开统计部门20多年了,很多老同事一直在统计部门工作,你们的意见,一定比我成熟。但我从另一角度出发,从一个研究经济学的角度出发,我觉得提出我的意见,还是应该的。

我们的副院长曾经带了一个代表团,到法国考察,而且特别考察了法国统计局。他们看了法国的统计工作,很受感动。法国很讲究统计的重要性、客观性、科学性。法国统计部门有法律保证。所有私人企业都有义务向统计部门提供确实的资料,统计部门有责任为他们保守秘密。后来,社会科学院还派人到日本、美国考察。这些资本主义国家都强调统计部门的独立性,统计资料的客观性、准确性和科学性。我听了后,不胜感慨。

我们是实行计划经济的社会主义国家,按理应该特别重视统计工作,重视统计资料的客观性、准确性、科学性。可是,相形之下,我们统计的命运实在不太好。我在统计部门工作时,计划部门、管理部门都曾对统计提过意见,有些意见不一定对,因为他们不了解统计指标的作用。也有一些的确是统计数字不准确。但原因很多。"十年浩劫",统计机构几乎彻底被破坏了。统计机构变成各级计划部门的附属机关。我自1975年获得人身自由后,听到不少情况。我感到统计工作地位如此不被重视,这是同封建传统有关系。我们缺乏资本主义发展阶段。统计本身是资本主义工业经济发展以后产生的一门学科。我们没有这个传统。轻视统计，是封建庄园主、小农民个体生产者自然经济思想的产物。他们不需要统计。统计是资本主义时代的产物。

"十年浩劫"中，统计工作被破坏，还有另一个原因，就是现在被审判的主犯江青，她要销毁她30年代的丑史，她煽动起销毁历史资料的风潮，统计部门是搞资料、搞档案的，所以，受灾特别厉害。解放上海时，我参加接管上海工业部门。国民党时代的资料，我们在接管时保存得完完整整。这些资料，有些在"文化大革命"中也被销毁了。

现在，像在"文化大革命"中抢档案、销毁资料的事没有了。但是，社会上对统计不重视的风气还存在。因此，我愿为统计工作鼓吹鼓吹。

过去，我在统计部门工作时，李富春副总理主管统计局。我不止一次听他申明过，他管统计工作，不是以计委主任的身份管，而是以国务院副总理的身份管。他强调统计的独立性。上面怎么管，下面也怎么管。各级统计部门也往往由主管计划的同志来管。实际上，统计工作在一定范围内受了主管计划的同志的影响。在研究统计报表和统计数字时，常常出现扯皮的事。计划部门不同意，有争论，就出不了门。我这个人嘴巴臭，说得不好听，请同志们不要见怪，统计部门变成了长官意志、随心所欲、任意使唤的小丫头。我写的说明书，不好公开发表，资本主义国家看了，会好笑的。统计地位低，就像《红楼梦》里讲的赵姨娘，没有威信。我说得尖锐些，希望引起争论。我们这几十年来，学术界、理论界是打棍子多，真正商榷的讨论文章很少！粉碎"四人帮"后，特别是十一届三中全会后，才开始改变这个风气。有一次，《经济研究》发表了3篇同我商榷的文章，乔木同志听说发生误会了，说怎么搞的，经济所又在围攻孙冶方了。后来编辑给他说了，说是我同意的。乔木同志很赞成，说这样做好。

统计部门也需要百家争鸣一番，翻不了天的。让我来放，我就大胆地说一说。现在，统计工作在我们舆论界、在领导心目中，没有受到应有的重视。说是小丫头也好，说是赵姨娘也好，这是我随便讲的。但是，统计数字变成长官意志、随心所欲的东西，那是事实。不然，3年"大跃进"、10年"文化大革命"中，那么多不确切的数字是怎么出来的？有许多数字，没有通过统计部门，而是按长官意志发表的，统计部门还不知道。这种情况，不是个别的，而是整个社会风气问题。我的加强统计工作的意见，正是有鉴于此，才提出来的。

我提了两个方案，一个是最低限度的方案，恢复到"文化大革命"前的体制。各级统计局归各级政府直接管。但这个体制不是好办法，贯彻下去，越到底下越有问题。各级政府管统计，实际是各级计委主任或副主任管，强调独立性，就办不到。20世纪50年代"反右"时，有的统计局长强调统计的独立性，被打成了反党分子。因此，我提出第二个方案，最好归各级人代会管，与各级监察机关并列，同纪委挂钩。这不是我的创造发明。列宁很强调统计同监督并列的。那个统计可能翻译有些问题，应该是计算，但主要是包括统计。

我们这几十年来，对于会计比较重视。可是，对于统计，就很少讲。统计主要是解放后建立的。最近，我在报纸上经常看到会计人员顶着领导不让开支，有不少先进事迹。我没有看到统计人员顶着领导不报假数字的事例。统计在许多领导心目中，是个参考，有也行，没有也行，无所谓的样子。可是，真正能对国民经济进行全面的、局部的、具体的，或者用时髦的说法，对宏观经济、微观经济进行监督检查的，统计数字比会计数字更为重要。要对国家的经济计划完成情况，进行监督检查，离开统计是

关于加强统计工作和改革统计体制的问题

不行的。可是，我们过去许多统计数字，不符合领导意图，不管它的客观真实性怎样，就是报不出去。统计部门要顶，不容易顶。领导不拍板，统计部门没有办法。所以，我的第二方案，是提出统计部门归各级人代会领导。

有些同志对我的第二方案，有些顾虑。统计的社会地位不变，你要这样，那就是猴子翻筋斗，两头不牢靠，离开了计委，离开了各级政府，要钱没有，要干部没有，要个数字也要不到，一切落空了。现在党中央这么强调民主和法制，难道还能把各级人代会、民意机关永远放空吗？我想不能。只要党和政府同意，统计部门不止是为各级领导部门和其他部门提供资料的机关，也不止是对社会经济情况进行分析的机关，而且还是一个监督检查机关，像列宁说的，把统计和监督并列起来，同监察机关的地位一样，那么，统计部门的编制、干部、经费等问题，就可以顺利地解决。我听说国家统计局现在只有190多人，比我当初任国家统计局副局长时少多了，也比日本、美国以及欧洲一些国家的统计人员少多了，这怎么行？

在我的提案中，还提到要搞个《统计法》。别的国家都有了，资本主义国家都有了。我们是社会主义国家，人民当家做主，直接管理经济，怎能没有《统计法》，以保证统计工作的顺利进行呢？我们搞计划经济，而计划依靠的统计数字那么不确切，那么不科学，这简直是给社会主义计划经济抹黑。这不能怪哪一个人，而是缺乏民主、缺乏资本主义传统的表现，是半殖民地、半封建社会经济思想的传统和整个社会对统计工作不重视的表现。

现在是百家争鸣，允许大家提意见。我是个书生，不代表任何人。我作为一个顾问，顾了就问。因为统计是个大事，我就问一下。即使陈局长、李局长不让我来讲，我也准备请大家对我的提案议一下，我想同大家一起把这个问题揭开，到底怎么搞好，议论一下。今天上午，我听了中央工作会议的传达。当前国家财政困难。即使国务院同意改变统计体制,编制批准了,1981年能否实现还是个问题。但是,随着财政难关过去,我们的统计工作仍然不受重视,还比人家差,那就太不像话了。我作为一个研究工作人员,要大声疾呼一下。我讲的是一家之言。提得对,给娘家捧捧场,撑撑腰;提得不对,当个反面教材也好。

现在,国家困难虽然很多,但对于统计工作,已开始引起人们注意。我们应解放思想,研究一下怎样才能建立一个理想的社会主义统计工作。好好讨论一下,到底怎么办,写个报告。

统计工作地位的提高,主要靠领导重视,靠社会上对统计看法的改变;但光是这些还不够,还需要自己争气。20世纪50年代我就听到有人说:统计工作有什么了不起?加加减减!但是统计本身是门科学,而且,没有很高的政治的、经济的理论水平,是不能够真正做到分析研究的。因此,不能因为人家看不起,就自己也看不起。有许多年轻同志不安心搞统计工作。在座的都是领导,当然不会有这种现象。但如何把统计工作搞好,问题很多。有许多研究题目不仅是统计部门的课题,也是经济研究部门的课题。我讲句题外话,我回顾解放以后,实际上是抗战胜利以后30多年的经历,我自己搞经济研究写的东西,主要是在统计局参加计委党组会体会到的。那时在经济部门做了些实际工作,但生病生了好几年,没有摸到多少。以后到统计部门,虽然时间很短,不过两年多,但对我学习经济学来说却是得益非常之多。因为在这里不仅接触到一般的实际,而且接触到综合的资料。这些资料每份都提出不少问题,专心钻研,都是可以写博士论文的。几乎每一张报表、每一份调查报告都是一篇学术论文。从许多方面来说,统计部门是学习经济学的好地方。资料不用说,而且这里看得全面。

国家统计局整理的《关于统计工作中几个理论问题》这份资料,提出了几个问题。这些问题过去也听说过,我也向老同事发

表过意见。我想再谈一谈。但是，这几个问题虽然要深入讨论，却不要太占统计部门的时间。而是当前国民经济中有许多现实问题，从统计的角度很多还未摸清楚，怎么统计，要研究。听说暮桥同志前天来讲话，提了很多问题，都是从现实经济中总结出来的。最近，国家计委经济研究所和辽宁计委经济研究所联合召开综合平衡理论讨论会，要我参加，我抽不出时间，就写了个意见，提到综合平衡中有好多问题没有弄清楚，比如什么叫基本建设，就概念不清。我 1963 年给富春同志的研究报告中就讲过。一个是原有企业的改建，即简单再生产问题；一个是新建问题。现在不要因压缩基本建设，把必要的改建也搞掉了。统计上有许多不合理的地方，当然不是统计本身，而是根据财务上的规定，多少万元以上属于基本建设，实际上却是技术革新，是老企业的技术改造。我一直主张老企业的改造、原有资金范围以内的各项职权要下放给企业，部和地方只管检查监督。但新建投资一定要抓紧。这一年多来，新建的投资放松了一下，现在基本建设规模搞大了，这是几十年的老毛病了。而另一方面对老企业的改造又卡得很紧。因此，什么叫基本建设？新的投资和折旧基金范围内的投资如何区分？这个问题我去年在《红旗》上发表的文章中也讲了。我把现在的管理体制叫"复制古董"。因为"大修理"是不能变形的，后来改了一些，设技术革新、三项费用，但解决不了问题。所以，什么叫基本建设，很需要研究。旧企业改造投资少、效果高，新企业建设投资多、效果慢。如果卡基本建设一下子也把旧企业改造卡死了，问题就大了。

补充一句话，改变体制不是对负责计划工作的某一个人不放心，这不是对人的问题，而是体制问题。我们做财会工作，会计、出纳要两人分管，一人不行。统计、计划也一样，是两个角度。统计是提供资料，加上监督检查。归计委主任管，当然也可以自己检查自己，但自我批评总要加上人家批评才好。尤其到下层，如县一级，农业统计搞得好不好，这很重要。

最近不相识的青年和我通信的很多。上海色织四厂一个技术人员来信，信已转给汪道涵同志，他很感兴趣。信上说，今年计划部门下达给她们的任务增加了3%，她不懂这3%怎么来的，就找到计划部门，人家给了一个数学公式，归纳起来是两点。一是加快车速。关于车速，1961年在上海我对纺织部门做过调查，有点感性知识。老工人说，我们用的都是老机器，速度上超过国际规定标准，由于技术上采取了措施，车速尽管超过还能保持产品质量。二是靠四班三运转，挤交接班时间和吃饭时间。所以，就是破坏机器，加大劳动强度。我对道涵同志讲，像上海这样的老基地，挖潜的方针非常对。但这样来挖潜，靠加大劳动强度，机器的速度已经到了头，还要加3%，就变成破坏了，是主观主义。挖潜完全应该通过改善经济管理，更重要的是通过技术革新。因此，技术革新、设备更新应该放宽，旧企业改造的权应下放给企业，而新的投资倒要抓紧。这个思想我1963年就宣传过，但有争论，财政部对此意见很大。因为提高折旧费、缩短折旧年限，马上和财政收入发生矛盾。但是把折旧年限定得那样长，机器的使用价值实际上早已用完，是带病运转，吃老本。这里就涉及统计指标问题。基本建设怎么定？是不是把折旧和企业的改造同新企业的投资一样卡死？这个问题一直未解决。我认为旧企业改造的权应基本下放，这是小权。而新的投资倒应抓紧，这是大权。前些时候有同志觉得我思想还不够"解放"，大权应下放一部分。经过一年多的时间考验，现在我还不能同意。所以，在基本建设这个指标中把旧企业改造的资金同新企业的投资放在一起，就是关死了投资少、收效快的门路，就会使挖潜落空。

统计局是以调查为主还是以报表为主？这是争论了25年没有结论的老问题。我在统计局时就有争论，包括统计独立性问题，"反右倾"时我几乎被戴上顶帽子。因为，调查有一块金字招牌

——典型调查是毛主席提倡的。不以调查为主,就是不以毛泽东思想为主,这顶帽子真大。但另一方面,正因为典型调查是毛主席提倡的,不说家家户户,至少每个领导机关都在搞调查。如统计局以调查为主,那要统计局干啥?办个经济研究所,编个全国典型调查报告汇编就行了。用不着统计局,人民出版社就可以包这个工作。我不是轻视调查。可能有点近乎夸口,我们在地下党时代办《中国农村》就搞过调查,就搞过典型调查。在国民党地区,哪来普查?哪来报表?我们拿个国民党学术机关的名义,到某个地方,带几封介绍信,找几个村子,也未随机抽样,就凭自己主观判断。

毛主席讲过麻雀解剖一个就可知道一般,这话很对。但是第一,麻雀有雌雄有大小。第二,更重要的,要认识麻雀,不能把黄雀、喜鹊、乌鸦都当成麻雀来解剖,自然界鸟类多得很,先应识别麻雀和其他鸟类。这一点列宁早就说过,社会现象千千万万,多得很,你要什么典型就可以找到什么典型。我们三年"大跃进"时胡吹的数字,也不见得都是绝对造假,有的就是把典型当作一般,也是解剖了麻雀。所以,典型调查,统计部门需要做,解剖麻雀的功夫要下,我们用这种手段深入实际、深入基层,解剖统计报表资料,但不能代替统计报表。如果我们用这种手段概括一般,那就什么胡说八道的事都可以做。我们的基本任务还是搞报表、普查、抽样调查。如现在的家计调查,我听了很高兴,调查1万多户,也有个随机抽样问题吧!我不是否定典型调查,而是不能满足于典型调查。以典型调查为主,就是否定了成立统计局的必要性。

统计部门从"十年浩劫"的遭遇中,应该深刻体会到这一点。当时,就是把统计报表砸烂,历史对比资料毁了不少,典型调查能解决计划工作对统计资料的要求吗?解决不了!所以实践已经证明,典型调查为主的说法不对。我们的任务是搞报表,搞普查（人口普查，清产核资），搞抽样调查。

但是统计部门要注意，过去有小辫子，被别人抓住，拿来出我们的洋相。这是指有许多统计指标定得不确切；或者指标是对的，如总产值，但把它被滥用了。1956年我写过文章，不主张否定总产值，现在有人完全否定它，是不对的。但总产值只能看动态，看历史对比。不变价格同现价尽管有出入，只要有对比性，就可以看出发展速度。总产值实际上是代替资本主义国家的生产指数。用它表示的生产指数，比资本主义国家抽几种产品计算的生产指数确切多了。而且这个资料对基层企业来说是必需的，并不因为统计局需要它而增加很多麻烦。可是，用总产值来说明其他问题，往往就被人家抓住，我们也解释不好。不知道统计局的老同事们对总产值的看法如何？我不希望取消它，但只能用来看看速度，做历史对比，代替资本主义国家的生产指数。

很多指标是否用得恰当？这类问题很多。特别在分析报告中，因为我们实行监督检查，揭发问题，人家就要反击。正如最近有些人对报纸有意见，说是乱揭。当然报纸不可能篇篇都揭得对。但揭是应该的，报纸应起监督检查作用。统计也应该起监督检查作用。希望今后在报纸上不仅见到会计人员坚持财会原则顶住歪风邪气，而且看到统计部门坚持原则的事迹。中央这么重视统计工作，已经提出加强统计工作的要求。倘若统计体制改变，人员增加，党不仅给统计以提供资料的任务，而且给予监督检查的任务，统计工作就要有做海瑞、包龙图的精神。我们就要能站起来。小辫子不可能没有，但要尽量少。统计报告要使人看起来感到有分量。我们认为正确的数字，要敢于坚持，就是不能改。监督检查的任务没有海瑞、包公的精神是做不好的，顶不住的。

但是要能顶住，就要站得稳，就是说数字要经得起检查。因此，我们要钻研统计学、经济学，读马列主义理论书籍。统计工作机构小、任务重，我知道统计人员是很辛苦的。但既然工作如

关于加强统计工作和改革统计体制的问题

此重要，就要为党、为国家尽辛劳，尽这个责任。如何克服主观上的不足，就要学习，而且要有坚持热爱统计工作的精神。我不可能回统计工作岗位了，但我主张：老统计人员归队，培养他们不容易啊。因此，同志们应珍惜现有力量，团结起现有人员特别是老统计干部，集中精力来完成当前的最重大的任务。对于过去30年来遗留下来的有关统计工作的重大方针原则问题、理论问题，应深入细致地讨论，求得思想认识统一，以利工作。至于过去陈伯达、"四人帮"蛊惑煽动之下搞派性斗争时期的个人恩怨则切不要计较。在当时的极"左"路线影响下，谁不受点影响，以致我踩了你一脚，你又碰了他一下；至于说错几句话，更是难免了。为了完成"四化"的艰巨任务，要以安定团结为重。

那份资料提出的第二个理论问题，是物质生产部门和非物质生产部门界限的划分问题。这是绝对必要的。是马列主义的常识。否定这个划分，就是否定经济基础与上层建筑的界限。恩格斯在马克思墓前的演说中提及马克思的历史功绩，有一点是马克思发现了历史唯物主义，"正像达尔文发现有机界的发展规律一样，马克思发现了人类历史的发展规律，即历来为繁茂芜杂的意识形态掩盖着的一个简单事实：人们必须吃喝住穿，然后才能从事政治、科学、艺术、宗教等等，所以直接的物质的生活资料的生产……便构成基础……"今年上半年我在青岛写书，看到《人民日报》上有人发表文章，说教育部门是物质生产部门，因为它培养生产力。我就说，教育培养生产力，那不过是把简单劳动变成复杂劳动，首先还要有教育培养的对象，而教育培养的对象是人；那么，妇产医院更应该是物质生产部门。更进一步寻找，制造人的最原始的地方还不是妇产医院，而是家庭。这样推论下去，家庭也要从消费单位变成物质生产部门，这就说到哪里去了！教育、科学、文化，包括政府部门，对于教育培养劳动力哪一点没有关系？但毛主席曾屡次讲：脱产人员不能过多。如果教育部门、政府部门等都变成不脱产的,脱产不脱产这个概念就要否定。

当然,这篇文章作者的好意我了解,那就是要提高教育部门的地位。"十年浩劫",所有部门都打乱了,教育也是重灾区。但是,社会经济发达与否的标志,正在于人们直接从事生存所必需的物质生活资料的生产的时间愈来愈少。为什么我们人口中大学生的比重还不如埃及?为什么美国广义的服务行业比我们多好几倍,我们却轻视服务行业,教书是清水衙门,都不愿去?根据规律,服务部门的人员要愈来愈多。这条规律就是恩格斯讲的,必须先解决吃喝住穿,然后才能谈别的。我们国家待业青年这么多,就是吃喝住穿的物质生活资料太少。所以,物质生产部门与非物质生产部门划分的这条界限,虽然是苏联统计专家教给我们的,但与修正主义、霸权主义无关。这是一条历史唯物主义的最基本界限,即经济基础与上层建筑的区别。

但是还有个1000美元平均收入问题。进行这个对比,用的是西方资产阶级国家的口径,它们把劳务收入都计算进去了,这是重复计算,马克思主义认为劳务收入是收入的再分配。为了同它们对比,我们可以搞一个同口径的相应指标。但物质生产部门和非物质生产部门必须划分。而且,我们不仅讲生产与非生产,还要在生产前加上"物质"二字。你说教育是生产部门,可以,但它只是精神生产,不是物质生产。这一点不能放松。马克思主义经济学同古典资产阶级经济学,或者说马克思主义经济学同资产阶级经济学的界限,就是资产阶级认为资本家创造了一部分价值;而马克思主义的观点认为,说拿到收入就是创造价值,这话不对。

还有一个问题:数理统计和社会经济统计是一门科学还是两门科学。我没有深入研究,不过向来觉得是两门,我们过去否定数理统计学,这不好。那时我个人倒没有轻视,但在实际部门就不是如此。统计局有两位从美国回来的学数理统计的同志，在这里没有工作做，待不下去，我带到经济研究所去了。在经济研究所过去也未发挥作用，现在可以发挥了。我觉得数理统计很重要，搞统计一定要用数理统计。但我们讨论的这些问题，像基本建设的概念范畴等，与其说像数理统计研究的问题，不如说是政治经济学、社会学研究的范畴。

占大家的时间太多，我的宣传也够了。

# 关于改革我国经济管理体制的几点意见[*]

关于改革我国经济管理体制问题，比较复杂，包括计划、财政、企业管理、物资、劳动等各个方面，一环扣一环。所以，改革一定要考虑周到。

我在1979年第6期《红旗》杂志上发表了题为《从必须改革"复制古董、冻结技术进步"的设备管理制度谈起》的文章以后，反应很强烈。有直接找我谈或写信给我的，《红旗》杂志社也转来了不少读者来信。其中大部分赞成我的文章的观点，也有一部分人反对我的观点。比如，我在那篇文章中曾提出不赞成所谓基数大了，增长速度就要减慢的"速度递减论"，并用养鸡多而产蛋率不会因此下降做例子，来说明那种理论的不正确。有人不同意我的这个观点，认为上述速度递减的理论是从斯大林那里来的，而斯大林这一论点是对的。我认为，我们经济的发展速度慢了，应从客观上和主观上去找原因，不应从斯大林的论证那里找安慰。

反对我那篇文章的观点最激烈的是浙江兰溪的一个青年。他坚决反对扩大基层企业权力。这位青年懂得一点哲学和政治经济学的基本知识。因为我那篇文章涉及体制问题，并提出扩大企业自主权，这一点，20年前我就是这个看法。那位青年对此似乎很

---

[*] 原载《经济研究》编辑部编：《关于我国经济管理体制改革的探讨》，济南，山东人民出版社，1980。

了解。他说:"你20年前提出这一套主张时,我还是个红领巾,不懂。""现在我慢慢地懂得了一些事。""你是个行将就木的人了,我们还要过一辈子。按你这一套搞要害党、害国家。"他认为目前经济搞不好的主要矛盾是干群关系问题,不是什么企业自主权太小的问题。"基层干部已经成了'土地爷'和'菩萨',是一群豪吏,他们压得小民喘不过气来,权够大的了。""要是再扩大他们的权力,那就没有小民的活命了。"这位青年把扩大企业自主权当作扩大基层干部的权力。他的这个意见是不对的,但说明了一个问题:经济民主化,必须由政治民主化来保证。企业扩大权力后必须有立法来保证群众的民主权利,使干部不能滥用职权。南斯拉夫、匈牙利的经济改革已证明了这一点。

最近常有人来和我谈政治经济学方面的问题。我对有的国家实行固定价格、浮动价格、自由价格等三种价格有点想法。价格问题是经济管理体制改革的中心,要好好研究。实行三种价格,作为一种过渡性的办法是可以的。但价格最终要由生产成本加平均利润来定,与生产价格相符。

经济管理体制改革中的一个大问题是扩大企业自主权。但企业权力扩大的界限在哪里?我认为应以简单再生产为限,即在原有的资金范围内的经营管理权,折旧全部留给企业。扩大再生产部分,即新的投资应由国家管。企业的利润,除用于奖金和举办集体福利以外,要上缴国家集中使用。这个问题,现在我可能又是少数派。我认为,我们国家大,地区之间差别大,如果国家不统一使用这部分资金,结果会使富的地区越来越富,穷的地区越来越穷。我赞成大权独揽,小权分散。这不是我的发明,毛泽东同志早就说过这个问题。我看这个原则很好。什么叫大权?就是扩大再生产的权,大的项目建设权。什么叫小权?就是简单再生产的权,就是原有资金的支配权。这里又要搞清简单再生产与扩大再生产的概念。简单再生产与扩大再生产的区别不在于固定资产的实物数量是否超过原来的规模,而在于资金,即资金是原来的规模还是有新的投资。因此,我不同意建立把折旧费和新投资混在一起的生产发展基金。有的同志曾讲要给企业5个权,即计划制订权、物资购销权、资金支配权、劳动工资决定权、产品定价权。在我看来,只一个权,即在原有资金范围内企业的设备更新、产供销、招工、干部任免权。

有的文章谈到要用经济办法管理经济,对此我提点商榷意见。1962年曾提出过用经济办法管理经济,不用行政办法管理经济。用经济办法管理经济是不成问题的,但这句话的下半句是不对的。行政办法到什么时候都要用。如执行合同、下命令、下通知、调拨商品,都叫行政办法。行政办法到共产主义还是要的,不能把行政办法搞臭了。我问过南斯拉夫的经济学家:什么叫经济办法?他们有的说,经济办法就是用"价格、价值照顾落后地区,按劳分配"。有的则说,经济办法就是"照顾各方面的利益,利益在各方面协调之下来管理经济,就用不着强迫命令,用不着用一些生硬的行政手段来管理经济"。实际上,按客观经济规律办事,也就把各方面、各地区的利益照顾到了,前两个说法大体一致。我觉得,用经济办法管理经济的提法不好,容易叫人理解为完全否定了行政办法,还是提"按客观经济规律办事"为好。我们不能把经济办法同行政办法对立起来。西方学者往往把这两者对立起来,说我们的计划也是行政办法,这是不对的。

物资的问题,我主张国家一个品种也不要管,统统下放给企业,由企业自己进行产、供、销平衡,国家只管差额平衡。现在物资每年要打乱重分一次,这是多此一举。夫妻结婚以后,何必年年拜堂?企业与企业存在传统的产、供、销关系,原有的产、供、销不平衡了再管。国家的综合平衡,以基层企业的产、供、销合同为基础,自下而上进行平衡。经济管死管活的关键不在于国家管全部产品还是管主要产品,而在于"自下而上"还是"自上而下"。现在国家考核企业的八大指标,其中品种、规格怎么考核?企业之间订立了产、供、销合同,这个问题自然就解决了。

我认为全民所有制内部的交换不是商品交换而是产品交换,因为不存在所有权的转移。这一点我同意斯大林关于商品的定义。全民所有制的产品,只是委托各企业管,企业只有占有权、管理权,没有私有权,因而不是商品。这个问题我在无锡价值规律讨论会上做的《价值规律的内因论与外因论》❶ 报告中说了,这里不多讲了。

最后我说一下统计。我认为统计应独立起来,各级计委不要管统计部门的工作。但统计部门究竟由谁管,可以再研究。

---

❶ 该文发表于《中国社会科学》,1980(4)。

# 就统计领导体制问题致姚依林同志信*

依林同志：

大约一个多月以前，我曾经写了一个关于加强统计工作、改革统计体制的提案请乔木同志转中央。这提案的一个说明书，先后在《中国社会科学院简报》和《经济管理通讯》登出。你可能看到了。

我想向你和计委其他同志说明的是，我主张改变现在各级计委代管统计局的做法，绝不是由于对你个人或计委其他任何同志不信任，而是为了更充分地发挥统计的作用和提高统计部门的地位，使它由一个单纯为计划工作提供统计资料的机构，变成同时是对计划的监督检查机关。统计机关的独立性和统计数字的客观性和准确性，连资本主义国家都很重视，可是我们社会主义国家的统计机关的地位还不如资本主义国家。我们的统计数字的质远不如资本主义国家，这是不可原谅的。我认为这一切除了由于我国封建家长制的落后传统起着影响以外，与统计部门领导体制也有关系。所以我主张统计局最好直属各级人代会，使它与检察机关并立，起到既提供统计资料又对国家计划的执行尽到监督职能的作用。为此，统计机关必须大力加强。现在各经济管理部门上自中央一级下至企业都在实行精减，希望能从中挑选品质好、业

---

\* 此信写于 1981 年 1 月 1 日。标题为编者后加。

务强,敢于坚持真理的万把人来充实各级统计机关。这样就绝不至于在调整时期增加财政开支和国家编制。

以上是否妥当,请指正。

孙冶方
81年元旦

# 关于《刘少奇选集》编辑中几个问题的答复信<sup>*</sup>

**中共中央文献研究室"刘选组"**
**郝惠庄同志：**

你的来信收到了，信中提出的五个问题，简复如下：

（1）1941年我刚到苏北抗日民主根据地，华中局就派我到华中党校当教员兼任教育科长，临去党校前，少奇同志特地找我去谈话，说：在党校学习的同志，很多都是旅团级以上的干部，因此讲课时应该慎重，不能心血来潮，随意发挥。讲课要有根据，如果是党的决议和文件上没有说过的意见，要向华中局请示。

我在党校讲授如何对待马克思主义时，联想到二十年代旅莫支部对待学习的态度，觉得那是党内轻视理论的表现，也就是列宁、斯大林所批评的狭隘经验主义倾向。但这种提法在党内没有做过结论，根据少奇同志的指示原则，我就写信请示他。我的原信曾附在华中版《论党》后面。记得我在那封信里，曾较详细地描述了旅莫支部领导人任卓宣❶反对学员学理论。这也就是少奇同志复信的背景材料。

现在看来，《答宋亮同志》一文很重要。少奇同志在信中说，二十年来党的一贯偏向是轻视理论学习，党的理论水平不高。而过去党的领导所犯错误（路线错误）都是与此有关的。信中又

---

\* 此信写于1981年1月7日。标题为编者所加。

❶ 即后来变成叛徒、特务的叶青。

说,"直至现在(1941年——冶方注)缺乏理论这个弱点,仍未完全克服"。少奇同志写此信后又是快四十年过去了。我看这个弱点仍未克服,或者更确切些说,是尚在克服中。林彪、"四人帮"的荒唐谬论一时能蛊惑到那么多干部和群众,也就是我们党的理论水平不高的证明。

关于这一问题,我在《经济研究》(80·4)上的文章中曾谈到,请参考。

(2)《民主精神与官僚主义》报告的具体时间、地点、范围我记不得了,我手边也没有这报告,记得也是在党校第一期讲课时讲的。少奇同志不仅在这一报告,而且在讲党建的其他一些报告中都说到中国缺乏民主传统,对这个问题我们一直没引起足够的重视,后来愈演愈烈,以至窒息党内民主气氛,代之以封建家长作风。经过"十年浩劫"的今天,我们感到少奇同志的指示太珍贵了,至今仍然切中时弊。

(3)少奇同志为什么突出抓建党,据我现在体会,当时不仅在华中地区,而且在全国,这个问题都很重要。由于王明极左路线的破坏,全国党的组织在白区曾经损失100%,苏区损失95%。经过几年的恢复,虽有相当规模的重建,但总的说来党的建设依然是党的工作中的一项重要任务。如果说华中地区有什么特殊的话,则是皖南事变以后,新四军遭受极大损失,党和军队更处于重新建设之中。

(4)少奇同志在华中局的其他情况我不太了解,因为当时我刚从白区去,主要从事理论教育工作。关于这些情况,最好找黄克诚、粟裕、张爱萍、章蕴、薛暮桥、冯定、陈国栋等同志了解。

(5)关于少奇同志的经济思想,最近我在写《社会主义经济论——流通篇》的"流通概论"一节中讲道:

"这里,我们不免又要想到刘少奇同志对于流通问题的卓越见识和他对于政治经济学研究工作的关怀。大概在1962年、1963

年,在总结3年共产风、瞎指挥的经验教训的时候,他得出一个结论,流通过程是经济生活中最敏感的环节,生产中的一些问题,首先会在流通过程中反映出来。因此,研究社会主义政治经济学,必须重视对流通过程的研究。因此,他指示中国科学院经济研究所,不仅要和国家计委挂钩,而且还要同国务院财贸办公室挂钩。在过去10多年中,由于前面说过原因这个'钩'没挂好。但是少奇同志要我们重视对流通过程的研究这个指示是值得我们经济学界全体同志牢牢记取的。"

现在看来少奇同志关于流通问题的思想是有独到之处的,应该受到大家重视。

此致
敬礼!

孙冶方
81.1.7

# 谈谈搞好综合平衡的几个前提条件[*]

这次国民经济综合平衡理论问题讨论会的召开，非常及时。

前不久我曾经讲过，不能把计划说成是社会主义经济的唯一特点，或本质特点，这是因为社会主义经济的本质特点在于生产者、劳动人民在生产资料公有制的基础上当家做主，对整个社会经济实行直接管理。如果离开这一点，却把计划说成是社会主义经济的唯一特点，那是不对的。但是，我仍然强调社会主义经济的主要优越性之一还在于它的计划性。所谓计划经济或计划工作，它的主要内容就是搞好综合平衡，即要搞好生产和消费、消费和积累、收入和支出之间的平衡；搞好生产生产资料的第Ⅰ部类和生产消费资料的第Ⅱ部类之间的平衡；搞好每一部类内部各部门的各种主要产品或各大类产品之间的平衡；搞好财政、信贷和物资（以及外汇）平衡以及它们之间的平衡。在过去的计划工作中，长期流行着一句哲学格言：平衡是相对的，不平衡是绝对的。还把唯意志论的高指标、留缺口看作是"积极平衡"。从20世纪50年代末的"大跃进"到"十年浩劫"，一直到十一届三中全会前的"洋跃进"，国民经济的比例严重失调，毫无效益的劳动耗费何止亿万计，这除了政治方面的原因和经济建设指导思想上的错误外，有一条重要原因就是否认综合平衡。从哲学观点来说，平衡确实是相对的，不平衡是绝对的。但是，我们搞经济计

---

[*] 本文是作者1981年1月8日在国民经济综合平衡理论问题讨论会上的发言。

划和经济工作的任务,总是要尽可能地把各项比例搞平衡。把不平衡搞成平衡,这是计划工作的起码要求,可是唯意志论者却只迷信权力,不懂得这点起码的常识,结果给国民经济带来反复的破坏,以致经过所谓"文化革命",把国民经济拖到了崩溃的边缘。十一届三中全会前,我们对"崩溃"的实际状况缺乏真切了解,还是急于求成、贪大、求洋,又搞了许多不切实际的大项目,这更加重了比例的失调。应该承认,比例失调给当前的经济工作带来了巨大的潜在危险性,弄不好直接涉及党和国家的安危。为了摆脱这种困境,该做的工作确实很多,但是经济上的调整最重要。调整,就是要坚决从所谓"跃进"的轨道上退下来,而且要退够,使国民经济建设与实际的人力、物力、财力相适应,实现财政、物资、信贷的平衡,使经济逐步稳定,各项比例逐步趋于协调。在这个意义上,我认为,调整实际上也就是搞综合平衡。因此,无论是总结历史经验,还是贯彻当前的调整方针,综合平衡都是非常重要的理论问题和实践问题。

这里,我想就搞好综合平衡的前提条件提出几点意见,向同志们请教。

首先,我认为要搞好综合平衡,必须改变现行的价格结构,调整实际上存在着的不合理的价格。社会主义计划经济的目的是生产直接满足社会需要的各种具体品种规格的物质财富。这就是说,发展社会主义经济的目的是增加使用价值。因此,我们在搞经济计划时,就要在计划中提出产品产量的实物指标。但是如何完成这些指标呢?关键在于能够投入多少人力、物力、财力,从而少花钱多办事,节约活劳动和物化劳动,提高经济效果的角度,把这些人力、物力、财力在各生产部门之间做最合理的分配,而且还要对各种不同的计划投资方案加以经济比较。因此,发展经济的目的虽然是产品产量,是使用价值,但是要达到增加使用价值的目的,还必须做价值指标的计划。如果只做产品产量

谈谈搞好综合平衡的几个前提条件

的综合平衡,即只考虑发展速度,而不考虑人力、物力、财力的综合平衡,不研究价值指标的平衡,这就等于只想渡过河去而不考虑架桥、乘船等渡河手段。我们都知道,价值是通过价格来表现的。在现代的社会化生产中,固定资产的投资对社会生产的发展有重大作用。为了计算投资的经济效果,必须实行资金利润率和生产价格,按照平均成本加上按平均资金利润率计算的利润额作为确定产品价格的依据。这是我在20世纪50年代就曾提倡的主张。目前,公开反对这项主张的意见少了一些,但是对于以生产价格为依据改革现行价格结构的迫切性,并不是都为每一个从事经济理论和实际经济工作的同志所了解。

在一个很长的时期内,价格被某些人设为"禁区",不准经济理论工作者对它进行研究,同时还提出种种荒诞的理由把价格变成主观随意性的玩意儿。比如他们说:价格与价值相符是经济原则,而价格与价值背离是政治挂帅。在这种主观随意性下,各种产品的比价搞得非常不合理,特别是经过"十年浩劫"后,价格与价值背离的程度更加惊人,有些产品的价格比价值(生产价格)水平低百分之几十,而有些产品的价格又比价值(生产价格)水平高出两三倍。目前,由于农副产品收购价格低,加工工业利润过高,小、土企业即使效率低、成本高,利润也还是很高的。价格的不合理使得小、土企业如雨后春笋般地发展起来,这不仅浪费了大量好原料,而且使国家一些重要工业基地和一批技术先进的国营企业任务吃不饱,停工待料,发生了严重的原料危机,造成了国民经济比例的更大失调。这种小企业挤大企业,土企业挤洋企业,效率低的企业挤效率高的企业的现象,报纸上已经批评了很多。之所以发生这种现象,也是由于价格不合理造成的。它是价格背离价值(生产价格)的祸害之一。价格不合理,国民经济中的各种比例关系就看不清,甚至会搞颠倒了。前不久我曾在一篇文章中讲过,在价格不合理的情况下搞综合平衡,实际上等于在哈哈镜里照相，真面目会完全给歪曲了的。因此，要搞好综合平衡，必须解决价格问题。目前这种不合理的价格结构，不仅是国民经济体制改革的障碍，也是国民经济管理中的障碍，更是搞好综合平衡、调整好各项比例关系的障碍。当然，价格的这种不合理状况，是长期形成的，要改革它，还得逐步进行。

其次，要搞好综合平衡，我认为还要有准确的统计资料。统计是指导国民经济的一个重要手段，只要统计搞好了，监督就比较容易搞，国家干预也就比较好搞。现在我们国家的统计太差，要搞好国家对国民经济的计划和指导，必须加强统计工作。"一五"时期，全国统计工作实行集中统一的领导，国家的统计制度、方法也在全国统一贯彻执行，凡是虚报瞒报，都被看作是对国家不忠实的行为。因此，那时除农业数字外，统计数字一般还是比较可靠的。1958年，批评了统计工作中的所谓"教条主义"，从此，统计工作集中统一的领导原则被抛弃了，统计方法也开始"八仙过海，各显神通"，在强权唯意志论面前，党政领导人要统计人员报多少就得报多少，否则就被斥为"右倾"。我记得，在"反右派"时，有好几个省、直辖市的统计局局长由于坚持统计工作的独立性，坚持实事求是的原则，被打成了"右派""反党分子"。1962年，党中央整顿了统计工作，根据刘少奇同志和周恩来同志的指示，还做了"加强统计工作的决定"。记得当时周恩来同志特别加了一条：不许党政部门篡改统计数字。这样，统计工作很快有了新的进展。可惜，到了所谓的"文化大革命"时期，一切又被颠倒了过来，加强统计工作被诬蔑为"闹独立王国""向党争权"，全国各级统计机构几乎全部被解散。打倒"四人帮"后，统计工作重新被放到了重要的地位上，但元气很难一下恢复过来，特别是党政领导人干预统计数字、搞虚报瞒报的坏风气还在不同程度上存在着，比如：为了追求粮食的所谓"高产"，少报耕地；为了追求工业"高速度"，把不合格的产品计产值、产量；为了掩盖基本建设战线过长，把许多实际上属于基本建设的项目不报；为了表示职工人数"已经精减"，少报计划外用工和临时工；为了显示计划生育的成绩，少报出生人口；为了隐瞒物资积压，少报库存；为了掩饰物价上涨，少报涨价商品；等等。至于搞人为的"以丰补欠"或"均衡生产"，更是相当普遍。有的部门还曾规定产量多产时少报，欠产时多报。除了数字不准外，指标不全的情况也很突出。据国家统计局计算，为进行国民经济综合平衡所必需的统计指标已建立的只占54%，处于如此落后状况的统计工作，怎么能搞好综合平衡呢！因此，我们要大声疾呼：必须提高统计工作的社会地位，把统计机关摆到国家的检查、监督机关的地位上来，把目前的统计管理体制改变为由国务院和各地政府部门直接领导的统计管理体制，最好是改变为像检查、监督机关一样，让统计机关直属各级人民代表大会常务委员会，以便保持统计工作的独立性、严密性和准确性。这倒并不是不相信某个领导同志，这同企业中把会计和出纳分开而不能由一个人兼管是一个道理，特别是统计机关不仅要为计划机关提供编制计划的依据，而且要检查、监督计划完成情况。让某一部门代管或领导统计机关，就会影响它的检查、监督作用。统计和计划是一对矛盾的两个方面，把它们放在一个机关里来管，就等于取消了这一对矛盾。过去李富春同志曾一再声明，他是以副总理的身份来管统计的，而不是以计委主任的身份来管。他反对计划工作人员、党政领导人员篡改统计数字。保持统计工作的独立性，这在西方资本主义国家中也是非常关注的。据社会科学院和业务部门去西方考察的同志回来讲，法国用法律来保障它的统计中心在统计业务上所具有的完全的独立性；日本也很强调统计的"中立性"，统计只对客观事实负责，不受党派斗争的干扰。在社会主义国家中，罗马尼亚的中央统计局直属国民议会的执行机构即国务委员会的领导。这样做都是从体制上保持统计的独立性。有的外国代表团到中国各经济部门考察，对我们的统计工作有意见，说我们的统计工作太落后了。这是应该承认的事实。因此，要搞好综合平衡，必须改革统计管理体制，加强统计工作，以便为综合平衡提供准确的数字。最近我在全国统计工作会议上也讲了这个问题。我希望这次综合平衡理论讨论会也能为这个问题大声呼吁一番。

最后，要搞好综合平衡，还应该区分开资金量的简单再生产和扩大再生产。我在20世纪50年代曾经提出过一个按资金量划分简单再生产和扩大再生产的杠杠：国家以一定价值量的资金办了一个企业，凡是原有资金即简单再生产范围内的事务，如房屋与设备更新、原材料供应和产品销售等，都应该归企业去办，国家不必干涉。而新投资的权限，即资金量的扩大再生产，则应该集中到国家手中。国家放弃这个权，整个经济工作就会大乱，就谈不上什么统一的经济计划。最近3年来经济工作的实践证明我的上述论断是有根据的。1978年以来，由于随着原有资金即简单再生产范围内企业管理职权的下放，同时也把资金量扩大再生产即新的投资权限也部分下放了，于是出现了基本建设战线的大扩张，促成了新的比例失调。例如1978年国家计划内基建投资是480多亿元，比1977年增加了约50%，这本来就已经远远超过了国家实际的经济力量，但地方和企业自筹资金仍然在搞基本建设，甚至数以百亿元计。"一五"时期，全国156项重点项目，才70多亿元。《人民日报》1980年12月2日社论说："地方和企业自筹资金的使用方向和建设规模，一定要严加控制，建设什么，规模多大，要报经国家综合部门审查批准。""地方、部门、企业的积极性要同社会主义生产的计划性相统一，局部服从全局，这是社会主义经济发展必须遵循的一条原则。过去片面强调集中统一计划，把经济搞得死死的，当然不对。但如果反过来，

认为不要统一计划了，可以各自为战，想干什么就干什么，能干什么就干什么，结果必然使这种积极性变成盲目性。"我非常赞成这些说法。这同我按资金量来划分简单再生产和扩大再生产界限的精神完全一致。这里，我建议同志们在研究综合平衡的时候，能结合经济生活中的新问题、新情况，再研究一下简单再生产和扩大再生产的划分问题以及这两种不同的再生产范围内的综合平衡的方法问题。过去不少同志都是从实物形态，即生产规模、设备能力、产品产量方面来划分简单再生产和扩大再生产，这不太科学。就从设备或固定资产来说，数量较少的设备可能具有更大的效率，能生产出更多的产品，而数量较多的设备则会相反；从产品数量来说，如果产品构成发生了变化，尽管产品数量不变，它也可能会代表更多或更少的价值量。所以，我还是坚持主张从资金量的角度来划分简单再生产和扩大再生产：凡是不要求国家追加投资的，在原有资金范围内的生产，都算作是简单再生产；而新投资，超出原有资金范围外的生产，都算作是扩大再生产。当着企业资金量不变而技术进步、劳动生产率提高、管理改善而发生的实物量扩大再生产，是应该鼓励的企业权限内的事情。然而对于新投资，国家则必须严格控制。对社会主义计划经济管理来说，我们所必须控制的正是这种要求用追加投资来实现的扩大再生产，而这也正是当前综合平衡中所应该注意的重要问题。

前些时候，在强调经济权力下放时，曾经把新的投资权也下放了一部分，只用一年多的时间，就发生了基本建设大扩张的问题，造成了国民经济比例的更大失调，给调整工作也带来了新的困难。这说明新投资的权是不能下放的。中央、地方国营企业的利润留成，除用于集体福利、奖金外，用于扩大再生产的那部分必须集中。中央企业的，应该集中到中央来；地方国营企业的，应该集中到省、直辖市来。这部分权不能下放给企业，否则会大乱。现在讲控制基本建设了，我很担心再反过来把简单再生产范围内老企业的技术革新、改造资金也控制死了，恢复到过去那种情况，这就不得了。我们当前现实经济生活中的问题是支出太多，特别是基本建设花钱太多，出现了财政赤字。因此，控制财政支出是必需的，但这只是一方面，甚至还不是最根本的，最根本的还是发展生产，要搞好老企业的挖潜、革新。如何挖潜、革新呢？如果把原有资金范围内技术革新、改造资金控制死了，那就等于杀鸡取卵。过去一些理论工作者和实际工作者，特别是财政、物资部门的一些同志反对我关于把简单再生产范围内原有资金的管理职权下放给企业的观点。可是，前些时候却连新投资的权也下放了。现在一讲收，我听说又有人怪罪我强调企业管理职权下放的那一套。其实，我过去说下放，仅仅是指原有资金范围内企业管理职权的下放，而对新投资的权我并不主张下放，一定要严格控制。这两年的毛病不是由于下放了原有资金范围内的企业管理职权，我觉得这方面的职权下放得还不够。过去，大家不太注意这方面的问题，有些人喜新厌旧，都去争新投资。当把一部分新投资的权放下去后，结果乱了套。乱是乱在这里。可是财政、物资部门似乎又有同志主张统统都收回来，连企业简单再生产范围内的权也收回来，恢复到20世纪50年代苏联专家教给我们的那一套，把什么都管得死死的，那又会走进死胡同。

我们在研究简单再生产和扩大再生产的划分界限的时候，还要结合现行的固定资产更新制度来研究。如同我屡次讲过的那样，由于我们的折旧率是不考虑设备的无形磨损的，折旧率过低，折旧年限过长，实际上是把原有固定资产的转移价值即折旧当作利润，把老本当作新的投资（实践中就是拖垮了老企业去建新企业），把一部分简单再生产的资金误算到扩大再生产范围去了。因此，我认为在研究综合平衡的时候，还要把这一部分虚假因素考虑进去。

上面所讲的三个问题都是老话新谈，针对新情况再谈谈我的老主张，提出来供同志们研究。我预祝这次综合平衡理论问题讨论会顺利进行、圆满成功。

# 给冯国钧博士信

**冯国钧博士：**

您的来信收到了。

很遗憾，去年夏天我在青岛疗养，没见到您夫人。她带来的文件袋，因为辗转投递，至今没收到，直到最近收到你的第二次邮件，才了解这些情况。回信迟了，请您原谅。

我看了您写的《社会主义经济的若干理论问题》的英文翻译提纲，现就来信和提纲中的一些问题，简复如下：

您在《理论问题的背景》Background of Theoretical Issues 一节中，说到我是"在中国让市场更自由的发挥作用的最著名的倡导者"（The author was China's most Prominent advocate of giving freer play to market forces），这一提法是不正确的。到目前为止，我对社会主义经济中的"市场调节"的作用应该有多大仍持保留态度。我主张在经济工作中遵循客观经济规律，或者说，按客观经济规律办事，特别是要按价值规律的要求办事。关于选文标准，我没有什么意见。但我建议增译第一篇《把计划和统计放在价值规律基础上》一文。此文在当时曾引起国内学术界的极大反应，且内容并不与《论价值》完全重复，二文各有侧重面。

International who's who 上载有我的简历。您编译《理论问题》

---

\* 写于 1981 年 1 月 10 日。标题为编者后加。

时可以参考。另外，据我目前所知，国内没有出版社在把它译成英文。

感谢您热心把我的著作介绍给英语读者的好意！

孙冶方
81.1.10

# 就推进技术进步问题给周传典信

**周传典同志：**

今天一口气读完了你在1980年3月21日《人民日报》发表的文章，得益匪浅。你这篇文章和董克恭同志在《光明日报》发表的报道收藏都已经很久。过去只浏览了一下，知道你和我都是从不同角度，你从技术角度，我从经济学角度，来谈同一个问题——老企业的挖潜改造问题。我在1979年6月号《红旗》发表了一篇文章，叫《从必须改革"复制古董""冻结技术进步"的设备管理制度谈起》。我的基本观点是和你相同或相近的。我恳求你把我这篇文章翻一下。我在这篇文章的开头，就引了维也纳《新闻报》对于苏联保守落后的（我称为"复制古董"的）那套制度的评论。因此，我认为你所说的苏联的制度与美国、西德一样，据我看来未必是全对的。我认为苏联和中国，以及大多数"东方"国家是第三种模式，是属于我所说的"复制古董冻结技术进步"的模式。我正在就这个问题，考虑再写一篇文章，所以，我以十分大的兴趣读了你的文章。

你是主张美德式而不主张采取日本式的。但我怀疑日本资本家是否会把一切可以改造利用的旧设备都弃之不用。但为什么现在美国的某些工业（如汽车）已经竞争不过日本了呢？至少原因之一是旧设备成了包袱，舍不得丢掉（到了应丢掉，或更正确些

---

\* 写于1981年1月29日。标题为编者后加。

说，应改造或应更新的时候，舍不得改造或更新）。我很同意你的意见，一切要算账，是改造合算，还是更新合算，要看经济效果。

资本主义发展史上，老大帝国一个个衰落下去，先是英、法，现在又轮到美国或许还有德国了。但这不能成为社会主义国家的发展规律。

我的意见自60年代初就受到财政部门许多人的反对。1979年我那篇文章发表后，财政部门又掀起了批判的风。因此，很希望听听你的意见。

敬礼！

孙冶方
81.1.29

# 流通概论

马克思的资本主义政治经济学巨著——《资本论》的第 1 卷所研究的是"资本的生产过程",也就是每一个个别资本的直接生产过程(在社会主义社会里,也就是每个独立经济核算的企业中的直接生产过程)。第 3 卷所研究的是"资本主义生产的总过程",也就是从总体看的资本主义生产过程。在这两卷之间的第 2 卷研究的是"资本的流通过程"。对于马克思的这样一个叙述程序,或许可以提出这样一个问题:为什么马克思在讲完个别资本(企业)的直接生产过程之后,不直接就讲资本主义生产的总过程,而要把生产过程的研究中断一下,先讲流通过程,然后回过头来再讲资本主义生产的总过程?把个别资本的直接生产过程和全社会的资本主义生产总过程连接起来,一口气讲完之后再讲流通过程,岂不更顺当一些吗?

从表面看,这样提问题是颇有道理的。但是,只要我们深入研究一下事物本质,我们就会发现,马克思的叙述程序是唯一正确的程序,这个叙述过程反映了客观事物的本质。因为正是通过流通过程,才把千千万万个个别资本的生产过程结合成为全社会的总生产过程。不先讲清楚流通过程,就没有办法讲清楚全社会的总生产过程。

这样的叙述程序,不仅对于资本主义政治经济学是必要的,

---

\* 本文原载《财贸经济》,1981(1)。

是不可违背的；就是对于社会主义政治经济学来说也是不可违背的。因此，我们不避"生搬硬套"的嫌疑，认为社会主义政治经济学仍然应该按照《资本论》的叙述程序，在讲完了直接生产过程之后，接着就讲流通过程。然后再讲全社会的总生产过程。尽管在社会主义社会里，公有制已经代替了私有制，计划经济已经代替了自发性的市场经济；但是没有流通过程，仍然不能把千千万万个企业的生产联合成为一个全社会的总生产过程。而且所谓计划性和自发性的差别，主要就表现在流通过程中，而不表现在直接生产过程中。我们知道，资本主义生产的无政府状态或自发性并不表现在每个企业内部的生产过程中。相反，在资本主义企业内部，生产都是按照资本家或是他们所雇用的经理人员的意志，有计划地进行的。同时，资本主义的企业管理是很科学的，在许多方面还是值得我们学习的。因此，我们社会主义计划经济的优越性，主要表现在流通过程的计划性，即如何科学地来组织流通。

但是，由于历史的和社会的种种原因，社会主义革命首先是在经济发展比较落后的俄罗斯、东欧和中国这样的国家取得胜利的。在这里，革命胜利前，缺乏社会化大生产的传统。在这里，小农经济和封建庄园的自然经济的生产关系占统治地位。在这里，人们对于流通过程中商业、高利贷资本的剥削和压迫是心有余悸的。他们往往把这种剥削和压迫归罪于流通过程本身。他们理想的经济体制是个体经济和封建庄园经济那种自给自足的自然经济，是没有流通过程的经济。这反映到政治经济学思想上，就是对于流通过程的鄙视、贬低以致否定流通过程在社会主义经济中的作用，把社会主义社会的"商品""货币"等范畴看作是资本主义的东西。因此，阐明社会主义流通过程的重要性，研究并说明社会主义计划经济的流通过程本质，从而设计出这个流通过程的最合理的组织形式，即使不是社会主义政治经济学的主要任务也是它的主要任务之一。

我们在20世纪50年代末60年代初，就提倡要重视流通过程的研究。我曾经讲过（在人民大学讲课时——冶方注），为了研究和建设社会主义政治经济学，必须着重研读《资本论》第2卷。因为第1卷只是为社会主义政治经济学打了基础。第2卷"流通过程"所讲的内容——关于循环、周转以及再生产（综合平衡）的理论，才是建设社会主义政治经济学的主要内容。遗憾的是一方面由于我自己主观努力不够，另一方面由于"四清"运动和10年"文化大革命"的干扰，我对于社会主义计划经济的流通过程的认识，还是停留在20年前的水平上。现在只能把我的一些肤浅认识写出来，"抛砖引玉"，请经济学界的同志们批评指教。

流通概论

讲到这里，我们不免又想到刘少奇同志对于流通问题的卓越见识和他对于政治经济学研究工作的关怀。1962—1963年，在总结3年"共产风""瞎指挥"的经验教训的时候，他得出一个结论：流通过程是经济生活中最敏感的环节，生产中的一些问题，首先会在流通过程中反映出来。研究社会主义政治经济学必须重视对流通过程的研究。因此，他指示中国科学院经济研究所，不仅要和国家计委挂钩，而且还要同国务院财贸办公室挂钩。在过去10多年中，由于前面说过的原因，这个"钩"没挂好。但是少奇同志要我们重视对流通过程的研究这个指示，还是值得我们经济学界全体同志牢牢记住的。

我们在这篇概论中将讲以下五个问题。

## 一、社会主义政治经济学中的"无流通论"

社会主义经济还处于幼年时期，正在成长、壮大过程之中。政治经济学研究社会主义经济为时甚短，许多问题研究得不透，有些甚至还没有展开研究。同直接生产过程相比，对于流通的研究，特别是把流通作为一个客观经济过程来研究，则更是不深不透。像前面所说过的那样，在相当长时间内，流通问题竟没有被经济理论界列入研究的日程。为什么会忽视流通，不研究流通过程呢？这主要是由于"无流通论"在作怪。"无流通论"并不是我们虚设的一个靶子，它是社会主义经济理论中客观存在的现实。斯大林关于生产关系的定义就没有流通。❶ 有些经济学家虽然也谈流通，但是他们认为这只是因为在社会主义社会中，还有不同的所有制存在，还有集体所有制和个体所有制存在的缘故。在他们看来，全民所有制内部是没有流通的。流通只存在于商品经济中。正是在这种思想指导之下，所以全民所有制各企业之间的产品流通，过去都用"调拨"和"配给"的形式，而不是采用产品流通形式。

自苏联十月革命以来，也就是自从有了社会主义政治经济学以来，否定社会主义经济中，特别是否定社会主义全民所有制经济内部客观存在着流通过程的自然经济观点，亦即无流通的观点一直占据统治地位，它给社会主义经济发展造成极大危害，严重地妨碍着人们在理论上全面认识社会主义经济。

否定社会主义经济中存在着流通过程，看不到或根本不承认流通过程在社会再生产中的作用，当然也就不会去研究流通领域中的客观规律，更说不上按客观经济规律办事了。我国长期采用单纯的行政手段去组织生产资料流通，用调拨、配给的办法代替交换。其结果是：一方面货不对路，需要者得不到应有的东西，生产出的东西无人需要，物资部门货物盈仓，生产企业大批存料，整个社会再生产周期拖长，生产发展缓慢；另一方面又不顾社会的实际需要而到处盲目建厂，大量生产那些社会不需要或已

---

❶ 参阅斯大林：《苏联社会主义经济问题》，见《斯大林文选》（下），第629—630页，北京，人民出版社，1962。

经生产有余的东西，造成社会劳动的极大浪费。就是在消费资料的商品中，也常常受"无流通论"的影响，违反商品交换规律，打击生产，妨碍消费。

"无流通论"否定流通是一个客观存在的经济过程，因而否定等价交换原则。不按照等价原则组织交换和流通，结果是到处不计成本，不讲核算，不顾经济效果，企业以及整个社会流通迟滞，周转不灵，资金循环极慢，劳动效率低，经营管理差，社会财富浪费惊人，社会生产力发展缓慢，使社会主义公有制的优越性发挥得很差。社会主义条件下流通过程应是各方面经济利益得以具体实现的场所。否定流通过程，必然否定等价交换，从而也就否定了社会主义客观存在着社会、集体、个人经济利益。从而否定了社会主义社会化大生产对流通过程的基本要求——以最小的消耗取得最大的经济效果。

流通概论

否定流通过程的自然经济观点造成的一个更大的危害，是流通与生产、消费不相适应，严重地妨害生产发展与劳动者生活的改善。生产发展，进入流通领域的产品不断增加，客观上要求流通领域的人力、物力要相应地增长。"无流通论"否定社会主义流通过程，也使人们忽视现实的商品交换与商品流通。我国商业网点、人员严重不足，流通领域的各种技术设备（包括运输设施、仓储设备、搬运机械、商品包装和售货技术设备等）非常落后，特别是交通运输与生产、流通的需要极不适应。流通阻滞，货不能畅其流，生产就难以迅速发展。

总之，无流通论的危害是很大的，我们要坚决地批判它。而为了批判它，就必须挖一挖形成"无流通论""自然经济观"的思想、社会和经济的原因，并进而分析它的错误所在。

（1）"无流通论"的社会历史根源。社会主义政治经济学起源于苏联，从20世纪20年代起，至少到60年代初，"无流通论"的理论观点一直统治着苏联经济学界。苏联的一位学者阿·克留切夫在《论作为经济过程的交换的内容》的文章[1]中道出了这种状况:"在我们的经济著作中,有一个根深蒂固的意见,这就是流通只能被设想为商品流通,除了商品流通以外,不可能有任何别的流通。按照这种意见,结果就成为:流通只有当它是商品流通的时候才构成社会生产的特殊阶段。"苏联经济学界的自然经济观点对我国经济学有很大影响。"无流通论"在中国还有其更深刻的社会根源。如同前面已经说过的那样,中国在解放以前也同革命前的俄国一样,商品生产不是很发达,小农和地主庄园的自然经济关系占统治地位。封建社会在中国延续了几千年,小生产、宗法式的经济占据相当大的优势。这是半自给甚至是完全自给自足的自然经济。它几乎与世隔离,不懂得也不需要流通。历代封建王朝都把"重本(农)轻末(商)"奉为国策,压抑、排斥商人,蔑视商业。封建士大夫的清高思想就是这种自然经济的思想反映。他们和那些受商业资本盘剥的广大小生产者一样,对商人有特殊反感,因而祖辈相传地咒骂"无商不奸"。加上解放前的战争年代,在解放区广泛实行着基本上是平均主义的供给制,它对广大干部有着深远的影响,所有这一切就使轻商思想、否定流通过程的"无流通论"有了广泛的社会基础。

尽管"无流通论"长期居于不言而喻的统治地位,我们整个社会经济因忽视流通而遭受巨大损失,但是,在"四人帮"作乱时期,他们出于彻底搞垮社会主义经济的反革命的目的,竟然大肆批判虚拟的所谓"流通决定论"(1970年9月19日《人民日报》的一篇"大批判"文章),流毒甚广,危害极大,必须肃清。

(2)"无流通论"错误地把社会共同占有生产资料的社会主义全民所有制经济看作是一个大工厂,把工厂之间的社会分工同工厂内部技术分工等同化。因此,因社会分工而在不同生产者之

---

[1] 《经济学译丛》,1962(6)。

间起联系纽带或媒介作用的交换或流通过程也就自然不存在了。实际这两种分工有重大差别：一个独立核算企业内部的技术分工，是通过不同劳动者相互交换活劳动而共同完成同一产品，他们之间的联系或协作并不需要通过生产品的交换来实现。社会分工发生在各个独立核算企业之间，它们之间的联系或协作是通过生产品的交换实现的，而所谓流通也就是从总体上看的交换。随着生产的发展，社会分工越来越细。企业间通过产品交换进行协作也就愈频繁、愈密切。因而流通过程对于提高社会劳动生产力就更加重要，否定流通过程的自然经济观，无非是不知社会化大生产为何物的复古倒退的小生产思想的理论表现。

（3）"无流通论"混淆了"交换"与"分配"，混淆了政治经济学中所说的"分配"和实物"配给"——混淆了这样几种不同的概念和不同的社会职能；错误地把"配给"当作"分配"并且代替了"交换"，从而取消了"流通"。在我国社会主义经济建设实践中，对于生产资料在不同部门之间，在千万个企业之间的交换都采取了20世纪50年代初期从苏联搬来的，近乎"配给制"的"分配"或调拨的形式。从而造成一种假象，似乎社会主义再生产过程只剩生产、分配、消费三个环节了，交换已被分配所代替或已包括在分配之中了。造成这种假象有两方面的原因：第一，由于建设规模过大，生产资料生产的增长速度长期赶不上经济建设的实际需要。于是采取了近乎"配给制"的物资调拨或"物资分配"方法，这实际上是在物资缺乏、供不应求的局面下，不得不采取的措施，并不是流通过程中的正常交换形式。正如恩格斯在批判杜林时指出的，这是任何一个被围困的城市的司令官都会采取的办法——没收垄断者的存货，把有限的物品拿来进行平均分配。第二，由于对社会化大生产客观规律不够了解，对公有制经济具体组织形式缺乏知识，用小生产的狭隘眼光去理解社会主义的分配。

交换和分配是政治经济学上两个完全不同的范畴。分配是指社会总产品的价值量按照 c + v + m 这三大部分进行的初次分配——c 指补偿物质消耗的那部分价值，v 指物质生产部门的职工的工资收入，m 是物质生产部门职工为社会所创造的那部分价值——以及 v 和 m 这两部分社会总产品在物质生产部门和非物质生产部门之间进一步进行的再分配。

用行政手段分配产品，无论是生产资料的调拨和"分配"，或者是消费资料的统购包销、凭票凭证供应等，都是交换的不正常形式，不是属于分配范围以内的事，更不是一种社会进步。

## 二、生产与交换、交换与流通、流通一般、流通对生产的作用

任何社会化的大生产都包括两个过程，即生产过程和由交换组成的流通过程。而"无流通论"者正是看不到这一点。

由社会分工而发展起来的生产社会化过程，使交换日益成为同生产并列的具有同等重要作用的社会职能。恩格斯说："生产和交换是两种不同的职能……这两种社会职能的每一种都处于多半是特殊的外界作用的影响之下，所以都有多半是它自己的特殊规律。但是另一方面，这两种职能在每一瞬间都互相制约，并且互相影响，以致它们可以叫作经济曲线的横坐标和纵坐标。"❶ "生产以及随生产而来的产品交换是一切社会制度的基础；在每个历史地出现的社会中，产品分配以及和它相伴随的社会之划分为阶级或等级，是由生产什么、怎样生产以及怎样交换产品来决定的。"❷

---

❶ 恩格斯：《反杜林论》，见《马克思恩格斯选集》，第 3 卷，第 186 页，北京，人民出版社，1972。

❷ 恩格斯：《反杜林论》，见《马克思恩格斯选集》，第 3 卷，第 307 页，北京，人民出版社，1972。

从恩格斯以上两段话，我们看到马克思主义的奠基人是把交换和生产相并立，看作是决定一切社会制度的基础的东西；而流通"是从总体上看的交换"。❶ 流通是社会产品从生产领域进入消费（包括生产消费和个人生活消费）领域所经过的全部过程。由不断进行着的亿万次交换所构成的流通，是社会化大生产的一个客观经济过程。有社会分工，就会有交换；有社会化的大生产，就会有流通过程，这是流通一般。流通一般是一个抽象，它同生产一般一样，"只要它真正把共同点提出来，定下来，免得我们重复，它就是一个合理的抽象"。❷ 从这个意义上说，在研究社会主义公有制经济的具体流通形式问题以前，先提出流通一般的问题，是合理的、必要的。

流通一般之所以重要，不仅因为不承认、不认识流通一般就不可能彻底了解特殊的社会主义产品流通；而且因为"无流通论"并不否定某一特殊的流通，即社会主义的商品流通。但是他们认为在社会主义社会中，除了商品流通之外，就不再有其他流通概念，不承认社会主义商品流通之外，还有社会主义的产品流通，从而也否定了流通一般。

虽然有史以来，流通过程一直是采取商品流通形式进行的，但是，不能说没有了商品经济就没有流通过程。例如大多数经济学者都认为共产主义高级阶段将不是商品经济而是产品经济了，但是我们能说，到那时就不要流通、就没有流通过程了吗？我们这样提问题，或许又会被认为是脱离了社会主义的实际，做学院式的研究，认为我们只要认识到当前的社会主义阶段还存在流通，还要重视流通过程的研究，那就够了。至于未来的共产主义

---

❶ 马克思：《〈政治经济学批判〉导言》，见《马克思恩格斯选集》，第2卷，第101页，北京，人民出版社，1972。

❷ 马克思：《〈政治经济学批判〉导言》，见《马克思恩格斯选集》，第2卷，第88页，北京，人民出版社，1972。

的非商品经济，我们就管不着，不用管了，留待共产主义时代的经济学家去研究吧！

不！我们不能这样实用主义地看问题。我们要搞清楚非商品经济有没有流通的问题，并不是为了替未来的共产主义高级阶段设计什么乌托邦的蓝图，而是为了解决当前社会主义社会中的现实问题。因为如果流通仅仅在商品经济中存在，而商品经济又是和存在不同的所有制相联系的；那么交换或流通只是私有制的遗迹；随着生产力的发展，随着不同的所有制逐步过渡为单一的全民所有制，交换或流通的重要性将逐步减弱以至完全消失。（我们反对"穷过渡"；但并不否定"富过渡"，即使这是较遥远的未来的前景）这是第一。第二，（这是更重要的）如果只承认不同所有制之间的商品流通，那么在同一所有制，即全民所有制内部各企业之间，就不存在交换，就没有流通问题了，我们前面已经批判过的，全民所有制内部的物资调拨制或"配给制"就是在这种只承认商品流通、不承认产品流通的思想指导下形成的。

所以，我们必须从流通一般谈起，而把社会主义的商品流通和产品流通，只看作是社会主义流通的两种特殊形态。

因此，我们必须把流通同商品脱钩，离开商品来找寻交换和流通的必要性。我们必须从产品两重性的观点出发，在肯定商品流通的同时，再用产品流通的概念来批判"无流通论"或"自然经济论"，来认识社会主义全民所有制内部各企业之间以至共产主义高级阶段上仍然会存在的流通这个客观经济过程。

流通过程对生产过程、对整个社会经济起着重大作用。在社会化大生产条件下，流通对于社会再生产极为重要。但是，我们常常是讲生产决定流通多些，而讲流通对生产、对巩固和发展公有制的作用少些。所谓流通是指生产物的流通。所以，流通首先是由生产决定的，没生产出东西来，当然就无所谓流通；生产出来的东西过少或过多，要搞好流通就比较困难。在流通与生产的关系中，流通不仅仅是被动的、被决定的。流通组织得好坏，对生产可以起促进或促退的作用，对公有制可以起巩固或瓦解的作用。所以，又必须肯定：流通与生产之间存在对立和统一的关系。

生产社会化程度的加强，不仅表现在企业规模的扩大上，而且更重要的还表现在社会分工的发展上，企业之间的交换关系随生产社会化发展而更为错综复杂。千万个企业通过交换生产品而发生的复杂的经济关系表面，流通是一个经济过程。一个个生产单位正是经过流通过程才结成为一个有机整体，组成为社会经济。正因为如此，所以流通过程在社会经济生活中最敏感，生产中的许多问题都会在流通中反映出来。

政治经济学所研究的生产关系不仅存在于直接生产过程中，而且更多地存在于或反映在流通过程中各个环节上。社会主义与资本主义的区别在生产过程中主要表现在公有制还是私有制，劳动者是主人还是被剥削的奴隶；另一个重要表现是计划经济还是盲目竞争的自发性经济，而计划性或自发性则主要反映在流通领域中。资本主义企业自身是有计划的，但企业之间的相互联系，即在流通领域中的交换活动是盲目的、自发的。社会主义经济的计划性则主要表现在整个社会经济的计划化程度；而计划所要解决的问题，主要还在于如何协调好部门之间、地区之间、企业之间的关系，这些基本上都是流通领域中的问题。所以，有计划地组织流通过程中两大部类之间、各部门之间，归根结底，千千万万个企业之间的交换是计划经济的要害所在。

交换或流通"是生产以及由生产决定的分配一方和消费一方之间的媒介要素"❶。但是，如果从社会再生产周而复始的不停运动中去考察，生产与流通又是互为媒介的。从生产过程出发，我

---

❶ 马克思：《政治经济学批判》，第208页，北京，人民出版社，1976。

们可以看到，两个生产过程之间有一个流通过程，流通过程表现为生产过程的媒介；若是从流通过程出发，又可以看到，两个流通过程中间是生产过程，生产过程又表现为流通过程的媒介。所以，社会化大生产条件下，生产与流通互为媒介，互为前提，相互制约，没有生产固然没有流通，而交换或流通又是社会再生产过程中不可缺少或不可分割的要素，没有它，社会再生产也无法进行。流通顺当，货畅其流，可以使生产迅速发展，流通阻滞，生产就寸步难行。

从产品二重性观点出发来看，流通作为社会再生产过程的一个必要阶段，作为一个重要的客观经济过程，它的主要内容包括两个方面：产品价值的补偿和产品使用价值的物质代谢。不论交换形式或社会形态有什么变化，只要社会化大生产在持续进行，那么流通过程中亿万次交换活动的这两个实质性的经济内容就会客观存在。

产品的生产过程是产品价值的形成过程，也是消耗各种旧使用价值和创造新使用价值的过程。

经过交换过程，产品的价值必须得到等量的补偿。在交换中，产品生产者不仅要收回产品价值的 $c+v$ 部分，以补偿生产产品时的消耗，还要得到 $m$ 部分，以扩大生产规模，增加个人和社会集体消费。如果在交换中他得到的价值小于 $c+v$，那么，他连简单再生产也不能维持。所以，按照价值量相等的原则进行交换，是补偿生产中的劳动消耗所必需的。在流通过程中等价交换是必须遵守的一条极其重要的经济规律。我们经济中的许多毛病都同不尊重等价交换规律密切相关。工农产品的不等价交换，农业生产部门所创造的价值被转移为全民所有制工业企业的超额利润，是农业扩大再生产困难、农业生产发展缓慢、农民生活水平较低的一个重要的经济原因。不少行政手段之所以对生产有害，并不是不应该使用行政手段（到了共产主义也还会有经济工作中的行政手段），而是因为这些行政手段违背了客观经济规律，其中特别是违背了等价交换这个客观规律。

交换过程也是产品物质内容（使用价值）的新陈代谢过程。产品生产过程中在实物形态上所消耗掉的各种使用价值，必须在流通过程中经过交换得到更新，也就是生产者在产品价值实现之后，用以换回的物品，必须在使用价值形态上（包括它的数量和质量）能够替换已消耗的各种物资。或者说，生产者必须交换到同他生产消费和生活消费相适应的使用价值。交换过程中的这种物质的新陈代谢是保证社会再生产持续进行、保持整个社会经济正常运转的绝对条件。企业生产的产品不符合别人的需要，或者反过来说，企业再生产所需要的各种使用价值得不到及时的替换，它的再生产就无法正常进行。

因此，是否依照价值量相等的原则进行交换，能否按需要及时地替换已消耗的各种使用价值，是交换或流通直接对生产发生强有力影响作用的两个主要因素。

### 三、流通领域的劳动、流通费用

社会主义政治经济学中长期存在着一个牢固的观点，认为流通领域中的劳动是非生产性的劳动，是不创造价值的劳动。这种观点根深蒂固，是轻视流通过程的重要原因之一。

在资本主义条件下，流通领域中的劳动是为资本家实现剩余价值服务的。因此，马克思认为在流通过程中的劳动，即商业职工的劳动，除了从事运输、包装、保管等工作作为生产过程在流通领域中的继续，算作创造价值的劳动以外，一般商业工作人员的劳动，都是为实现资本家所剥削去的剩余价值服务的，是不创造价值的。

社会主义社会是消灭了剥削的社会，用在流通领域的劳动，不再像资本主义社会那样是为实现资本家攫取剩余价值服务的,而是为了满足人民大众日益增长的物质文化需要服务的。在生产领域中直接生产产品的劳动和流通领域中把产品传送给消费者的劳动都是为满足消费需要这一目的服务的;产品从生产领域到进入直接消费领域之间的流通过程,都是生产过程在流通领域的继续。不仅产品运输、保管等劳动是生产过程劳动在流通中的继续,而且售货员把商品交给购买者,实际上也是广义上的商品运输过程,或者说是运输的终结过程。

任何产品,在它进入消费之前,并不是现实的产品而只是潜在的产品。只有"在消费中,产品才成为现实的产品……它在消费中才证实自己是产品,才成为产品。消费是在把产品消灭的时候才使产品最后完成"。❶ 产品的使用价值是生产过程创造的,但它只是潜在的使用价值,只有经过流通中的劳动使它转入消费时,这个使用价值才能实际地被使用,它才变成现实的使用价值,才真正有"使用价值"。

在社会化大生产条件下,正如没有流通就没有生产一样,没有流通中的劳动,也就不可能有生产中的劳动。就产品的最终消费来说,流通中的劳动同直接生产过程的劳动是同样必要的,同样重要的。流通中存在着非生产性的劳动是资本主义生产方式的特殊产物,不是社会化大生产的共同现象。

肯定社会主义流通领域劳动过程的生产性,有助于区分资本流通与公有制条件下产品流通的不同本质,有助于克服忽视流通、轻商思想,大大改善在流通领域从事辛勤劳动的人员的社会地位,有利于正确贯彻按劳分配原则,发挥流通领域劳动者的积极性,搞好流通,加快生产发展。

产品从生产到消费领域转移过程中所花费的活劳动和物化劳

---

❶ 马克思:《政治经济学批判》,第206页,北京,人民出版社,1976。

动构成流通费用。

同社会主义社会中流通领域的劳动性质相适应，社会主义社会的流通费用也不再像资本主义社会的流通费用那样，分为生产性费用和纯粹流通费用两个部分。在资本主义社会里，因生产过程在流通领域继续而花费的活劳动和物化劳动，属于生产性费用；为资本家实现和占有剩余价值所发生的费用属于纯粹流通费用。在社会主义条件下，产品经过流通进入消费领域而花费的各项劳动支出所构成的费用，都是属于生产性费用，都是使产品最后完成（被消费）所必须花费的。只有流转环节过多、产品迂回运输，以及因货不对路而造成的储存时间过长、产品损耗过大，超过客观需要以上而占用的人力和物力，等等，才是一种"虚费"，是社会劳动的一种浪费，是产品总价值的一种直接扣除。

降低流通费用是节约社会劳动的一个重要环节。社会主义应该也有可能使流通费用低于资本主义社会的流通费用，使它降低到最低水平。

### 四、流通规模、流通时间

在社会化大生产条件下，社会再生产过程的两个阶段——生产阶段和流通阶段，相互联系，相互制约，客观上要求有相互适应的比例关系：社会用于流通领域的劳动量（包括活劳动和物化劳动）必须同生产的发展、同消费的需要相适应。它具体表现为流通领域所占用的人力和物力（交通运输、通讯设施、仓储设备、营业网点等一切产品流通所必需的技术设备）要同进入流通过程的社会劳动产品数量的增长保持适当的比例关系。因此，必须按照一定比例在生产过程和流通过程之间分配社会劳动量，使流通领域所占用的人力和物力，能够保证全部社会产品以最快的速度和最小的耗费从生产领域进入消费领域。所用的劳动过少

（如商业网点过少）或过多，都将会造成社会总劳动的浪费。

在这里需要特别强调的是交通运输事业的发展，一定要适应流通过程的需要。多年以来，我们已经吃够了由于交通运输事业的发展不适应流通过程而带来的苦头。现在，应该是总结经验教训而重视交通运输事业的时候了。

社会再生产过程中这种客观存在的比例关系，在资本主义制度下是在盲目、自发、无政府状态中实现的，社会主义条件下可以自觉地、有计划地去进行。这种比例关系适合产品的生产和流通的要求，适合满足消费的需要，是整个社会产品能够以最短的时间、最小的花费走完流通过程的重要前提条件。

产品从生产领域出来直到进入消费领域的时间是产品的流通时间。流通时间与生产时间相互制约，相互排斥。

无论是个别企业还是整个社会，在再生产物质条件（在价值形态上即是资金总额）既定条件下，流通时间愈长，生产时间就愈短，生产效率就愈低。反之，流通时间愈短，生产时间愈长，生产效率就会愈高。

个别产品以至全部产品流通时间的长或短，决定于交通、通讯、仓储设施等物质条件，也取决于产品的消费特点和产品销售范围、原料来源的变化，（马克思指出，商品消费的不同——有的一次性消费，有多次的逐渐消费，商品容易腐坏的物理性能，使商品的生产与消费有不同的间隔时间，因而商品能够有长短不等的时间停留在 W—G 的阶段上）❶ 还取决于整个流通过程的组织形式及具体组织工作的效率。

整个社会流通时间的长短，流通过程工作效率的高低，流通经济效果的好坏，集中反映在流通领域所占用的资金数量的多少和资金周转速度的快慢上。目前，我国流通领域占用资金数千亿

---

❶ 马克思：《资本论》，第 2 卷，第 145 页，北京，人民出版社，1975。

元，年周转速度不到2次。如果加快周转达到2次以上，或3次，那么就可以节约出几百亿元的资金，这个数字是十分可观的。

## 五、研究流通过程的目的、研究对象

流通概论

流通是社会再生产过程的一个必要阶段。不能离开生产过程、离开社会再生产运动孤立地去研究流通过程中的问题。

研究流通过程的目的，是使流通过程同生产过程相适应，寻找出正确的组织形式和有效的组织方法，使社会劳动产品能以最短的时间和最小的花费从生产领域进入消费领域，缩短再生产周期，加速社会生产的发展速度，更好地满足各种消费需要。

流通过程虽然是社会再生产过程的一个阶段，但是作为一个客观经济过程，它又有自己的相对独立性。产品一旦离开生产过程进入流通领域，它就会有自己独立的运动规律。

因此，流通过程的研究对象，首先就应该是产品流通过程中的客观经济规律。不仅要研究比如两大部类比例关系、价值规律等在流通过程中的表现，而且更重要的还要研究流通过程自身所特有的一些客观规律性。

其次，要研究流通过程中各个方面的各种物质利益关系。因为，劳动者所创造的、包含在每个产品中的新价值，要在流通中得到实现。原有价值也要在流通中实现。流通过程是生产者，以及整个社会成员相互间的经济利益关系比较集中的场所。研究流通过程中的经济利益关系，正确处理好这些关系，是组织好流通过程的一项基本问题。在存在不同公有制形式的社会主义阶段，必须研究各种不同交换关系中的利益问题，不仅要具体研究商品交换、产品交换中的经济利益关系，而且要研究它们之间的互相影响。处理好流通过程中的生产者之间、生产者同社会之间的经济利益关系，才能使各个有关方面都努力为组织流通而工作。

再次，各个企业之间、各个地区之间、各个部门之间经过交换发生的经济联系，或者说整个社会范围内通过交换产品不断进行的物质新陈代谢的流通过程，是建立计划经济管理体制和组织形式的关键所在。因此，不仅要研究流通过程中的各项经济规律，而且要具体研究公有制条件下产品流通的组织形式、管理体制和各种流通渠道问题，研究这些具体组织形式如何与一定时期（经济发展阶段）的生产力发展相适应问题，即研究哪种具体流通组织形式最有利于当时生产力发展和公有制巩固的问题。为此，还要研究资本主义经济中符合社会化大生产客观要求的流通组织形式，用作建立和健全计划经济组织管理的借鉴。

最后，还要研究如何加快企业资金周转和整个社会的资金周转和产品周转的问题。我们不仅要研究社会产品如何以最短的时间、最小的耗费走完流通过程进入消费领域，与此相适应，还要研究整个社会的流通规模（包括交通、通信设备、仓储设施、营业网点和设备、组织流通的人员等，即社会用于流通过程的人力和物力的总和）如何同进入流通过程的产品总量的增长相适应。

# 加强统计工作，改革统计体制

我们国家的统计工作，20世纪50年代是向苏联学习的。全国统计工作实行集中统一的领导。国家的统计制度、方法在全国统一贯彻执行。凡是虚报瞒报均视为对国家不忠实的行为。"一五"时期，统计数字，除农业数字外，一般比较可靠。1958年成都会议上批评了统计上的"教条主义"。国家统计局不敢再坚持统计上的集中统一原则，甚至提出在统计方法上可以"八仙过海，各显神通"。在"浮夸风"面前，党政领导人要统计人员报多少就得报多少，否则就被斥为"右倾"。这一年全国粮食总产量只有4 000亿斤，而各地虚报为10 000亿斤。大炼钢铁本来没有完成1 070万吨计划，却虚报为"完成计划"！实际上合格的钢只有800万吨。这样的虚假数字，使人头脑更加发热，认为农业已经"过关"，提出"粮食多了怎么办"？要大家"放开肚皮吃饭"；认为搞高指标不要紧，只要大搞群众运动就可以完成。于是1959年、1960年两年钢产量再跃进到1300多万吨、1800多万吨。这种在指导国民经济上的盲目性和唯意志论，带来了大灾难，从许多统计数字上可以集中地暴露出来。

为汲取这个付出了巨大代价的血的教训，1962年根据刘少奇同志和周恩来同志的指示，党中央和国务院做出了"加强统计工作的决定"。要求迅速建立一个强有力的集中统一的统计系统，

---

＊ 本文原载《经济管理》，1981（2）。

加强统计工作的集中统一领导,实行"一垂三统"的统计体制,即各级统计部门在业务工作方面受国家统计局垂直领导,在党的工作和行政工作方面受当地党和政府领导。各级统计部门的编制、干部和经费,原则上应由国家统计系统统一管理,分级负责。周恩来同志还在《决定》中加了一条,不许党政部门篡改统计数字。这样,全国统计系统很快得到加强,国家统计制度、方法得到较好的贯彻,统计数字的准确性、及时性有了较大的提高。可惜,"文化大革命"前夕,当时担任国家统计局局长的王思华同志就开始受到批判,说他贯彻执行党中央和国务院上述决定是执行了一条"修正主义"路线,是"向党争权""闹独立王国"!在"十年浩劫"中,全国各级统计机构几乎全被解散,人员被调走,大量资料被烧毁,全国统计工作差不多中断了3年,迄今还没有恢复元气。现在,全国县以上统计部门的力量仅及1965年的76%。国家统计局的力量不及1965年的一半。许多市县统计局还没恢复,有的县只有两三人担负全县的统计工作,多数农村人民公社的统计工作无专人负责。这样,不同程度上存在的统计数字不准、统计内容不全、统计方法不完善、统计分析水平低、统计资料不适应国家领导和经济管理需要的问题就更难解决了。

以统计数字不准和统计内容不全为例,党政领导人干预统计数字,搞虚报瞒报之风迄今并没有根本解决。在粉碎"四人帮"前后,昔阳县5年虚报粮食2.7亿斤;河北省魏县3年虚报粮食2.2亿斤。从全国来看,这种弄虚作假现象绝不是个别的。不少地方,为了显示计划生育的成绩而少报出生人口;为了粮食生产"上纲要""过长江",而少报耕地;为了追求工业生产的"高速度",而把不合格的产品计入产值、产量;为了掩盖基本建设战线长,把许多实际上属于基本建设的项目不予统计;为了表示职工人数已经"精减",而少算计划外用工和临时工;为了隐瞒物资积压，而少报库存；为了掩饰物价上涨，而少报涨价的商品品种；等等。至于在统计上搞人为的"以丰补歉"或"均衡生产"，更是相当普遍。据河北省统计局的同志讲，原河北省委领导人不顾省统计局的反对，硬是把1978年全省的粮食预产数字（323亿斤）作为实产数字（337亿斤）上报，人为地少报14亿斤，说是为了"留有余地"。石油部曾规定原油产量可以搞"口袋油"，即多产时少报，欠产时多报。1979年仅8个油田就少报了30万吨"口袋油"。除了数字不准外，指标不全的情况也很突出。据国家统计局的计算，现在为进行国民经济平衡统计所必需的统计指标已建立的只占54%，未建立的占46%。许多统计人员过去由于如实反映情况，揭露时弊，被批判为"右倾"，戴上"右倾机会主义分子""反党分子"的帽子，至今心有余悸。他们写统计分析报告，多有顾虑，往往报喜，不敢报忧。因此，"十年浩劫"，国民经济走到崩溃边缘，而从统计数字中却得不到全面系统的反映。由于情况不明，许多领导人看不到国民经济比例失调的严重性，1978年又来了个"洋跃进"。至今这个苦果还得啃下去。这种苦头不少！

看来，我们的党和国家，有许多人还没有真正汲取由于情况不明、决心过大而造成严重失误的教训。许多地方、部门、单位对统计的重要性还认识不足。他们以为统计只不过是加加减减搞几个表。所以，对统计工作落后的情况，长期不下决心来解决。在统计部门中，有不少同志是辛辛苦苦地想把工作做好的。但是他们的工作往往得不到领导的重视与支持。许多统计部门负责人反映，在经济战线上统计工作的地位最低，最不受重视。许多统计人员因此不安心统计工作。所以，粉碎"四人帮"已经4年了，统计工作仍然太差，远远不适应"四化"建设的需要！

我国长期处于封建、半封建半殖民地的社会中，小生产的习惯势力很大，不习惯也不善于依靠统计这个工具来管理社会化大生产。长期以来党和国家工作的重点没有转到社会主义建设上来，统计也就提不到应有的位置。家长制作风浓厚，靠个人专断，靠拍脑袋来管理经济、管理生产。20多年的闭关自守，因循守旧，不学习世界上统计科学的先进经验。这些都是我国统计太差的情况和原因。

如何加强统计工作？我认为最重要的有四条：

1. 要提高统计工作的社会地位。列宁曾讲过：统计是认识社会的最有力的武器之一。在社会主义国家中，统计除了认识社会这个职能外，还有更重要的职能——核算和监督的职能。列宁说过，社会主义首先就是核算，并说，核算和监督是把共产主义社会第一阶段"调整好"，使它能正确地进行工作所必需的主要条件。他所说的核算是包括统计核算在内的整个国民经济的核算，他所说的监督是包括统计监督在内的对整个国民经济建设的监督。社会主义国家的统计，既能对微观经济也能对宏观经济进行核算与监督。因此，对于整个国民经济的发展是否符合客观经济规律，是否真正做到有计划、按比例、多快好省地发展，统计的核算与监督具有重大作用。在国民经济建设上，如果只有会计核算、业务核算，而无统计核算，只有财政监督、银行监督，而无统计监督，那么国家对整个国民经济的核算与监督就成了一句空话。所以，列宁说，社会主义国家的统计机关"应当是进行社会主义建设、检查、监督的机关"❶。社会主义现代化大生产越发展，统计在核算与监督上的作用越重要，越需要大力加强。所以，我建议在宪法上明确统计的这种职能，确立统计机关作为国家的一个检查监督机关的地位。

2. 要改革统计工作的管理体制。为了充分发挥统计机关对社会主义建设进行核算与监督的作用，应当重申党中央和国务院

---

❶ 列宁：《关于副主席工作的决定》，见《列宁全集》，第33卷，第302页，北京，人民出版社，1957。

1962年提出的关于迅速建立集中统一的统计系统、加强统计工作集中统一领导的原则，并进一步明确统计工作应有的独立性。这就是各级国家统计机关实行集中统一的领导，建立健全统一的国家统计制度，在编制、人员、经费上实施统一的管理，保障各级统计机关对党和国家直接反映情况的权力而不受干预。据了解，法国就用法律来保障它的统计中心——国家统计和经济研究所在统计业务上具有完全的独立性，以免统计和经济研究的科学性受到损害。日本的统计则强调其"中立性"，统计只对客观事实负责，不受党派斗争的干扰。罗马尼亚的中央统计局直属国民议会的执行机构国务委员会领导。这都是从体制上保证统计的独立性。我国目前的统计体制是各级统计部门受各级计委代管或领导。实践证明，这种体制不利于充分发挥统计部门作为一个检查、监督机关的作用。因为计划机关和统计机关的任务和作用不一样。统计机关不仅仅要为计划机关服务，提供编制国民经济计划的依据，还要为各级党政机关、经济机关、科研机关以及社会舆论提供统计资料。它们不仅可以检查国家计划的完成情况，也可以监督国家计划的制定是否符合客观实际，是否有缺点错误。让统计机关由计划机关代管或领导，就容易影响各级统计机关发挥检查、监督作用。许多统计部门负责人反映：统计调查报告若不符合计委领导人的观点，往往被扣压起来，或者被修改得面目全非。在家长制作风比较严重的地方，统计部门更不敢如实反映情况。这就使下情不能上达、言路堵塞。我们的党和国家还存在形形色色的非无产阶级思想、家长制作风和官僚主义，需要从多方面进行监督。所以，我建议为了加强统计工作的集中统一领导，保障统计工作的独立性，应当将目前由计委代管或领导统计机关的体制，改为由国务院和各地政府直接领导统计机关的体制，最好像检察机关一样由各级人民代表大会常务委员会直接领导各级统计机关。

加强统计工作，改革统计体制

3. 要建立强有力的统计系统。目前我国统计系统的状况，一是人员严重不足，二是业务水平不高。我国统计人员不仅比经济发达的国家少得多，也比一些发展中的国家少得多。以中央一级的统计机关为例：美国商务部普查局有13 000人，联邦德国经济统计局有2600人，日本总理府统计局有2000人，匈牙利中央统计局有1000人，新西兰统计局有900人，罗马尼亚中央统计局有870人，南斯拉夫中央统计局有520人，我们的国家统计局现有193人。以国家统计系统为例：苏联约有22万人，占总人口8‰；法国约有0.7万人，占总人口1.3‰；匈牙利约有0.7万人，占总人口7‰；我国有1.6万人，占总人口0.16‰。许多国家的统计机关的工作人员大都受过高等或中等的专业训练。我国统计人员新手多，受过专业训练的很少。据北京市统计局调查，全市统计人员有80%以上未受过任何统计专业训练。1979年国务院决定要把县以上统计部门的人数恢复到"文化大革命"以前的21 000人的水平。如果恢复到这个水平，按每人年平均工资700元计算，国家每年要支出1470万元。这个支出比起经济战线上由于情况不明，由于缺乏核算与监督所造成的巨大浪费来说，是个很少的数额。然而，国务院的决定下达一年了，许多地方还没有落实。许多机关、企业确实存在人浮于事的情况，但统计系统却存在力量小与任务大的尖锐矛盾。所以，应当尽快把全国的统计系统加强起来，并且大力开展统计业务训练。

4. 要完善统计法规。世界上许多国家都有比较完善的统计法规，这可以从法律上保障统计工作的顺利进行。建议制订我国《统计法》，由人大常委会批准实施。在宪法上有必要写出有关统计方面的条文，使全国人民有所遵循。

我深信，如能从上述四个方面加强统计工作，加上全国广大统计人员的努力奋斗，我国统计工作一定能为四化建设做出更大贡献！

# 关于党章修改的意见报告

邓力群同志：

我建议在党章中加进一章，专门论述党对政府、群众团体的领导关系和领导方法等问题。

前些时候我写了一个提案，请乔木同志转给宪法修改委员会，建议在新宪法中去掉中华人民共和国政府受中国共产党领导那一章。这不是否定或取消党对政府的领导，而是相反为了加强和改善党对政府的领导。因为党对政府的领导要靠党的纲领、政策和党员个人的模范带头作用，而不能靠法律。

但是我想，在我们章程中却必须写进党对政府、工会、工商企业、人民公社、生产大队、生产队等的领导关系以及领导方法；但是必须说明：党对这些机关团体和组织的领导关系是依靠党的纲领和正确的政策，以及党员的模范带头作用，决不能用发号施令，以势压人那一套败坏党的威信的办法。党对各民主党派也要实行领导，但是如何写，以便与"互相监督"的提法相协调，我没有考虑好。

以上意见是否妥当，请指正！

敬礼！

孙冶方

1981 年 3 月 3 日

---

\* 标题为编者后加。

# 关于加强统计工作和改革统计体制的意见[*]

我们国家的统计工作，50年代是向苏联学习的。全国统计工作实行集中统一的领导。国家的统计制度、方法在全国统一贯彻执行，凡是虚报瞒报均视为对国家不忠实的行为。"一五"时期，统计数字，除农业数字外，一般比较可靠。1958年成都会议上批评了统计上的"教条主义"，国家统计局不敢再坚持统计上的集中统一原则，甚至提出在统计方法上可以"八仙过海，各显神通"。在"浮夸风"面前，党政领导人要统计人员报多少就得报多少，否则就被斥为"右倾"，戴帽子，打棍子。这一年全国粮食总产量只有4000亿斤，而各地虚报达10 000亿斤之多。大炼钢铁本来没有完成1070万吨计划，却虚报为"完成计划"，实际上合格的钢只有800万吨。看了这样的虚假数字，人的头脑更加发热，认为农业已经"过关"，提出"粮食多了怎么办"，要大家"放开肚皮吃饭"。认为搞高指标不要紧，只要大搞群众运动就可以完成。于是1959年、1960年两年钢产量再跃进到1300万吨、1800多万吨。这种在指导国民经济上的盲目性和唯意志论，带来了大灾难，这从人口统计数字上可以集中地暴露出来。全国人口的死亡率从1957年的10.8‰上升到1962年的25.4‰。全国总人口1960年为66 207万人，比上年减少1000万人。

---

[*] 本文原载《经济学动态》，1981（3）。

吸取了这个付出了巨大代价的血的教训,1962年根据刘少奇和周恩来的指示,党中央和国务院做出了《加强统计工作的决定》(以下简称《决定》)。要求迅速建立一个强有力的集中统一的统计系统,加强统计工作的集中统一领导,实行"一垂三统"的统计体制,即各级统计部门在业务工作方面受国家统计局垂直领导,在党的工作和行政工作方面受当地党和政府领导。各级统计部门的编制、干部和经费,原则上应由国家统计系统统一管理,分级负责。周恩来还在《决定》中加了一条,不许党政部门篡改统计数字。这样,全国统计单位很快得到加强,国家统计制度方法得到较好的贯彻,统计数字的准确性、及时性有了较大的提高。可惜,"文化大革命"前夕,当时担任国家统计局局长的王思华就开始受批判,说他贯彻执行党中央和国务院上述决定是执行了一条"修正主义"路线,是"向党争权""闹独立王国"。在"十年浩劫"中,全国各级统计机构几乎全被解散,人员被调走,大量资料被烧毁,全国统计工作差不多中断了三年,迄今还没有恢复元气。现在,全国县以上统计部门的力量仅及1965年的76%,国家统计局的力量不及1965年的一半。许多市县统计部门还没恢复,有的县只有二三人担负全县的统计工作,多数农村人民公社的统计工作无专人负责。这样,在不同程度上存在的统计数字不准、统计内容不全、统计方法不完善、统计分析水平低、统计资料不适应国家领导和经济管理需要的问题就更难解决了。

关于加强统计工作和改革统计体制的意见

以统计数字不准和统计内容不全为例,党政领导人干预统计数字,搞虚报瞒报之风迄今并没有根本解决。在粉碎"四人帮"前后,昔阳县五年虚报粮食2.7亿斤,河北省魏县三年虚报粮食2.2亿斤。从全国来看,这种弄虚作假现象绝不是个别的。不少地方,为了显示计划生育的成绩而少报出生人口;为了粮食生产"上纲要""过长江",而少报耕地;为了追求工业生产的"高速度",而把不合格的产品计入产值、产量;为了掩盖基本建设战线长，把许多实际上属于基本建设的项目不予统计；为了表示职工人数已经"精简"，而少算计划外用工和临时工；为了隐瞒物资积压，而少报库存；为了掩饰物价上涨，而少报涨价商品；等等。至于在统计上搞人为的"以丰补欠"或"均衡生产"，更是相当普遍。据河北省统计局的同志讲，原河北省委领导人不顾省统计局的反对，硬是把1978年全省的粮食预产数字（323亿斤）作为实产数字（337亿斤）上报，人为地少报14亿斤，说是为了"留有余地"。石油部曾规定原油产量可以搞"口袋油"，即多产时少报，欠产时多报。1979年大庆等8个油田就少报了30万吨"口袋油"。除了数字不准外，指标不全的情况也很突出。据国家统计局的计算，现在为进行国民经济平衡统计所必需的统计指标已建立的只占54%，未建立或不健全的占46%。许多统计人员过去由于如实反映情况，揭露时弊，被批判为"右倾"，戴上"右倾机会主义分子""反党分子"的帽子，至今心有余悸。他们写统计分析报告，多有顾虑，往往报喜，不敢报忧。因此，十年浩劫国民经济走到崩溃边缘，而从统计部门中却得不到全面系统的反映。由于情况不明，许多领导人看不到国民经济比例失调的严重性，1978年又来了个"洋跃进"。至今这个苦果还得啃下去，这种苦头不少！

看来，我们的党和国家，有许多人还没有真正吸取由于情况不明决心却大、路线错误造成严重失误的教训。许多地方、部门、单位对统计的重要性还认识不足。他们以为统计只不过是加加减减搞几个表。所以，对统计工作落后的情况，长期不下决心来解决。在统计部门中，有不少同志是辛辛苦苦地想把工作做好的，但是他们的工作往往得不到领导的重视与支持。许多统计部门负责人反映，在经济战线上统计工作的地位最低，最不受重视，许多统计人员因此不安心统计工作。所以，粉碎"四人帮"已经四年了，统计工作仍然太差，远远不适应四化建设的需要。

我国长期处于封建、半封建半殖民地的社会中，小生产的习惯势力很大，不习惯也不善于依靠统计这个工具来管理社会化大生产。长期以来，党和国家工作的重点没有转到社会主义建设上来，统计也就提不到应有的位置；家长制作风浓厚，靠个人专断，靠拍脑袋来管理经济、管理生产；二十多年的闭关自守，因循守旧，不学习世界上统计科学的先进经验；这些都是我国统计太差的情况。

如何加强统计工作，我认为最重要的有四条。

一、要提高统计工作的社会地位。列宁曾讲过，"统计是认识社会的最有力的武器之一"。在社会主义国家中，统计除了认识社会这个职能外，还有更重要的职能——核算和监督的职能。列宁说，"社会主义首先就是核算……核算与监督是把共产主义社会第一阶段'调整好'使它正确地进行工作所必需的主要条件"。他所说的核算是包括统计核算在内的整个国民经济的核算，他所说的监督是包括统计监督在内的对整个国民经济建设的监督。社会主义国家的统计，既能对微观经济也能对宏观经济进行核算与监督。因此，对于整个国民经济的发展是否符合客观经济规律，是否真正做到有计划按比例、多快好省地发展，统计的核算与监督具有重大作用。在国民经济建设上，如果只有会计核算、业务核算，而无统计核算，只有财政监督、银行监督，而无统计监督，那么国家对整个国民经济的核算与监督就成了一句空话。所以，列宁说，社会主义国家的统计机关"应当是进行社会主义建设、检查、监督的机关"。社会主义现代化大生产越发展，统计在核算与监督上的作用越重要，越需要大力加强。所以，我建议在宪法上明确统计的这种职能，确立统计机关作为国家的一个检查监督机关的地位。

二、要改革统计工作的管理体制。为了充分发挥统计机关对社会主义建设进行核算与监督的作用，应当重申党中央和国务院

关于加强统计工作和改革统计体制的意见

1962年提出的关于加强统计工作集中统一领导的原则，并进一步明确统计工作应有的独立性。这就是各级国家统计机关实行集中统一的领导，建立健全统一的国家统计制度，在编制、人员、经费上实施统一的管理，保障各级统计机关对党和国家直接反映情况的权利而不受干预。据了解，法国就用法律来保障它的统计中心——国家统计和经济研究所在统计业务上具有完全的独立性，以免统计和经济研究的科学性受到损害。日本的统计则强调其"中立性"，统计只对客观事实负责，不受党派斗争的干扰。罗马尼亚的中央统计局直属国民议会的执行机构国务委员会领导。这都是从体制上保证统计的独立性。我国目前的统计体制是各级统计部门受各级计委代管或领导。实践证明，这种体制不利于充分发挥统计部门作为一个检查、监督机关的作用。因为计划机关和统计机关的任务和作用不一样。统计机关不仅仅要为计划机关服务，提供编制国民经济计划的依据，还要为各级党政机关、经济机关、科研机关以及社会舆论提供统计资料。它们不仅可以检查国家计划的完成情况，也可以监督国家计划的制订是否符合客观实际，是否有缺点错误。让统计机关由计划机关代管或领导，就容易影响各级统计机关发挥检查、监督作用。许多统计部门负责人反映：统计调查报告若不符合计委领导人的观点，往往被扣压起来，或者被修改得面目全非。在家长制作风比较严重的地方，统计部门更不敢如实反映情况。这就使下情不能上达、言路堵塞。我们的党和国家还存在形形色色的非无产阶级思想，家长制作风和官僚主义，需要从多方面进行监督。所以，我建议为了加强统计工作的集中统一领导，保障统计工作的独立性，应当将目前由计委代管或领导统计机关的体制，改为由国务院和各地政府直接领导统计机关的体制，最好像检察机关一样由各级人民代表大会常务委员会直接领导各级统计机关。

三、要建立强有力的统计系统。目前全国统计单位的状况，一是人员严重不足,二是业务水平不高。我国统计人员不仅比经济发达的国家少得多,也比一些发展中的国家少得多。以中央一级的统计机关为例,美国商务部普查局有13 000人,联邦德国经济统计局有2600人,日本总理府统计局有2000人,匈牙利中央统计局有1000人,新西兰统计局有900人,罗马尼亚中央统计局有870人,南斯拉夫中央统计局有520人,我们的国家统计局现有193人。各国统计系统:苏联有220 000人,占总人口0.8‰;法国有7000人,占总人口0.13%;匈牙利有7000人,占总人口0.7%;我国有16 000人,占总人口0.016%。许多国家统计机关的工作人员大都受过高等或中等的专业训练。我国统计人员新手多,受过专业训练的很少。据北京市统计局调查,全市统计人员有80%以上未受过任何统计专业训练。1980年国务院决定要把县以上统计部门的人数恢复到"文化大革命"以前的22 000人的水平。如果恢复到这个水平,按每人年平均工资700元计算,国家每年要支出1540万元。这个支出比起经济战线上由于情况不明,由于缺乏核算与监督所造成的巨大浪费来说,是个很少的数额。然而,国务院的决定下达一年了,许多地方还没有落实。许多机关、企业确实存在人浮于事的情况,但统计机关却存在力量与任务尖锐的矛盾。所以,应当尽快把全国统计单位加强起来,并且大力开展统计业务训练。

四、要完善统计的法规。世界上许多国家都有比较完善的统计法规,这可以从法律上保障统计工作的顺利进行。建议制定我国《统计法》,由人大常委会批准实施。在宪法上有必要写出有关统计方面的条文,使全国人民有所遵循。

我深信,如能从上述四个方面加强统计工作,加上全国广大统计人员的努力奋斗,我国统计工作一定能为四化建设做出更大贡献!

# 讲经济就是要以最小的耗费取得最大的效果[*]

我们今天能够就经济效果问题召开全国性的理论讨论会，这件事情本身，就是具有历史意义的。因为在十年内乱时代，讲生产，讲经济，尤其讲经济效果，就是政治不挂帅，就是不讲阶级斗争。记得20世纪50年代末，原中国科学院经济研究所，在讨论社会主义政治经济学教科书提纲的时候，曾经提出过一个问题：贯穿着社会主义政治经济学的红线是什么？有的同志说，这条红线是阶级斗争；也有同志说，社会主义政治经济学的红线应该是社会主义社会的基本矛盾，就是上层建筑和经济基础，生产关系和生产力的矛盾。我说，我完全同意社会主义政治经济学应该讲阶级斗争，就是说，我们要讲社会主义的优越性，要讲以社会主义代替资本主义的必要性和必然性，等等；但是，我们不能把社会主义政治经济学教科书写成一本政治教科书，写成一本阶级斗争的教科书。我们要通过对于社会主义生产关系的分析，通过政治经济学来谈阶级斗争，而不是一般地谈阶级斗争。我又说，在社会主义政治经济学教科书里，应该反映出上层建筑与经济基础、生产关系与生产力的基本矛盾，说明社会主义的上层建筑同经济基础、生产关系同生产力既有基本上相适应的一面，又有不相适应的一面。正因为如此，所以我们社会主义社会中的上

---

[*] 本文是作者1981年3月在经济效果理论问题讨论会上的书面发言。

层建筑和生产关系还要不断地前进,以便于适应生产力发展的需要。但是,我们不能把社会主义政治经济学教科书写成一本历史唯物主义教科书。我们也要表现出政治经济学不同于历史唯物论、不同于哲学的特点。如果仅仅讲了上层建筑与经济基础、生产关系与生产力的矛盾这些一般的哲学原理,我们社会主义政治经济学教科书同哲学教科书就没有区别了。那么社会主义政治经济学应该怎样不同于政治读本、阶级斗争读本,不同于哲学教科书、不同于历史唯物论教科书呢?那就是我们要证明社会主义生产关系比资本主义生产关系更经济、更能够推进生产的发展。总而言之,政治经济学教科书要讲经济。而什么是经济呢?就是以最小的耗费,取得最大的效果。我们要通过对社会主义生产关系的分析研究来证明,社会主义生产关系,比资本主义,能够以最小的耗费取得更大的效果,从而推动社会经济的发展。可是没料到我的"最小……最大"这句话在"文化大革命"期间,甚至更早一些,在"四清"运动中间,被当作不要政治挂帅、否定阶级斗争的罪行加以批判。那个时候,我觉得很好笑,我想,不讲"最小最大",那么能够倒过来讲"最大最小",以最大的耗费来取得最小的效果吗?当然那时我不敢这样问,可是现在经过十年内乱,客观事实正是证明,20多年来,我们就是以最大的耗费取得最小的效果,"文化大革命"大批利润挂帅,只能算"政治账"不能算经济账。破坏生产有功,抓生产有罪,结果使国民经济遭到了严重的破坏,给社会主义抹了黑。反对讲"最小最大",反对讲经济效果,空讲政治挂帅,空讲阶级斗争,结果走到了反面,变成了"最大最小"。其实,无产阶级取得政权以后,应该发展生产,讲究经济效果,这些话,毛泽东同志早在解放以前就曾经讲过。他在《论联合政府》中说过:"中国一切政党的政策及其实践在中国人民中所表现的作用的好坏、大小,归根到底,看它对于中国人民的生产力的发展是否有帮助及其帮助之大小,

讲经济就是要以最小的耗费取得最大的效果

看它是束缚生产力的,还是解放生产力的。"❶ 后来,在《勤俭办社》这篇文章的按语中他还说过,"勤俭办工厂,勤俭办商店,勤俭办一切国营事业和合作事业,勤俭办一切其他事业,什么事情都应当执行勤俭的原则。这就是节约的原则,节约是社会主义经济的基本原则之一"❷。他在对《真如区李子园农业生产合作社节约生产费用的经验》这篇文章的按语中说:"任何社会主义的经济事业,必须注意尽可能充分地利用人力和设备,尽可能改善劳动组织、改善经营管理和提高劳动生产率,节约一切可能节约的人力和物力,实行劳动竞赛和经济核算,借以逐年降低成本,增加个人收入和增加积累。"❸ 这几段引语,既讲发展生产,又讲经济和节约。这也就是最小最大的原则。可是没有想到,后来讲"最小最大"变成了反对阶级斗争、否定政治挂帅的罪证,而去提倡"最大最小",倒过来了。结果就是我刚才说的,给社会主义抹了黑。我相信,出席这个会议的在座的同志,都有这个信心,相信我们社会主义的优越性。今天不是因为社会主义没有了优越性,而是社会主义的优越性受到干扰,没有充分发挥。我们今天把林彪、"四人帮"统治时期的这一套胡说都否定了。我们今天要重新提倡"最小最大",提倡讲经济效果,这就是我们又重新在社会主义道路上开始大踏步前进的一个标志。只要我们全国一切经济事业都按照这一个"最小最大"的原则,按照讲经济效果这个道路向前走,我们就有信心,不要很多时间,我们就能够赶上,而且最终要超过一切发达的资本主义国家。为了提高我们的农业、工业、交通运输业以及其他各方面经济活动中的效

---

❶ 毛泽东:《论联合政府》,见《毛泽东选集》第3卷,第1028页,北京,人民出版社,1966。

❷ 毛泽东:《〈中国农村的社会主义高潮〉按语》,见《毛泽东选集》,第5卷,第249页,北京,人民出版社,1977。

❸ 中共中央办公厅:《中国农村的社会主义高潮》,中册,第768页,北京,人民出版社,1956。

果，基本上从两个方面着手，一个就是改善国民经济管理和企业管理，一个就是不断地进行技术革新、技术改造，而对于一切经济管理的改造、改善，对于技术革新、技术改造，我们都必须从最小最大的角度，从经济效果的角度来加以测定。因此我们研究经济学的，不仅要研究政治经济学，或者现在所说的理论经济学，而且要研究具体经济学，包括我们过去常说的部门经济学，如农业经济学、工业经济学、交通运输经济学等，而且要提倡研究技术经济学。我们中国社会科学院成立了一个技术经济研究所，这个技术经济研究机构到底是独立、单独一个好，还是在各个经济所中间加一个技术经济研究室好，这可以讨论。但是我们要提倡研究技术经济学，研究技术定额。通过技术定额来测算一切经营管理和技术措施的经济效果，这是很必要的。过去，我们对具体经济学，对部门经济学和技术经济学研究不够。尤其对于技术经济学，我们过去否定的多。因此，我是没有研究过，没有发言权。我还是谈我的老本行，从政治经济学的角度来讲。

讲经济就是要以最小的耗费取得最大的效果

我觉得在讲经济效果的时候，政治经济学也不是没有工作可以做。相反，我们有很多事情要做。首先要破除、批判自然经济的思想，因为自然经济的思想不讲产品的二重性，不讲经济效果，如果要讲，往往只是同商品经济挂钩，好像没有了商品经济，就不要讲经济效果，不要讲产品的二重性，不要讲"最小最大"了。我不想扯得太远，我只想说明，自然经济是没有产品二重性观念，没有价值观念。比如说，我们去问一个农民：你做的这个桌子花多少钱？多少价值？他没办法回答你。他说：我这个不花钱的，我的木料，是我院子里面的一棵树，我把它砍下来以后锯成木板，锯成木条，做成了这个桌子。这都是我在农闲的时候，夜晚抽空做的，不算工钱。在他看来，不花钱好像就是没有价值。你问他社会平均必要劳动量、价值这些概念，他更不懂了。因为我们大家都知道，价值、社会平均必要劳动量，这是社会化大生产的概念,在小农、个体农民来说,他没有这个概念,他也没有抽象劳动的概念,只有具体劳动的概念。所以你问他桌子怎么做的,他只有砍树的劳动、锯木板的劳动、锯木条的劳动、把木板和木条装成一个桌子的劳动。而没有一个抽象劳动的概念,只有具体劳动的概念,就不会有社会平均必要劳动的观念,更没有我们所说的价值的观念。那么,小农个体生产者集体化以后,他是不是有社会平均必要劳动量的观念了呢?也不一定。一般说,小农看合作化以后的大生产、联合生产,不是从现代社会化大生产的观点来看问题的,它是从封建庄园经济的角度来想象我们社会主义社会的大生产的,而封建庄园经济也是一个自给自足的经济,同样没有流通,没有交换,没有抽象劳动的观念,没有社会平均必要劳动的观念,没有价值观念,也不讲经济效果。我们多年来的经济体制,我觉得也反映着这种自然经济的观点。我记得我在一篇文章中曾经讲过这个问题。我说,我们现在的计划委员会(计划部门),同财贸部门,至少在一定程度上是脱节的。我们的计划部门只注意实物量的指标,只注意使用价值指标,我们讲速度,讲产品产量,都是讲的使用价值量。我们的总产值,不变价格计算的总产值,自然是一个综合的实物量指标,而计划的编制,主要讲速度,讲产品产量,实际上就是管实物量指标。而流通和价值指标都是归财贸系统,归财贸口管的。这就是说,我们的价值与使用价值是分口管的。这一套不是我们发明的,我们是从苏联搬来的。革命以前的俄罗斯也是一个经济落后的国家,自然经济的观点也统治着经济学家、经济工作者。我们这套计划制度最初发生的地方在苏联,它就是在自然经济思想指导之下建立起来的,着重于使用价值指标的计划,而不注意价值量指标,不注意经济效果。正因为如此,基本建设战线过长,供、产、销脱节,都是使用价值与价值分口管理,使用价值与价值脱节,否定流通,不讲经济效果等的结果,是自然经济思想的产物。因此我认为要改变现在这种生产与需要脱节,基本建设与财力、物力、人力脱节,基本建设不考虑到人力、物力、财力的可能性的这些情况,必须改变实物量指标由计划部门管理而价值量指标由财贸部门管理互相脱节的这种体制形式。而要改变这种体制形式,我们在思想上,在经济学上,必须从最基本的概念宣传起,就是说,为了提倡讲究经济效果,必须从劳动的二重性、产品的二重性,从价值与使用价值的二重性讲起,从政治经济学的 ABC 讲起。为此,我们必须为最早的(1843 年年底至 1844 年 1 月)的一篇"天才的"(马克思的原话)马克思主义政治经济学经典著作——恩格斯的《政治经济学大纲》恢复名誉,特别要为这篇文章中的一句名言恢复名誉:"价值是生产费用对效用的关系。"因为我们所说"最小最大"就是指以最小的费用争取最大的效用,即最大的使用价值。虽则马克思在晚年时还在给恩格斯的信中推崇这篇著作为天才的著作,而恩格斯在《反杜林论》中还说他对价值这概念的解说是由《资本论》的出版而得到了论证。可是这篇天才的名著却因为苏联"《马克思恩格斯全集》出版委员会"一个注释,说恩格斯此文还没有摆脱"人道主义"观点,他本人还没有成为马克思主义者而加以全面否定。一些中国的经济学者也跟在这一注释后面,大喊大叫,大反"人道主义"而走上了十年内乱时期的大兴兽道主义。一句话说,我们要讲经济效果,不仅我们的具体经济学、部门经济学和技术经济学要深入研究,而且我们的理论经济学、政治经济学也要努力工作,深入研究,广为宣传。

讲经济就是要以最小的耗费取得最大的效果

我衷心祝愿这次大会开得圆满成功!

# 孙冶方同志谈"国民经济的综合平衡"*

首先，我认为要搞好综合平衡，必须改变现行的价格结构，调整实际上存在着的不合理的价格。社会主义计划经济的目的是生产直接满足社会需要的各种具体品种规格的物质财富。因此，我们在搞经济计划时，就要在计划中提出产品产量的实物指标。但是如何完成这些指标呢？关键在于能够投入多少人力、物力、财力，从节约活劳动和物化劳动，提高经济效果的角度，把这些人力、物力、财力在各生产部门之间做最合理的分配，而且还要对各种不同的计划投资方案加以经济比较。因此，发展经济的目的虽然是使用价值，但是要达到增加使用价值的目的，还必须做价值指标的计划。价值是通过价格来表现的。在现代的社会化生产中，固定资产的投资对社会生产的发展有重大作用。为了计算投资的经济效果，必须实行资金利润率和生产价格，按照平均成本加平均资金利润率计算的利润作为确定产品价格的依据。目前，由于价格的不合理使得小、土企业如雨后春笋般地发展起来，这不仅浪费了大量好原料，而且使国家一些重要工业基地和一批技术先进的国营企业任务吃不饱，发生了严重的原料危机，造成了国民经济比例的更大失调。所以，必须解决价格问题。

其次，要搞好综合平衡，我认为还要有准确的统计资料。目

---

* 本文原载《全国经济学团体通信》第25期。写于1981年4月10日。

前，还不同程度地存在着党政领导人干预统计数字、搞虚报瞒报的坏风气。比如，为了追求粮食的所谓"高产"，少报耕地；为了追求工业"高速度"，把不合格的产品计产值、产量；为了掩盖基建战线过长，把许多实际上属于基本建设的项目不报。至于搞人为的"以丰补欠"或"均衡生产"，更是相当普遍的。除了数字不准外，指标不全的情况也很突出。据国家统计局计算，为进行国民经济综合平衡所必需的统计指标已建立的只占54%，处于如此落后状况的统计工作，怎么能搞好综合平衡呢？因此，必须提高统计工作的社会地位，把统计机关摆到国家的检查、监督机关的地位上来，并改革目前的统计管理体制。

孙冶方同志谈『国民经济的综合平衡』

再次，要搞好综合平衡，还应该区分开资金量的简单再生产和扩大再生产。自1978年起，随着企业管理职权的下放，同时也把资金量扩大再生产即新的投资权限部分下放了，于是出现了基本建设战线的大扩张，促成了新的比例失调。这里，我建议同志们在研究综合平衡的时候，能结合经济生活中的新问题、新情况，再研究一下简单再生产和扩大再生产的划分问题以及这两种不同的再生产范围内的综合平衡的方法问题。过去不少同志都是从实物形态，即生产规模、设备能力、产品产量方面来划分简单再生产和扩大再生产，这不太科学。就从设备或固定资产来说，数量较少的设备可能具有更大的效率，能生产出更多的产品，而数量较多的设备则会相反；从产品数量来说，如果产品构成发生了变化，尽管产品数量不变，它也可能会代表更多或更少的价值量。所以，我还是坚持主张从资金量的角度来划分简单再生产和扩大再生产，凡是不要求国家追加投资的，在原有资金范围内的生产，都算作是简单再生产；而新投资，超出原有资金范围外的生产，都算作是扩大再生产。当企业资金量不变而技术进步、劳动生产率提高、改善管理而发生的实物量扩大再生产，是应该鼓励的企业权限内的事情。然而对于新投资，国家则必须严格控制。这是当前综合平衡应注意的问题。

我们在研究简单再生产和扩大再生产的划分界线的时候，还要结合现行的固定资产更新制度来研究。由于我们的折旧率是不考虑设备的无形磨损的，折旧率过低，折旧年限过长，实际上是把原有固定资产的转移价值即折旧当作利润，把老本当作新的投资（实践中就是拖垮了老企业去建新企业），把一部分简单再生产的资金误算到扩大再生产范围去了。因此，在研究综合平衡的时候，还要考虑这一因素。

# 推荐宫著铭信*

宫著铭于 1978 年为建立中国宏观经济计量模型做了初步的尝试。

我一贯主张应当试用计量经济学方法来研究中国经济。我支持宫著铭用计量经济学方法进行的研究,并支持他使自己的计量经济学知识系统化。我也支持他到西方国家进修计量经济学方法。

孙冶方

81. 4. 19

---

\* 为宫著铭去西德学习计量经济学写的推荐信。写于 1981 年 4 月 19 日。

# 给陈修良的五封信（1981年）*

**阿纳：**[1]

来信都收到，第一次关于三哥（沙文汉——编者注）追悼会和报上公开平反的来信，我在家里发高烧时收到，当即与阿四通了电话。阿四不主张在这时送报告，我也同意，主要是这样的报告起不了作用。后两信，我是在医院收到的，我无法把它直接送中央负责人。至于××同志那里，他在京时我曾当面向他提过此事，他没有接我的话，想来他也有难言之隐。他现在全靠浙江安排他的生活，不会为了此事同浙江那位实际负责人顶撞的，因此种种，我迟迟未能复你。但一半也因身体不好，精神不振。这次病虽小病，但终究年纪大了，只烧了一个星期，养了快一个月也恢复不过来。

蔚昕的数学水平如此出色，真使我们高兴。希望他能成为一个大数学家，同时也希望他切勿骄傲，不要因为人们的赞扬和报纸的宣传就飘飘然起来。我近来也常常以此警惕。

来信说对三哥的事中组部看法同浙江是一致的，不知有何根据，请告。我可以去询问上次向我传达的那两位同志，但需要确切知道批示内容。

最近内部出版了盛岳（忠亮）的《莫斯科中山大学和中国革

---

\* 原载沙尚之编《记孙冶方》，上海文艺出版社2001年版，第206—226页。原标题为《孙冶方给陈修良的信（1977—1982)》，收入《孙冶方文集》时按时间编排，信中注释为原编者所注。标题为编者后加。

（1）陈修良又名陈纳，在朋友间称呼她"阿纳"，当时她还戴着"右派"帽子在杭州大学外语系"改造"，这是孙冶方回北京后与她的通信。

命》；王凡西（托派，也是留苏学生）的《双山回忆录》；奥托·布劳恩（德国人李特，王明路线的军事顾问）的《中国纪事》和张国焘的《我的回忆》不知你看过否？你可以找（汤）季宏想法买，我正在看盛著。

祝好！

冶方　4月28日

**阿纳：**

告诉你一个好消息，前天我给你发出那封信后，想到把阿三的事与同在此住院的张执一同志谈谈。他想出了一个好办法：由刘晓、他和我三人出面，写一回忆录在中央报纸发表。这比登什么消息，开什么追悼会影响还大。此文请你先执笔，内容讲党政分开、不搞以党代政等。我们还要与阿四通电话，约他来医院面谈，然后再给你写信，但我想请你执笔，最好来北京一趟。但一切先等我们同阿四谈后再说。

敬礼！

冶方　4月30日傍晚

**阿纳姐：**

前后两信均收到，对你5月10日信简复如下：

1. 阿四已入院，断定是前列腺肥大，要开刀，三个星期即可出院，经检查膀胱无病，不会是癌症了。

2. 给胡耀邦信，我收到时在发高烧，要克平和阿四在电话中说了几句，我们不赞成你写是因为这报告不会起作用，不是内容问题。据刚才（汪）菊影（史永的夫人——编者注）在电话中告我，中央有决定，摘帽一律不登报。所以，我认为张胖子（张执一）建议由刘（晓）、张（执一）和我三人写回忆的形式是最合适的。你要尽力写好此稿。

3. 因阿四已进首都医院，张执一早已出院，我也不能进一步和他们商量回忆稿的写法。但我个人想，回忆稿的写法应当着重写党政分开，不能以党代政，党内民主，国家民主，即阿三发言的内容。（从）这个大题目写起。至于其他简历细节只能几笔带过。胖子（张执一——编者注）说过：他的发言是正确的，也是完全合法的，阿三只是不合一言堂口味才在反右运动中受了迫害。这样提也很够了。一言蔽之，要像我那份报告书那么写，抓住当前的大题目，说明阿三比我们早觉悟了二十多年。而且你可以引《毛选》一卷有关反对以党代政的"最高指示"。

邓蔚昕、邓阅昕两个小朋友怎么不给我回信的？邓阅昕的剪纸金龟还在我客堂玻璃板下，我倒常想念他们呢！邓蔚昕考了上海市数学（竞赛）第一，邓阅昕有什么成绩可以报告我的？

我原定 19 日出院，因治牙可能延几天，来信请寄家里，但你把我家的地址写错了，那是 22 号楼 2 门 11 室，不是 2 门 4 号。

祝你们全家健康快乐！

冶方　5 月 16 日

**修良同志：**

我已于 5 月 26 日出院，张执一同志比我早一两个星期出院了，他出院时未和我打招呼，所以我也不知道他的通讯处，原想与阿四联系，通过阿四找他，不料阿四也进了医院，所以回忆文章没有进展。阿四并未出院，据说曾发过烧，还要过两天才能出院。

我在接到你来信时，正在赶篇录音发言，为了一个理论问题，同于光远打笔墨官司[1]。出院后还开了三个夜车。此后又是一连串的杂事打扰，忙得不亦乐乎，所以迟复了。希望再过几天我能抽空去找执一同志。

---

（1）."同于光远打笔墨官司"是指孙冶方在经济学术讨论中对不同观点的商榷，这一些意见以《关于生产劳动和非生产劳动国民收入和国民生产总值的讨论》为题发表于《经济研究》1981 年第 8 期，后被收录《孙冶方全集》第 3 卷，第 358—371 页，山西经济出版社 1998 年 10 月出版。

敬礼!

冶方　6月11日

范同璋[1]很好,她问候你,欢迎你来做伴,同游北京。

**阿纳:**

你好!我们从大连回来已经二十多天了。我正在修改我在二十八个布尔什维克问题座谈会[2]上的发言记录。我没有参加最后一次座谈会,不知那次(会)开得如何?我到大连后曾补写了两份材料给党史资料征集委员会谢筱迺转冯文彬,一份是关于旅莫支部的,一份是同(杨)尚昆同志商榷的,因为我不同意他所说莫斯科留学生对中国革命只有坏作用,没有好作用,我认为中山大学(同样还有东大中国班),对中国革命是功大于过,还是过大于功值得讨论。但说办这个学校对中国革命一无是处,未免过激之词。我曾要求把这两份材料印发座谈会同志,不知你看到否?再者,出席那次座谈会的几位女同志我都不认识,你同他们有来往否?

我刚看到解放日报社出版的《报刊文摘》第90期,载有吴玉章在1942年写的自传中关于莫斯科中山大学风潮的摘录。吴玉章把反支部局的学生都说成是反党分子,说二十八个布尔什维克是反党分子说的等。请你把此文找来读一下并把你的分析告诉我。吴好像不是二十八个之一,他为什么在1942年反教条整风时还这样说?

敬礼!

冶方　10月14日

---

(1) 范同璋与孙冶方夫人洪克平少年时代起便是同学,她们也是陈修良在宁波的同学,范同璋其时正在北京孙冶方家小住。

(2) 在孙冶方提议下,中共中央党史征集办公室于1981年夏在北京召集了20年代全国各地曾在莫斯科中山大学学习过老同志开会,共同回忆历史,探讨问题,陈修良和孙冶方都出席了这次重要集会,并发表了讲话。

# 致中共无锡县委宣传部暨无锡地方志编纂委员会信<sup>*</sup>

**中共无锡县委宣传部并转**
**无锡地方志编纂委员会：**

　　昨天我同国务院农业部副部长刘瑞龙同志谈话才知道，他在30年代初期担任过中共江苏省委外县工作委员会委员，曾领导过无锡地下党的工作，而且知道外交部大使陈志方同志当时是无锡县委宣传部部长。他们二人对无锡地下党30年代初期的情况都知道一些。刘瑞龙同志也愿意写些回忆，请去函直接联系。如果你们和陈志方同志没有直接联系也可以通过刘瑞龙同志找他。

　　至于我个人所记得的关于1925年以前无锡地下党的情况，我在"文化大革命"前以及1978年先后向有关同志已讲过，现在没有什么可补充的。

　　敬礼！

孙冶方
81.6.11

---

\* 写于1981年6月11日。标题为编者后加。

# 就统计工作中的数学应用问题给孙世铮信[*]

**孙世铮同志：**

我正在重写我的关于生产劳动和非生产劳动，国民收入和国民生产总值问题的讲话，预备在刊物上发表。文中为了说明我的社会经济统计是整理统计和社会经济学之间边缘科学这个命题，我想略举一些高等数学，如数理统计学、运筹学或其他数学科目对社会经济统计工作的应用范围，即哪些统计需要应用什么高等数学。因为我是数盲，说不好，想来请教你，请电话约定时间。

敬礼！

孙冶方

81.6.30

---

[*] 写于1981年6月30日。标题为编者后加。

## 忘记过去,就是背叛[*]

有同志把"五四"运动和中国共产党的成立,20世纪40年代初批判王明教条主义的整风运动和1945年党的六届七中全会的《关于建国以来党的若干历史问题的决议》(以下简称《决议》),以及这次《决议》称作中国现代史上的三次思想大解放。我完全同意这个说法,因为这次《决议》彻底破除了林彪的"一句顶一万句"(在先)和华国锋同志的"两个凡是"(在后)所宣扬的新教条主义和个人崇拜思想。提倡个人崇拜是和迷信思想、蒙昧主义不可分的。

十一届六中全会的《决议》的伟大历史意义就在于:它破除了对毛泽东同志的个人崇拜,把毛泽东同志从一个假想的神变成为一个有血有肉的人。而任何人,只要他还活着,他在思想着、工作着,他就难免犯错误。十一届六中全会所通过的这个《决议》,恰当地评价了我们党和毛泽东同志的正确和错误、功和过,破除了迷信,取得了又一次的思想大解放。

否定或低估了我们建党六十年来对国家民族的贡献,那是错误的,而且是危险的,因为这样就会得出社会主义不如资本主义的结论,至少会对社会主义丧失信心。但是隐瞒或低估毛泽东同志的错误也是危险的,因为它会使我们重犯错误,重走过去的曲折道路。因此,列宁所说的"忘记过去就是背叛"这句话,对我

---

[*] 本文原载《人民日报》第4版,1981年7月20日。

们中国共产党员也好,对我们每一个中华人民共和国公民也好,是一句千真万确的真理。

我特别赞赏胡耀邦同志在庆祝中国共产党成立六十周年大会上的讲话中说的一段话:"应该承认,在'文化大革命'以前的一段时间里和在'文化大革命'发动的时候,党没有能够阻止毛泽东同志逐渐发展起来的错误,而且接受和赞同了他的某些错误主张。我们一些长期同毛泽东同志共事的他的战友们,以及很多长期跟随毛泽东同志战斗的他的学生们,也深感自己对此负有责任,并且决心记取应有的教训。"胡耀邦同志这段话是代表全党向全国人民做了公开检讨,这是世界上任何别的党所不敢这样做的。赫鲁晓夫和他的那些同事们就不敢这样做。他们是长期同斯大林共事而且受到斯大林重用过的人,他们在斯大林死后,把这位虽然犯过严重错误,但是为苏联人民、为世界人民立过丰功伟绩的一位伟大人物,说得一无是处,好像他们这些曾经同斯大林长期共事的人对斯大林所犯错误是毫无责任的!胡耀邦同志代表全体同毛泽东同志共事过的领导同志以及我们这些毛泽东同志的学生们向全国人民认了错,这表示我们党的掌舵人对自己、对党是有充分信心的。我们将从毛泽东同志的错误中,记取应有的教训,团结起我们全体党员、全国人民,为建设社会主义现代化强国而奋斗,取得前所未有的胜利。只有对自己有信心的人和政党,才敢正视自己的错误,并且向人民坦白承认。

我作为毛泽东同志的一个小学生,正因为毛泽东同志曾经在新中国成立前 28 年中多次挽救了革命,挽救了党,在新中国成立以后初期又领导大家取得一次又一次的胜利,所以即使在社会主义教育运动中我已经受到批判,在"文化大革命"初期我又受到冲击和迫害,可是就在那时候,我仍然没有认识到毛泽东同志的错误。当然,作为毛泽东同志的一个小学生,对他的错误所应承担的责任没有和他共事的战友们大,但是作为受了党的教育几十

忘记过去,就是背叛

年的老党员,作为一个信仰马克思主义、历史唯物主义的人,搞个人崇拜是能原谅的吗?

毛泽东同志在革命胜利以前,在1945年七大的报告《论联合政府》中自己就说过:"中国一切政党的政策及其实践在中国人民中所表现的作用的好坏、大小,归根到底,看它对于中国人民的生产力的发展是否有帮助及其帮助之大小,看它是束缚生产力的,还是解放生产力的。"今天我们用毛泽东同志的以上标准来检查我们新中国成立以来32年的成就,应该得出怎样的结论呢?结论就是:在十年"文化大革命"的时期,我们的国民经济遭到了严重破坏,我国社会主义建设没有取得应有的成就。

对于这个客观事实,有三种不同的态度:

一种是敌人和对社会主义没有信心的人的态度,他们的结论是"社会主义不如资本主义"。

第二种态度是闭目塞听、讳疾忌医、不承认主义的态度,这是对自己没有信心的态度。

第三种是六中全会《决议》的态度,承认我们犯了错误,承认客观事实,承认我们落后了。但是这是由于我们主观上犯了错误,而不是社会主义制度没有优越性。相反,我们对社会主义的优越性和赶超资本主义是有充分信心的。这是唯一正确的态度。

今后怎么办呢?时间短、经验不多是不可改变的客观事实。但是过分强调经验不够这一点就会消极悲观,变成狭隘经验主义者。我们不能再坐等30年、300年,让子孙后代经验丰富之后,再来革命,再来建设。其实,如果采取这种消极态度,那么再过30年、300年,经验也不会丰富起来的。唯一正确的办法是:不断总结经验教训,改正错误,以更大的干劲迅猛前进。十一届六中全会通过的这个《关于建国以来党的若干历史问题的决议》的伟大历史意义也就在于此。

# 给湖北财经学院刘叔鹤教授信

**刘叔鹤教授：**

我在参加国务院学位委员会经济学评议分组会议时，得知您已经在编写统计学史。我希望早日读到您的大作。我有一个问题想向您请教：在资本主义世界最早成立中央统计局的是哪一国？法、日两国的中央统计局是什么年份成立的。因为据访问这两国返来的同志说，两国中央统计局很强调统计资料的科学性和客观性。法国的统计法规定企业有向国家统计机构提供真实统计资料的义务。谎报材料的企业要受法律制裁。而统计部门对企业有保密之责。不知其他各国是否都有相似法律规定。

将于本月底出版的《经济研究》有一篇我写的关于生产劳动问题的文章，其中我对社会经济统计下了一个定义，希望听到您的批评意见。

孙冶方

81.8.3

---

\* 写于 1981 年 8 月 30 日。标题为编者后加。

# 就大学文理科比例问题给宋涛信[*]

宋涛同志：

你能否给我搜集一份关于中国及各国大学的文、理科比例的资料（要附资料出处）。因为我想就此事给中央写个报告，对这次学位委员会的看法提些意见。如我们二人联名写此报告那就更好了！

敬礼！

孙冶方

81.8.4

---

[*] 写于1981年8月4日。标题为编者后加。

# 知难，行亦不易[*]

## ——研究工作者如何防止骄傲

近年来我常在琢磨一个问题：像毛泽东同志这样一位伟大领袖，怎么会搞出"文化大革命"这样一件不得人心的事情！不能否认毛泽东同志的晚年，特别是这场"文化大革命"及其结局对他本人来说也是一个大悲剧。

六中全会《关于建国以来党的若干历史问题的决议》（以下简称《决议》）对这个问题做了分析和答复。《决议》第五部分第24节指出"文化大革命"所以会发生并且持续10年之久，除了其他一切原因以外，有复杂的社会历史原因，其中之一就是："党在面临着工作重心转向社会主义建设这一新任务，因而需要特别谨慎的时候，毛泽东同志的威望也达到高峰。他逐渐骄傲起来，逐渐脱离实际和脱离群众，主观主义和个人专断作风日益严重，日益凌驾于党中央之上，使党和国家政治生活中的集体领导原则和民主集中制不断受到削弱以至破坏。"（见《决议》32—33页）。《决议》把毛泽东同志个人的骄傲、脱离实际和脱离群众、主观主义和个人专断作风列为党、国家、10亿人民遭受"文化大革命"这场十年浩劫的社会历史原因之一。

于是问题就来了：《决议》所指出的毛泽东同志犯错误的这

---

[*] 本文写于1981年8月18日。

些原因岂不就是毛泽东同志不止一次地告诫过我们的吗？我在学习《决议》这一段的时候，就想到了已经多少年没有拿在手中的那本小红书——《毛主席语录》（附带说一下，"小红书"作为《毛泽东选集》的索引是很有用的）。在这本小红书的第24章，即思想意识修养那一章中开头有四节都是告诫我们不要骄傲的。这四节都讲得很精彩，例如说："即使我们的工作得到了极其伟大的成绩，也没有任何值得骄傲自大的理由。虚心使人进步，骄傲使人落后，我们应当永远记住这个真理。"又例如说："因为胜利，党内骄傲的情绪，以功臣自居的情绪，停顿起来不求进步的情绪，贪图享乐不愿意再过艰苦生活的情绪可能生长。因为胜利，人民感谢我们，资产阶级也会出来捧场。敌人的武力是不能征服我们的，这一点已经得到证明了。资产阶级的捧场则可能征服我们队伍中的意志薄弱者。可能有这样一些共产党人，他们是不曾被拿枪的敌人征服过，他们在这些敌人面前不愧英雄的称号；但是经不起人们用糖衣裹着的炮弹的攻击，他们在糖弹面前要打败仗。我们必须预防这种情况。"

这两段语录讲得多么好，多么精彩啊！可惜的是被这种糖衣炮弹打中的人之中，竟有一个人就是讲了这些精彩语录的晚年的毛泽东同志本人，而这些糖衣炮弹都是来自江青、康生、张春桥、姚文元、王洪文这些社会渣滓、封建行帮余孽的。这就是毛泽东同志个人悲剧所在。

关于群众路线问题，《毛主席语录》第10章有22节，几乎每节都讲得非常精彩。然而就是他，就是对于这问题讲了这么多精彩语录的毛泽东同志不仅脱离了广大人民和党员群众，而且还凌驾于中央之上，脱离了中央的大多数。

至于理论要联系实际，反对主观主义等道理，更是40年代初，毛泽东同志亲自写的许多篇整风文件的中心思想。毛泽东同志作为党的领袖和军事统帅的身份，在我心中是在遵义会议时期就确定无疑的了；但是作为党的意识形态的领袖，作为我们党的思想家、理论家的身份，是在抗战初期读了他的几篇军事论文之后，尤其是在40年代初读了他的几篇整风文件以后确立起来的。他的军事论文对我们这些不懂军事的人来说，不仅是很好的军事教科书，曾经加强了我们对抗战必胜的信心；而且篇篇都是辩证唯物主义活的教材。至于那些整顿三风——学风、党风、文风的文章，对我们这些主要是从书本上认识马列主义的人来说，真是句句打中了要害，曾使我敬佩得五体投地，但是谁会想到他的晚年的错误之一就是在他的关于整顿学风的文章中那么尖锐而又十分恰当地批评过的主观主义。

知难，行亦不易

六中全会《决议》所指出的毛泽东同志晚年所犯的错误，除了个人专断作风以外，都是毛泽东同志早年自己曾经多次批评过的。这一事实使我想到中国哲学史上"知易行难"和"知难行易"的争论。中国古代流行"知易行难"的主张。孙中山先生为宣传革命的三民主义思想，强调心理建设，强调革命的理论对于革命实践的指导意义，提倡"知难行易"的学说。列宁也认为没有革命的理论就没有革命的实践（盲目自发的反抗运动不能算作真实意义的革命）。人类自从有文字记载的历史以来，经过几千年之久，才产生马克思主义的历史唯物论，才认识了自己生存在其中的人类社会发展规律，才产生科学的社会主义，才有无产阶级的革命理论。所以"知"确实不容易。

但是，从毛泽东同志晚年逐渐骄傲起来，逐渐脱离实际和脱离群众、主观主义这些事实看来，我们又不能不承认"知难，行亦不易"，因为他对这些道理不仅知道，而且是精通的。然而在实践中竟完全违背了。

我不想在这里探讨"知"和"行"的辩证关系。这是需要哲学家专门探讨的一个专门命题。我在这里只想指出一点：毛泽东同志晚年所以会重犯他自己在前期曾经严厉批评过，而且批评得那么透彻的那些错误，主要是由于六中全会《决议》所指出的他的最后一条错误，即是在他晚年他的个人专断作风日益严重，日益凌驾于党中央之上，使党和国家政治生活中的集体领导原则和民主集中制不断受到削弱以至破坏。在《决议》所指出的毛泽东同志的几条错误之中，唯独对于党内民主和国家民主问题，是毛主席讲得最少的一个问题。他在讲民主集中制的问题时，总是强调集中多于强调民主。这在战争年代也许是必要的，但是久而久之就形成了《决议》所指出的个人专断作风，以至于凌驾于党中央之上，脱离了集体的监督，使自己犯了错误没有人能够帮助他纠正，所以个人专断是毛泽东同志所犯一切错误中最基本的一条。

英国历史学家阿克吞勋爵说过："权力往往腐蚀人，绝对的权力就绝对地腐蚀人。"这话一点也不错。"个人专断作风"会使人骄傲自满、冲昏头脑，会腐蚀人的思想，毒化人的判断力。只有实行集体领导，遵守民主原则，实行法治，把自己放在集体之中，才能防止骄傲自满、独断专行、犯主观主义错误。这不仅对于党的领袖，而且对于任何一级领导干部，以至于每一个干部、每一个党员，都是值得汲取的宝贵教训。

对于我们这些不担任党和行政职务的研究工作者来说，"独断专行"是无从谈起，但是骄傲自满同样是妨碍我们继续前进的大敌。

# 在"28个半布尔什维克"问题调查会上的发言*

开这个调查会是我建议的。

引起我提出这个建议的动机是由于张国焘的回忆录提到,王明在1937年由莫斯科回延安途经新疆的时候,曾经下令盛世才枪毙了俞秀松、董亦湘、周达文3人,罪名是托派。我看了这材料感到很吃惊。因为据我所知这3个人不可能是托派。我怀疑这是王明为了消灭反对过他的这3位同志而强加给他们的罪名,是诬陷。俞、董、周3人同王明的斗争是留苏学生反对王明宗派集团的群众斗争的开始。因此,我觉得有必要把莫斯科中大学生风潮的全部历史回忆一下。首先要从俞、董、周同王明宗派集团的斗争讲起。

王明在莫斯科中山大学读书的时候,俞秀松和董亦湘是王明的同班同学,他们在同学时代就有矛盾。大致情况是这样的:俞秀松是我们党的上海地区的发起人之一(最近听说俞还是青年团中央的第一任书记,不知确否),董亦湘是原上海大学教授,商务印书馆编辑。王明去莫斯科时只是一个中学生。俞、董看不惯王明夸夸其谈、旁若无人的态度,而王明也看不起这些老一辈的同志。但王明的俄语学得快,深得中大副校长兼这个班的列宁主义教员米夫的赞赏并提拔。当米夫负责第三国际东方部工作时,王明就成了他的助手。

---

* 发言时间为1981年8月21日。标题为编者后加。

1927年这期学生毕业时，在一次全校的工作总结大会上，在全校教职员工中特别是在中国学生中，发生了意见分歧和激烈的斗争。争论的一方以负责教务工作的苏联人和参加教务处工作的中国同志为首，其中主要有得到王明支持的博古、张闻天、沈泽民等同志；另一方是负责支部局工作的苏联人和参加这一工作的中国同志，即俞秀松、董亦湘、周达文等同志（周在20年代初去苏学习，后来留在第三国际工作，成立中山大学时他又被派到中大当翻译，是叫周达文还是周达明我记不清了）。暑假后，俞、董、周到列宁学院深造，张闻天、沈泽民、王稼祥到红色教授学院深造。王明仍留第三国际东方部工作。学校的苏联领导班子，按照米夫的意图，进行了大改组。留校中国学生的工作由博古负责，但在第一期学生毕业离校后，留下的第二期学生中风潮仍不断发生。大多学生都不满意王明所支持的博古等同志的支部局领导，指责他们的官僚主义、宗派主义作风。而王明和博古等参加支部局领导的其他同志则认为这些风潮是托派所策动的。这更激起了群众的不满，后来王明、博古领导的支部局更把这些学生风潮，无中生有地说成是由一个并不存在的所谓"江浙同乡会"策动的。他们认为俞秀松、董亦湘、周达文是这个江浙同乡会的头头，而且说这个江浙同乡会是在我住的宿舍房间里成立的，有人亲眼看到，可以做证人，等等。大概在1927年冬，以向忠发为首的党中共中央代表团到了莫斯科，王明、博古向向忠发汇报留学生思想情况的时候，就说中国学生中有人成立同乡会组织，反对支部局领导，向忠发不经调查就在一次中大和东大中国班同学的联合大会上说，在党内成立同乡会的该枪毙，等等。于是留学生中空气一下就紧张起来了，大家互相猜疑，不是深交，互相不敢深谈。王明他们无中生有捏造出一个"江浙同乡会"反革命组织，目的是要吓唬群众，使大家不要再反对他们所控制的支部局领导。但是他们的目的并没有达到。尽管留苏同学中气氛很紧张,但是同学中反对支部局的斗争并没有平息下去。同学们纷纷向联共中央和第三国际写信控告他们。大概在1928年上半年,第三国际监委、联共监委和中共中央代表团联合组成了一个委员会,审理所谓"江浙同乡会"问题。我记得代表中共中央代表团参加这次审查委员会的有瞿秋白、周恩来、余飞,有没有张国焘,我记不得了;记得向忠发那时已回国,没有参加审查。会议由审查委员会负责人、联共监委会主席耶洛斯拉夫斯基主持。他先问传说亲自看见"江浙同乡会"成立会的见证人,原中大学生会(学生公社)主席王长熙,要他把他所见到的同乡会成立会的情况讲一讲。王长熙说,他从没有说过见到"江浙同乡会"开成立会。他只是说过,某天在薛萼果(我的原名——冶方注)房间的窗外走过,听到里面很多人的讲话声音,都是原支部局派(即俞、董、周一派)的,讲话的都是江浙口音,因此曾说过好像开江浙同乡会似的。于是审委会主席就问我那天在我房间聚集那许多人是做什么的,我就原原本本向审委会说明了经过情况:

我和乌兰夫同志(当时叫云泽)和另一个叫綦树功的隐藏的托派分子在1927年夏季学期没有结束,就被派到东方大学中国部办的暑期军事夏令营当翻译。所以我们3人都没有参加学校的总结大会,对总结大会上发生的两派争论也只是在后来听别人说的。中大总结大会后,中大第一期毕业生大部分都到我们所在的军事野营接受军事训练。他们根据领导上的分配,在暑期野营结束后,将分别到步兵学校和炮兵学校学习。那里的待遇是普通士兵的待遇(我记得伍修权同志就是炮兵学校学习过的),每月只发几个卢布的津贴,比中大学生的津贴还少。我们当翻译的却有工资,每月大约100卢布,生活较富裕。于是有同学就发起敲我的"竹杠",约定开学后第一个星期天,要我出钱做中国饭吃。到了那天上午,就有五六个同学来我宿舍,除了原来发起敲竹杠的胡世杰、朱茂臻、蒋经国以外,还有在军事学院学习的陈启科

在『28个半布尔什维克』问题调查会上的发言

和左权以及左权当时的妻子林友梅。董亦湘那天凑巧也来看我，到的人很多，把同房间住的其他3位都挤出去了。这些人大多是江浙人，但左权和陈启科是湖南人。❶

我讲完以后，审查委员会就询问了参加那次吃饭的其他人（我记得左权夫妇、陈启科和蒋经国都没有出席那次调查会；但记得把最早反王明宗派集团的俞秀松、董亦湘、周达文（明？）<sup>(1)</sup>都叫去了）。大家都把自己所知道的情况讲了一遍。于是审委会要我们受询问的人暂时退席。在中大支部局的几个干部（有苏联人有中国人）参加下，审委会开了一次短暂的会议。然后，把我们这些被询问的人又叫回去，宣布了审查的结论。结论全文我记不得了，但记得大意是说：没有什么"江浙同乡会"存在过（周恩来同志遗稿中也是这样说的）；但在有些党员之间有私人感情的结合，这种感情结合发展下去对党内团结是不利的。这个结论虽然对我们这些被指为"江浙同乡会"的人是有批评的（存在感情结合，也就是我们现在所说的"山头主义"）；但是给我们脱去了"反革命组织"的帽子；所以，我们这些被蒙受嫌疑的人听了这结论之后都还是松了一口气。

此后，王明、博古控制的支部局的同志们不再用"江浙同乡会"这顶帽子吓人了。但是由于学生群众反对王明、博古控制的支部局领导集团的宗派主义、官僚主义的斗争始终没有停止，而王明、博古他们不从检查自己的宗派主义、官僚主义着手改进自己的领导作风，而总是怀疑学生中反支部局领导的斗争是由秘密的反革命组织策动的。他们所怀疑的对象主要还不是真正的托

---

❶ 胡世杰1932年回国后先在东北做地下工作，后来消极脱党，到南京"留俄同学会"登过记，但后来又同党的社会部有联系，"文化大革命"时去世。朱茂臻回国就叛党。陈启科和左权是黄埔一期同学，程潜部下。陈回国后在去苏区途中被捕牺牲。

(1) 原稿如此。——编者注

派,而是俞、董、周以及过去被怀疑是江浙同乡会分子的那些人(对于真正的托派他们是放纵的,关于这一点下面谈)。

学校的苏联领导人在王明宗派集团支持下曾经抓走过两个反对学校领导的学生,一个是瞿秋白同志的小弟弟瞿云白,一个是张崇文同志的哥哥张崇德(瞿景白是秋白同志的二弟,是回国后病死的,在苏联失踪的是三弟)。这两个人都接近中共代表团,也和俞、董、周接近。他们被捕后下落不明,据传是关押在集中营死去了,也有说是被枪毙的。但到底犯了什么罪始终未宣布,只是谣传说他们是国民党特务,又说是托派分子。这是毫无根据的,看来他们的被害与米夫和王明反对中共代表团和反对俞、董、周是有关系的。(王观澜同志插话:1955年×××对我说过,他知道张崇德关在集中营罪名是托派、国民党)。

现在我说一说为什么我认为俞秀松、董亦湘、周达文不是托派,而是王明对他们的诬陷。关于这问题我在1980年1月22日曾经有一个详细报告送给中纪委和中组部,我现在再简单谈一谈。

在中大学习的时候,我和俞秀松、周达文没有什么来往;但是我和董亦湘的来往比较多。因为董是我入团和转党的介绍人,也是我们家乡、无锡县的党团组织的创建人之一。我去莫斯科学习时,还只是刚满17岁的青年。他很关心我的学习和政治上的成长,特别在反对"旅莫支部"和反对托派的斗争中,他怕我误入歧途,总来找我谈话。当他知道我是反对旅莫支部和托派的时候,他就表示赞赏和鼓励。自从中大第一期学生毕业前的总结会上发生了"支部局派"和"教务派"的分歧,他们在"中大"毕业后又升学到列宁学院之后,中大完全在王明宗派集团控制之下,俞、董、周3人就同中大断绝了联系。尤其在捏造的"江浙同乡会"案件发生以后,中国留学生中气氛十分紧张,甚至可以说是处在一种恐怖的气氛中,即使同住一间房间,互相也很少谈心。例如,当时我和乌兰夫同志等4个人住在一个房间里,除了日常生活上事务性的谈话外，就很少谈政治或学习的问题。那时俞、董、周3人在列宁学院学习。原中大的同学几乎没有人去看他们。他们对中大或东大中国学生中的情况，几乎完全不知道。我每一两个月去看望董亦湘时，俞、周2人也都到董那里听我谈中国留学生的情况。他们分析了学生中反对王明宗派集团的情况以后，总是告诫我说：反对支部局领导的大多数群众是好的，风潮是支部局领导的宗派官僚主义的高压政策逼出来的。但是其中可能有托派分子在里面煽动。因此，他们一致劝我不要去参加闹风潮，否则牵连在里面会洗刷不清的。他们一致劝我好好学习，回国参加革命。这是我1930年回国以前所了解的俞、董、周3人的情况。我想如果他们3人是托派，那么他们首先要发展我参加托派，为何反而劝告我不要参加学生风潮呢？我1930年回国以后，对他们的情况不了解。但是1930年以后，联共党内曾经进行过几次清党运动，破获过托派的秘密组织，发生过肃反扩大化的事情，但并没有发现俞、董、周3人有托派嫌疑，所以才会派他们三人回国到新疆盛世才那里工作。王明怎么会在从苏联回国途中，突然断定俞、董、周3人是托派，而且立即下令让盛世才逮捕并枪毙他们呢？因此，我认为这是王明为了消灭反对过他的俞、董、周3人，而强加给他们的罪名，是陷害。

王明宗派集团的手段是很毒辣的，他们把反对过他们的人都说成是反革命，是托派，但是他们对真正的托派反革命活动是麻木不仁的。孔原同志说，中大的托派问题（到底有多少的问题？）没有搞清楚，我认为不能这样说。

大概在1930年上半年，中大清党运动最紧张的时候，中大学生中的托派支部的组织部长（中文姓名我不记得，俄文名字好像叫马马耶夫）向党组织做了坦白交代，不仅交出了全部书面名单（这个名单曾在墙上公布过），而且供出了他们同苏联托派分子联系的交通员綦树功（綦树功同我和乌兰夫同志3人一同被派到东大做翻译，东大中国班合并入中大后，我们3人又一同回中大）。因此，联共还由于綦的交代破获了联共的一部分托派秘密组织。

经过1929年到1930年中大的这次清党运动和托派组织部长马马耶夫（？）(1)的交代，中国留学生中托派分子的名单已经全部揭露（马马耶夫把托派秘密组织名单交出以后，又感到内心矛盾，不多几天以后，就上吊自杀了）。所以，在清党开始时王明宗派集团的分子对反对他们的群众中的积极分子，如李剑如、余笃三、吴福海等都明里暗里给他们扣上托派帽子的。但是，自从托派秘密组织破获以后，王明宗派集团的领导人，如博古、王云程等就不再给他们扣托派帽子，而给他们扣别的帽子了，（如反党分子小组织活动，等等）。例如，王明宗派集团过去对我也扣过"江浙同乡分子"和托派分子的帽子；但清党运动中清到我的时候，博古代表支部局发言时也只说我的哥哥是资本家走狗（我二哥是荣氏无锡申新三厂的总管）因此给我扣了阶级异己分子的帽子；又因我从不介入学校的学生风潮，更不拥护支部局镇压群众的斗争，所以给我扣了不问政治的帽子，等等，给了我最后警告的处分。

总之，到清党结束时，中国留苏学生中谁是托派都是已经搞清楚了的。后来王明又给人乱扣托派帽子完全是诬陷。

值得一提的是中大学生中的托派秘密支部是相当庞大的（我记得有近百人），但是王明所控制，博古同志所直接参加领导的中大支部局虽然经常叫喊有托派反革命秘密组织在活动，但是他们矛头所指的却是群众中的积极分子，如李剑如、余笃三、冯定、张崇文等，他们之中没有一个是托派。真正的托派分子却被他们看作是好人，因为托派的策略很巧妙。他们只是在下面、在暗中煽风点火，一般都不出头露面参加反对或批评支部局的运

---

（1）原稿如此。——编者注

动。博古同志他们把这些人顶多看作是死读书而不问政治的学院派，并不注意他们。

王明宗派集团对反对过他们的人施加迫害是无微不至，一个也不放松的。就以我个人的经历来说吧。我于1930年秋回国，当时立三路线的中央先后派我做上海人力车夫工会筹委会主席，沪东区工会筹委会主席等重要工作。四中全会以后，沪东区党和工会的组织被破坏。我通过多种关系找党中央，王明宗派集团没有理睬我。后来我通过陈翰笙同志（那时我不知道他是党员）和史沫特莱给中央写信要求恢复组织关系，也没有答复。陈翰笙同志和史沫特莱同志就介绍我替英文《中国论坛报》写工人运动通讯。但没有多久，左翼群众中就有谣言说我是为托派刊物写稿。我知道陈翰笙同志的政治倾向和他对中国社会和中国革命性质的看法、观点是和托派针锋相对的，不相信这些谣言。但是为考验《中国论坛报》起见，我在一篇通讯中突出地描述了托派破坏一次工人罢工的事情。这篇通讯未加修改地译成英文在《论坛报》登了出来。于是我断定《论坛报》不可能是托派刊物。上海"1·28"战争时期，我遇到了在《赤色救济总会》工作的邢萍舟（徐冰）、张晓梅夫妇和在半公开的《抗日武装自卫会》工作的杨尚昆同志。我向他们报告了我和陈翰笙和史沫特莱的联系，也报告了我为《论坛报》写通讯的事，他们都认可并鼓励我把这工作做下去。后来陈翰笙同志又交给我一个任务，为了转交宋庆龄给抗日武装自卫会的捐款，要我把他介绍到抗日武装自卫会去。我事先得到杨尚昆同志同意后，曾先后几次陪同陈翰笙同志给杨尚昆同志交过捐款二三万元。不料不久在左翼群众中又传开了一个谣言说邓演达、宋庆龄的第三党通过托派分子薛某来收买抗日武装自卫会了。从此，左翼群众对我就另眼相看，我采访工人运动新闻也采访不到了。

更奇怪的是后来的事。30年代初开始，我就参加了陈翰笙同志主持的许多次中国农村经济调查工作和资料整理工作。这些调查资料都是用以证明中国社会的半殖民地半封建性和中国革命的资产阶级民主性质,是与托派做政治、理论斗争的有力武器。1935年以后我参加了陈翰笙、王寅生、吴觉农、冯和法、薛暮桥等同志创办的《中国农村》月刊的编辑工作,我在这刊物上发表过好几篇同托派和改良主义者做理论斗争的文章。我自认为这些文章的基本观点在今天来看也是站得住脚的。

大概在1936年、1937年之交,刘晓同志到上海建立了中共江苏省委。我通过沙文汉同志的关系也恢复了组织关系。先担任省委学生委员会书记,"8·13"战争后担任文委书记,那时根据省委批准,我向薛暮桥、钱俊瑞等同志提出上海已成孤岛,《中国农村》月刊应搬到内地出版。据薛暮桥同志后来告诉我,当他到达武汉,去八路军驻武汉办事处报到的时候,有一位同薛暮桥同志谈话的人问他,你们《中国农村》有一个叫薛萼果的留苏学生托派分子,现在哪里去了?薛暮桥同志告诉他,薛萼果即《中国农村》月刊上发表过许多篇反托派文章的孙冶方。他不是托派。办事处那位同志(暮桥同志后来始终没有再见过这同志,据暮桥同志说这是一位老人)听了暮桥同志的话,才无言以对。这是1937年下半年的事,也就是王明在新疆杀害俞、董、周3人不久以后的事。当时的武汉办事处是王明、博古负责的。可见王明宗派集团在1927年制造了所谓江浙同乡会假案以后10年,在杀害俞、董、周之后,还想要以托派罪名来陷害我,仅仅因为我是在20年代中大学生反对王明宗派集团斗争中是同情反对他们的学生群众的,而且我是他所痛恨的董亦湘介绍入党的。

事后,在1964年发动社会主义教育运动的王明的忠实追随者——康生又给我扣了修正主义分子的帽子。"文化大革命"初期康生支持的天津南开大学一个群众团体的小报,把我也算进了28个之一,后来又以"里通外国""苏修特务"等罪名把我关在秦城监狱 7 年零 5 天。这仅仅因为我当年不知道俞、董、周 3 人是王明在新疆亲自下命令叫盛世才杀害的，而他康生是执行者。我以为俞、董、周 3 人是在苏联肃反扩大化时被杀的。因此，当有一次他同我搞自由主义小广播时，我问过他俞、董、周 3 人被杀到底是什么罪名，不料我这一问，使他的原来谈笑风生的脸一下就青里翻白，冷冷地回答道："不知道！"自从张国焘回忆录泄露了王明在新疆杀害俞、董、周的消息以后，我方才明白，原来我这一问是触着了他的痛处，他原来是王明的忠实走狗，是协助王明杀害过不少革命同志的。

可是，康生从苏联回国后，看到王明吃不开了，就摇身一变，成了反王明的积极分子。"文化大革命"初期是以完全虚无主义的态度宣称："28 个半'布尔什维克'没有一个是好人。"这是狡诈加陷害。

我在 1980 年 1 月 20 日为俞秀松、董亦湘、周达明三人被害案件给中纪委、中组部的报告中驳斥了康生所说"28 个半布尔什维克没有一个是好人"这句话，虽然我是受过"28 个半布尔什维克"迫害的。

"28 个半"中间的确有坏人，如王明、孟庆树、王云程、李竹声、盛忠亮等叛党叛国的叛徒特务，但是其中还有许多人只是一度犯过错误，后来已经改正做过检讨，而且为革命、为党做过重大贡献的人，例如已经去世的博古、张闻天、沈泽民、张琴秋等同志以及现在还健在，而且还在为党为革命担负着重要工作的杨尚昆同志。

我建议开这个会，不是为了回忆出"28 个半"的名单，算他们的老账；而是因为王明宗派集团是同我们党的六届四中全会到遵义会议这段历史有密切关系的；而王明宗派集团的形成是和莫斯科中大学生反对王明所控制博古所直接领导的支部局的官僚主义和宗派主义的斗争分不开的。40 年代整风学习中，我写的整风自传曾把莫斯科中大学生的两派斗争，说成是无原则斗争。因为当时斗争双方所争论的问题不是中国革命的战略策略问题，而是学校内部的具体工作问题，现在我认识到这种估计是错误的，中大学生的风潮就是反对王明宗派集团的最初的一场斗争，我们开这次会就是为了回忆王明宗派集团的形成过程，总结历史经验，清算王明宗派集团带到中国党内来的宗派主义的组织路线以及所谓"残酷斗争、无情打击"这一套党内斗争方法（杨尚昆同志插话："残酷斗争，无情打击"这个口号就是苏联来的）。

王明宗派集团是米夫一手提拔起来的，但是我想这是得到斯大林批准的。因为以陈独秀为首的中国党在1925—1927年的大革命遭到失败以后，斯大林对于中国党内一批以知识分子为主的领导骨干（包括俞、董、周这样的一批老干部）是不信任的。他想从王明这样的青年中培养出一批完全听从他指挥的新的领导骨干，他想建立一个完全跟着联共走的"儿子党"，但是我不懂，后来为什么斯大林又把米夫枪毙了。据说米夫的罪名也是托派，对此，我也有怀疑。因为中大原来的校长叫拉狄客（他好像也兼任过第三国际东方部主任），是托派中的一个小头目，在联共反托派斗争中，米夫在揭发批判拉狄客和第三国际东方部其他托派人物时，是很出力的。他怎么也会变成托派了呢!？我怀疑可能也是王明出卖了他，这段历史很复杂，弄不清楚。（杨尚昆同志插话：周总理说过，拉狄客是托派，但米夫不是托派。说这段历史很复杂，确实是如此）。

末了，说一说所谓"28个半布尔什维克"的来源。这不是什么小组织。那时，王明、博古等人掌握着学校支部局和行政组织的大权，是当权派，完全没有必要另外搞什么小组织。"28个半布尔什维克"的故事发生在全校党团员大会的一次表决时，有同志说这次表决发生在全校党团员的10天大会时，那是发生在1929—1930年时期了，我记得好像还要早一些，大概是在1928

在『28个半布尔什维克』问题调查会上的发言

年前后，在一次党团员大会上表决支部局提出的一件提案的时候。结果赞成这提案的（包括已经离开学校在第三国际工作的王明和毕业后到红色教授学院深造的张闻天、沈泽民、王稼祥同志在内，他们是为了支持博古等领导的支部局而回校参加党团员大会的）只有28票，有1票弃权。因为平时王明、博古等宗派集团经常自称是百分之百的布尔什维克。因此，群众就讥讽说，你们这些百分之百的布尔什维克原来一共只有28个半，所以"28个半布尔什维克"是群众讥讽王明宗派集团的话，意思是说他们在群众中只占少数。但是虽然在这次大会上举手赞成这个提案的只有28票，但是不能说，跟着王明宗派集团的只有28人。王明宗派集团是以第三国际和联共的名义讲话的，因此平时跟着他们走的，大概是有近百人，其中积极分子只有四五十人，这在300人左右的全校党团员中还是少数。

王明宗派集团是在反对中共中央代表团和镇压中大大多数学生群众的斗争中形成的，只有搞清了这一段历史才能搞清六届四中全会到遵义会议这一段党史。王明宗派集团曾经把他们在莫斯科中大搞的"残酷斗争，无情打击"这一套党内斗争扩大化的做法带到中国党内来，他们甚至把不同意他们意见的人投入监狱，进行迫害以致肉体消灭。"文化大革命"时林彪"四人帮"搞的一套完全是从王明宗派集团那里学来的，不过是青出于蓝而胜于蓝而已。

因为莫斯科中大这段历史已经相隔半世纪以上。大家的记忆已经模糊，一时未必能回忆得清楚。我原来以为现在活着的留苏同学只有二三十人了。现在看来还不止此数。我希望把这次座谈会的发言记录印发给所有活着的留苏同学，让大家看过以后再回想一下，尽量把自己记忆的补充进去，如果认为别人的回忆记录有出入，也可以提出修改意见，以便互相补充，然后经过几个月以至半年、一年再开一次人数更多的座谈会，以便把这段历史尽可能恢复它的本来面目。

# 对中山大学一段历史的回顾[*]

俞秀松、董亦湘、周达文3人，据我所知不可能是托派。我怀疑这是王明为了消灭反对过他的这3位同志而强加给他们的罪名，是诬陷。俞、董、周3人同王明的斗争是留苏学生反对王明宗派集团的群众斗争的开始。因此，我觉得有必要把俞、董、周同王明宗派集团的斗争经过回忆一下。

王明在莫斯科中山大学读书的时候，俞秀松和董亦湘是王明的同班同学。他们在同学时代就有矛盾。大致情况是这样的：俞秀松是我们党的上海地区的发起人之一（最近听说俞还是青年团中央的第一任书记，不知确否）。董亦湘是原上海大学教授，商务印书馆编辑。王明去莫斯科时只是一个中学生。俞、董看不惯王明的夸夸其谈、旁若无人的态度，而王明也看不起这些老一辈的同志。但王明的俄语学得快，深得中大副校长兼这个班的列宁主义教员米夫的赞赏并提拔。当米夫负责第三国际东方部工作时，王明就成了他的助手。

1927年这期学生毕业时，在一次全校的工作总结大会上，在全校教职员工中特别是在中国学生中，发生了意见分歧和激烈的斗争。争论的一方以负责教务工作的苏联人和参加教务处工作的中国同志为首，其中主要有得到王明支持的博古、张闻天、沈泽民等同志；另一方是负责支部局工作的苏联人和参加这一工作的

---

[*] 这是孙冶方同志生前参加一次座谈会的发言记录，由武进县编史修志办公室征集并提供。这里发表的是根据原记录稿重新整理的。

中国同志，即俞秀松、董亦湘、周达文等同志（周在20年代初去苏学习，后来留在第三国际工作，成立中山大学时他又被派到中大当翻译，是叫周达文还是周达明我记不清了）。暑假后，俞、董、周到列宁学院深造。王明仍留第三国际东方部工作。学校的苏联领导班子，按照米夫的意图，进行了大改组。留校中国学生的工作由博古负责，但在第一期学生毕业离校后，留下的第二期学生中风潮仍不断发生。大多学生都不满意王明所支持的博古等同志的支部局领导，指责他们的官僚主义、宗派主义作风。而王明和博古等参加支部局领导的其他同志则认为这些风潮是托派所策动的。这更激起了群众的不满，后来王明、博古领导的支部局又把这些学生风潮，无中生有地说成是由一个并不存在的所谓"江浙同乡会"策动的。他们认为俞秀松、董亦湘、周达文是这个江浙同乡会的头头，而且说这个江浙同乡会是在我住的宿舍房间里成立的，有人亲眼看到，可以做证人，等等。大概在1927年冬，以向忠发为首的党中共中央代表团到了莫斯科，王明、博古向向忠发汇报留学生思想情况的时候，就说中国学生中有人成立同乡会组织，反对支部局领导，向忠发不经调查就在一次中大和东大中国班同学的联合大会上说，在党内成立同乡会该枪毙，等等。于是留学生中空气一下就紧张起来了，大家互相猜疑，不是深交，互相不敢深谈。王明他们无中生有捏造一个"江浙同乡会"反革命组织，目的是要吓唬群众，使大家不要再反对他们所控制的支部局领导。但是他们的目的并没有达到。尽管留苏同学中气氛很紧张，但是同学中反对支部局的斗争并没有平息下去。同学们纷纷向联共中央和第三国际写信控告他们。大概在1928年上半年，第三国际监委、联共监委和中共中央代表团联合组成了一个委员会，审理所谓"江浙同乡会"问题，我记得代表中共中央代表团参加这次审查委员会的有瞿秋白、周恩来、余飞，有没有张国焘，我记不得了；当时向忠发已回国，没有参加审查。会议由审查委员会负责人、联共监委会主席耶珞斯拉夫斯基主持。他先问传说亲自看见"江浙同乡会"成立会的见证人,原中大学生会(学生公社)主席王长熙,要他把他所见到的同乡会成立会的情况讲一讲,王长熙说,他从没有说过见到"江浙同乡会"开成立会。他只是说过,某天在薛萼果(我的原名——冶方注)房间的窗外走过,听到里面很多人的讲话声音,都是原支部局派(即俞、董、周一派)的,讲话的都是江浙口音,因此曾说过好像在开江浙同乡会似的。于是审委会主席就问我那天在我房间聚集那许多人是做什么的,我就原原本本向审委会说明了经过情况。

对中山大学一段历史的回顾

我和乌兰夫同志(当时叫云泽)和另一个叫綦树功的隐藏的托派分子在1927年夏季学期没有结束,就被派到东方大学中国部办的暑期军事夏令营当翻译。所以我们3人都没有参加学校的总结大会。对总结大会上发生的两派争论也只是在后来听别人说的。中大总结大会后,中大第一期毕业生大部分都到我们所在的军事野营接受军事训练。他们根据领导上的分配,在暑期野营结束后,将分别到步兵学校和炮兵学校学习。那里的待遇是普通士兵的待遇(我记得伍修权同志就是炮兵学校学习过的),每月只发几个卢布的津贴,比中大学生的津贴还少。我们当翻译的却有工资,每月大约100卢布,生活较富裕。于是有同学就发动敲我"竹杠",约定开学后第一个星期天,要我出钱做中国饭吃。到了那天上午,就有五六个同学来我宿舍,除了原来发起敲竹杠的胡世杰❶、朱茂臻、蒋经国以外,还有在军事学校学习的陈启科和左权以及左权当时的妻子林友梅,董亦湘那天凑巧来看我。到的人很多,把同房间住的其他3位都挤出去了。这些人大多是江浙

---

❶ 胡世杰1932年回国后先在东北做地下工作,后来消极脱党,到南京"留俄同学会"登过记,但后来又同党的社会部有联系,"文化大革命"时去世。

人,但左权和陈启科是湖南人。❶

我讲完以后,审查委员会就询问了参加那次吃饭的其他人(我记得左权夫妇、陈启科和蒋经国都没有出席那次调查会;但记得把最早反王明宗派集团的俞秀松、董亦湘、周达文(明?)(1)都叫去了),大家都把自己所知道的情况讲了一遍。于是审委会要我们受询问的人暂时退席。在中大局的几个干部(有苏联人也有中国人)参加下,审委会开了一次短暂的会议。然后,把我们这些被询问的人又叫回去,宣布了审查的结论。结论全文我记不得了。但记得大意是说:没有什么"江浙同乡会"存在过(周恩来同志遗稿中也是这样说的);但在有些党员之间有私人感情的结合,这种感情结合发展下去对党内团结是不利的。这个结论虽然对我们这些被指为"江浙同乡会"的人是有批评的(存在感情结合,也就是我们现在所说"山头主义"),但是给我们脱去了"反革命组织"的帽子;所以,我们这些蒙受嫌疑的人听了这个结论之后都还是松了一口气。

此后,王明、博古控制的支部局的同志们不再用"江浙同乡会"这顶帽子吓人了。但是由于学生群众反对王明、博古控制的支部局领导集团的宗派主义、官僚主义的斗争始终没有停止,而王明、博古他们从不检查自己的宗派主义、官僚主义着手改进自己的领导作风;总是怀疑学生中反支部局领导的斗争是由秘密的反革命组织策动的。他们所怀疑的对象主要还不是真正的托派,而是俞、董、周以及过去被怀疑是江浙同乡会分子的那些人(对于真正的托派他们是放纵的)。

学校的苏联领导人在王明宗派集团支持下曾经抓走过两个反对学校领导的学生,一个是瞿秋白同志的小弟弟瞿云白,一个是

---

❶ 陈启科和左权是黄埔一期同学、程潜部下。陈回国后,在去苏区途中被捕牺牲。

(1) 原稿如此。——编者注

张崇文同志的哥哥张崇德（瞿景白是秋白同志的二弟，是回国后病死的，在苏联失踪的是三弟）。这两个人都接近中共代表团，也和俞、董、周接近。他们被捕后下落不明，据传是关押在集中营中死去了，也有说是被枪毙的。但到底犯了什么罪始终未宣布，只是谣传说他们是国民党特务，又说是托派分子。这是毫无根据的，看来他们的被害与米夫和王明反对中共代表团和反对俞、董、周是有关系的。

我认为俞秀松、董亦湘、周达文不是托派，而是王明对他们的诬陷。关于这问题我在1980年1月22日曾经有一个详细报告送给中纪委和中组部，我现在再简单谈一谈。

在中大学习的时候，我和俞秀松、周达文没有什么来往；但是我和董亦湘的来往比较多。因为董是我入团和转党的介绍人，也是我们家乡无锡县的党团组织的创建人之一。我去莫斯科学习时，还只是刚满17岁的青年。他很关心我的学习和政治上的成长，特别在反对"旅莫支部"和反对托派的斗争中，他怕我误入歧途，总来找我谈话。当他知道我是反对旅莫支部和托派的时候，他就表示赞赏和鼓励。自中大第一期学生毕业前的总结会上发生了"支部局派"和"教务派"的分歧，俞、董、周3人在"中大"毕业，又升学到列宁学院以后，中大完全在王明宗派集团控制之下，他们就同中大断绝了联系。尤其在捏造的"江浙同乡会"案件发生以后，中国留学生中气氛十分紧张，甚至可以说是处在一种恐怖的气氛中，即使同住一间房间，互相也很少谈心。例如，当时我和乌兰夫同志等4个人住在一个房间里，除了日常生活上事务性的谈话外，就很少谈政治或学习的问题。那时俞、董、周3人在列宁学院学习。原中大的同学几乎没有人去看他们。他们对中大或东大中国学生中的情况，几乎完全不知道。我每一两个月去看望董亦湘时，俞、周2人也都到董那里听我谈中国留学生的情况。他们分析了学生中反对王明宗派集团的情况以后，总是告诫我说：反对支部局领

对中山大学一段历史的回顾

导的大多数群众是好的，风潮是支部局领导的宗派官僚主义的高压政策逼出来的。但是其中可能有托派分子在里面煽动。因此，他们一致劝我不要去参加闹风潮，否则牵连在里面会洗刷不清的。他们一致劝我好好学习，回国参加革命。这是我1930年回国以前所了解的俞、董、周3人的情况。我想如果他们3人是托派，那么他们首先要发展我参加托派，为何反而劝告我不要参加学生风潮呢？1930年我回国以后，对他们的情况不了解。但是1930年以后，联共党内曾经进行过几次清党运动，破获过托派的秘密组织，发生过肃反扩大化的事情，并没有发现俞、董、周3人有托派嫌疑，所以才会派他们3人回国到新疆盛世才那里工作。王明怎么会在从苏联回国途中，突然断定俞、董、周3人是托派，而且立即让盛世才下令逮捕并枪毙他们呢？因此，我认为这是王明为了消灭反对过他的俞、董、周3人，而强加给他们的罪名，是陷害。

另外值得一提的是：我原以为俞、董、周3人是在苏联肃反扩大化时被杀的。因此，当有一次康生同我搞自由小广播时，我问过他俞、董、周3人被杀到底是什么罪名，不料我这一问，使他的原来谈笑风生的脸一下就青里泛白，冷冷地回答："不知道！"自从张国焘回忆录泄露了王明在新疆杀害俞、董、周的消息以后，我方才明白，原来我这一问是触着了他的痛处。他原来是王明的忠实走狗，是协助王明杀害过不少革命同志的。

因为莫斯科中大这段历史已经相隔半世纪以上，大家的记忆已经模糊。一时未必能回忆得清楚。我原来以为现在活着的留苏同学只有二三十人了。现在看来还不止此数。我希望把这次座谈会的发言记录印发给所有活着的留苏同学，让大家看过以后再回想一下，尽量把自己记忆的补充进去，如果认为别人的回忆录有出入，也可以提出修改意见，以便互相补充。然后经过几个月至半年一年再开一次人数更多的座谈会，以便使这段历史尽可能恢复它的本来面目。

# 致于光远同志信

**光远同志：**

我去大连不到三天，被党史资料搜集委员会（按：应为征集委员会）叫了回来，出席莫斯科中山大学学生反王明宗派集团的斗争的回忆座谈，今夜仍回大连。希望你也早些去。

我和你"争鸣"的那篇文章这期《经济研究》已登出。希望你批评指正。希望我们俩通过这次讨论来恢复点名讨论的风气。我自知我这篇文章很多问题没有说透。我也准备继续再写。兹附上巫宝三一信。此信是有利于你的论点的。此外《动态》（8月号）上登的沙吉才一文更是有利于你的论点的。沙文你处一定有，但巫宝三信你未必见到，特附上一份。

刚才叶开元来，嘱我把他的论文转送你。叶是钱伟长的学生，"反右"被遣送甘肃，现在兰大任教。他的论文登《兰州大学学报》（社会科学版）1981年第2期。文中对"理论只能来源于实践"这个命题提出了不同的看法。

敬礼！

孙冶方
1981年8月23日

---

\* 标题为编者后加。

# 关于莫斯科中山大学及留苏学生对中国革命的功过问题*

我建议召开这次留苏同学座谈会的动机之一,是想让我们这些还活着的1925年到1930年间的留苏同学集合在一起,客观地评价一下第三国际和联共创办中大和东大中国班,对中国革命的功过问题,是功大于过,抑是过大于功,抑是功过相抵。

8月21日座谈会上,杨尚昆同志说,莫斯科中山大学的创办对中国革命没有起一点好的作用。我认为这未免是偏激之词。留苏学生对中国的过是明白的。如教条主义宗派集团对六届四中全会起到遵义会议为止这段时间党中央的错误路线的责任;如托派反革命集团的输入,等等。但是没有中大和东大中国班,难道中国就不会产生教条主义、宗派集团和托洛茨基主义了吗?两个"凡是"不就是道地"国产"的教条主义吗?林彪、"四人帮"这个反革命宗派集团对中国革命和建设所造成的危害岂不比我党历史上任何宗派集团都严重,而且其性质在后来远远超过了党内宗派集团而变成了道地的反革命集团。然而这个反革命集团也不是舶来品,而是道地的"国产"。至于托洛茨基主义是国际工人运动中普遍存在的反革命

---

\* 写于1981年8月28日。

逆流，没有中大和东大，它也照样会冲进中国来。这些在中国革命史上起了反面作用的因素在每一个国家都有适合他们生长的社会历史土壤。没有内因，外因是起不了作用的。

但是，十月革命一声炮响，送来了马克思列宁主义！怎样送来的呢？主要是通过马列原著的翻译。我记得1925年我到苏联留学之前。我在国内看到的马列著作只有陈望道译的一本《共产党宣言》。此外是日本河上肇、山川均等人的著作的中译本，和布哈林的《共产主义ABC》。马列原著的大量翻译成中文是1925年以后，而且主要是留苏学生做的（解放以前）。

莫斯科回国的留学生中，固然有不少成了叛徒、托派，但是在国民党监牢中关死的，在上海龙华、南京雨花台、北平的天桥以及其他许多地方的国民党"刑场"上壮烈牺牲的，难道少了吗？就以活着的中央一级的领导人来说，小平、剑英、乌兰夫、傅钟以及尚昆同志本人，难道当年在莫斯科中大所学的马列主义理论对你们今天卓越的领导工作一点好作用都没有起吗？

因此，我认为尚昆同志说中大对中国革命一点好作用没有起，未免是偏激之词。但中大对中国革命所起作用到底是功大于过，还是过大于功，确实还很难做结论。

## 附　致谢筱迺同志并请转冯文彬同志信

**谢筱迺同志并请转冯文彬同志：**

送上我回大连后写的两份材料：（1）《关于旅莫支部问题》；（2）《关于莫斯科中山大学及留苏学生对中国革命的功过问题》。请印发出席座谈会的同志指正。前一份材料特别要请伍修权、吴亮平二同志补充修正。因为到会同志中，只有他们二人曾经经历过旅莫支部这段生活。后一材料是同尚昆同志那天发言商榷的，也请到会同志特别是尚昆同志批评指正。

　　敬礼！

孙冶方<br/>1981 年 8 月 28 日

# 生产劳动只能是物质生产的劳动

最近，一些同志写文章，论证在社会主义条件下教育、科研、文艺、服务业等行业属于生产劳动。我想，提出这样的问题大概有两个用意：一是想引起社会对上述行业的重视；二是为20世纪末每人1000美元找一个与外国可比的口径。这两个用意是好的。但是，为了引起社会对科教文卫和服务业的重视，便把它们视为生产部门，把这些部门的劳动视为生产劳动，这在理论上是不对的，在实践上对我们的计划统计工作会有很大的干扰。

马克思主义政治经济学中的"生产"，指的是物质生产，这是不容置疑的。诚然，马克思讲过精神生产（如果做个让步，科教文卫也可以称作精神生产部门），但精神生产这个词是借用经济学的。有的同志认为，应把教育视为生产部门，理由是教育是培养劳动力的，而劳动力是生产中最大的要素，所以教育是生产部门。照此推论，那么作为劳动力出生场所的产科医院更是生产部门了，甚至还可以往下推……科学是生产力，这是天经地义的。但科学变成生产力要通过劳动者、劳动工具和劳动对象这三个要素表现出来，否则就不能是生产力。20年代末，苏联科技界说沙俄时有个农奴早于瓦特发明了蒸汽机，但这个机器并没有能够应用，而是变成了农奴主的陈列品，因而这项发明就不能变成生产力。

---

\* 本文原载《经济学动态》，1981（8）。

如果我们把科教文卫和服务业都看作生产部门，在理论上就会陷入以下三个混乱：

第一，混淆了经济基础与上层建筑的界限。

恩格斯曾经说过，正像达尔文发现有机界的发展规律一样，马克思发现了人类历史的发展规律。这就是人们首先必须吃、喝、住、穿，然后才能从事政治、科学、艺术、宗教，等等。马克思明确把它们分为经济基础与上层建筑。第三产业是资产阶级的概念，马克思早在创造劳动价值论时就批判了警察创造价值的观点，把文化、教育等都看作生产劳动，经济基础与上层建筑的界限就没有了。

第二，混淆了初次分配与再分配。

按马克思主义的观点，整个社会物质产品可分为 C、V 和 M，这叫初次分配。其中，C 是物质消耗，要扣除掉，V 和 M 是劳动者创造的净产值，即统计上的国民收入。在国民收入中，工人拿走了 V，资本家拿走了 M。产业资本家与银业资本家、商业资本家等共同瓜分 M，这是国民收入的再分配。资本家拿出一部分钱来办学校、医院，这又是一次再分配。马克思主义政治经济学揭示的这些实质，在资本主义社会是看不清楚的。从表面上看，学校、医院都是赚钱的，都是独立的企业，给人一种也能够创造价值的表象，因此可以迷惑你。社会主义社会则不然，应该说是看得清的。我们的学校、医院是靠财政部拨款而生存的，而财政部的钱又是生产部门上交的利润和税金。我们在座的这些人的工资是从哪里来的？很清楚，也是从财政部拨来的，是国民收入再分配的结果。因此，那些主张科学、教育、卫生和政府机关等行业都是生产部门的同志，实际混淆了国民收入的初次分配与国民收入的再分配。

第三，混淆了效用与费用。

提出科教文卫是生产部门的同志力图说明科学家、教育家的贡献之大，认为应把这些部门的工作者的工资作为国民收入中 V 的一部分，这是不能让人同意的。试问，马克思创立了辩证唯物论和历史唯物论，贡献可谓不小，但他的贡献到底值多少马克、卢布？是不是把他的稿费加进 19 世纪德国的国民收入里面，就算是把马克思的贡献算进去了？实际上这种做法是要用价值来代替使用价值（科学家、教育家、政府机关人员的工作成果），把费用与效用搞混淆了。

生产劳动只能是物质生产的劳动

# 生产劳动和非生产劳动国民收入和国民生产总值的讨论*

## ——兼论第三次产业这个资产阶级经济学范畴以及社会经济统计学的性质问题

关于生产劳动和非生产劳动的问题，在20世纪60年代就讨论过。但是开始引起我对这问题的讨论发生兴趣的，是1980年2月2日《人民日报》发表的肖灼基同志的《应该把教育看作生产部门》这篇文章。同年5月19日《文汇报》发表了孙凯飞同志的《教育实际上也是一种生产》。同年第12期《经济研究》发表了湖北财经学院张寄涛、夏兴园两位同志的《论社会主义下生产劳动与非生产劳动》。这几篇文章都认为科学研究、教育、文学艺术、医疗卫生部门以及一切服务行业的劳动同生产钢、铁、粮食、棉、麻、纱、布等的物质生产部门的劳动一样，都是生产劳动。

接着，1981年1月，厦门大学《中国经济问题》第1期发表了于光远同志的《社会主义制度下的生产劳动与非生产劳动》。《经济研究》1981年第4期发表了陈志标同志的《国民收入范畴的重新考察》和何小锋同志的《劳务价值初探》。这几篇文章除了坚持上述观点，认为科、教、文、卫以及一切服务行业的劳动都是生产劳动，从而都创造价值以外，还批评了我国现行统计指

---

\* 本文原载《经济研究》，1981（8）。原标题为《关于生产劳动和非生产劳动国民收入和国民生产总值的讨论》。

标对生产劳动和非生产劳动的划分方法,认为这种划分法是"违背马克思主义的论述"的,至少是对马克思主义的误解。他们认为社会主义制度下生产劳动和非生产劳动的划分,不应该以是否生产物质资料为标志,而应当以是否满足社会日益增长的物质和文化需要为标志。一切能够满足社会消费需要的劳动(例如:理发、按摩医疗等活动,从事科研教学和文学艺术创作的劳动)都是生产劳动,都创造价值,都应该计算产值。他们要求统计上来一个突破,用西方世界的"国民生产总值"指标来代替我国"国民收入"这个指标。我的见闻不广,一年半来关于这个问题的讨论,可能还有别的作者的文章。但是就我所看到的上述几篇文章,意见是一面倒的,即认为上层建筑部门的劳动也是生产劳动,也创造价值,从而认为我们所沿用的"国民收入"这个指标,不如西方的"国民生产总值"这个指标科学。

我不同意上面列举的几位作者的这种观点。我认为反映社会富裕程度的指标固然很多,但是最基本的指标是反映物质财富数量的指标。现在我国沿用的"国民收入"这个计划统计指标正是这样的一个指标。它是一个扣除了包括折旧在内的一切物质消耗,没有任何重复计算的净产值指标。而西方世界所应用的"国民生产总值"这个指标是一个歪曲了的、包括许多重复计算在内的虚假的指标,其中还包括固定资产折旧即一部分老本在内(西方国家也有"国民收入"这个指标。但是他们的"国民收入"也包括劳务收入在内,所不同于"国民生产总值"的是前者不包括折旧,而后者包括折旧)。

科学、教育、文艺、医疗卫生工作人员的劳动是精神生产的劳动,而不是物质生产劳动。我国所沿用的"国民收入"这个指标所反映的是物质财富,而不是精神财富。"精神生产"劳动者不直接创造物质财富,而是物质财富的消费者。而经济学的研究对象恰恰是物质生产过程而不是"精神生产"过程。其实,我们讲生产,指的总是物质生产,"精神生产"和"精神财富"这种说法本来就是借用经济学的名词。因此,我们在这篇文章中所说的生产劳动和非生产劳动,指的就是物质生产劳动和非物质生产劳动。

以上几位作者坚持要把科学、教育、文学、艺术、医疗卫生人员的劳动以及服务行业的劳动都当作生产劳动,用意之一无非是要大家重视科、教、文、卫以及一切服务行业。罗浧尘、施宗全两位同志在1981年5月5日《文汇报》上发表的《服务人员不创造价值吗?——从第三次产业谈起》那篇文章中为了强调这一点,还特别提醒我们:"近几十年来,发达国家第三产业的发展十分迅速,在国民生产总值和就业人口构成中的比重,第一、第二产业都从高峰上逐步下降,第三产业逐步上升,到70年代后期已超过了第一和第二产业的总和。据一些国家的统计:1977年第三产业在国民生产总值中的比重,美国是63.9,荷兰是61.6,英国是60.8,日本是58.1,法国是57.2,联邦德国略低于50。在就业人口的构成中的比重,美国在1975年占68.4,日本占50。值得注意的是第三产业上升的趋势还在继续着。"我引证了罗、施二位同志关于所谓第三产业上升趋势的整段文章,表示我是完全同意他们二位所说的意见的(即科、教、文、卫以及服务行业的比重将随着经济发展,继续上升)。虽然我对于第三产业这个资产阶级经济学用语是采取否定态度的(关于这点,我将在下面讲),同时,由于罗、施二位同志对上述数字的出处(联合国《统计年鉴》?)以及计算方法都没有交代,我对这些数字的准确性不是没有怀疑的(例如联邦德国的比重比法、日二国低这么多),但是,我相信总的趋势确实是这样的,即上述非物质生产部门的人员,随着经济的发展,他们所占比重将日益增加。我们应当加以重视。"四人帮"遗留下来的轻视科、教、文、卫,特别是鄙视商业服务行业的思想,应该加以批判。

但是，值得我们深思的是：为什么在这些发达国家，只有30%～40%的劳动力从事物质生产，而近60%—70%的劳动力，至少是50%以上的劳动力可以去从事各种"精神生产"和服务劳动呢？而在我们国家，大概有90%以上的劳动力从事物质生产，只有不到10%的劳动力能够从事"精神生产"和服务行业！为什么相差如此之大？答案是很明白的：在发达国家，由于物质生产部门的劳动生产率非常高，所以只要有30%～40%的劳动力从事物质资料的生产，就可以解决全部人口吃、穿、住、行的需要；而在我们这个10亿人口的大国，物质生产部门的劳动生产率非常低，必须以80%左右的劳动力去解决吃和穿的原料问题（10亿人口中，农民占8亿左右），以10%左右的劳动力去从事工业生产，解决穿、住、行的问题，所以剩下来只有不到10%的劳动力，能够腾出手来从事"精神生产"和服务行业了。这不是我们主观上重视不重视教育、科学、文学、艺术、医疗、卫生以及服务行业的问题，而是我们生产的物质生活资料能够养活多少人去从事"精神生产"问题！正因为如此，所以我们必须重视物质财富的统计和计划，保证这个反映物质财富的价值量的指标（即我们沿用的"国民收入"或"净产值"指标）的纯洁性，不能把非物质生产的东西混杂进去。

恩格斯说过："正像达尔文发现有机界的发展规律一样，马克思发现了人类历史的发展规律，即历来为繁茂芜杂的意识形态所掩盖着的一个简单事实：人们首先必须吃、喝、住、穿，然后才能从事政治、科学、艺术、宗教等；所以，直接的物质的生活资料的生产，因而一个民族或一个时代的一定的经济发展阶段，便构成为基础，人们的国家制度、法的观点、艺术以至宗教观念，就是从这个基础上发展起来的，因而，也必须由这个基础来

解释，而不是像过去那样做得相反。"❶

请读者原谅我在这里把众所周知的，马克思主义历史唯物论的 A、B、C，大段地抄引出来。因为在我们当前关于生产劳动和非生产劳动，关于国民收入和国民生产总值的这场讨论中，上述几位同志不同意我们把从事吃、喝、住、穿等生活资料生产的劳动，同从事政治、科学艺术、宗教等的劳动分别开来。我们不能不指出，上述几位同志正是混淆了物质和精神、经济基础和上层建筑的界限，混淆了历史唯物论的最基本的界限。在这里我还附带指出一点：如果照这几位同志的意思，把从事政治、科学、艺术、宗教等活动的人的劳动同从事农业、采矿、炼钢、纺织等物质生产部门工人的劳动一样，都算作（物质）生产劳动，那么除了病号、婴儿和待业青年以外都是生产劳动者，就没有划分生产劳动和非生产劳动这样概念的必要了。

萧灼基同志还说，教育部门不仅是物质生产部门，而且是兼有第一部类和第二部类二重性的物质生产部门。他的原话如下：

"教育部门的产品没有独立的表现形式，是一种精神产品，但它直接满足了社会成员的文化需要，满足了发展劳动能力的需要，是一种发展资料。从这一点来说，它也是一种最终产品，与第二部类有类似的特点。"

"教育部门主要是培养熟练劳动力。劳动力本身也是一个自然物质要素。教育部门从培养劳动力，即从生产活机器这一点来说，同第一部类有类似的特点。这就是说：（1）它的产品是生产过程的物质要素；（2）生产这个产品所耗费的劳动量，通过新的生产过程，再现在新产品中。"❷

如同我在前面说过的那样，如果萧灼基同志要把教育部门算

---

❶ 恩格斯：《在马克思墓前的讲话》，见《马克思恩格斯选集》，第 3 卷，第 574 页，北京，人民出版社，1972。

❷ 萧灼基：《应该把教育看作生产部门》，1980 年 2 月 2 日《人民日报》。

作精神生产部门,我还是可以同意的。但必须重复指出,这是借用经济领域即物质生产领域的用语。然而萧灼基同志不满足于这一点,他还要把教育说成是生产"活机器"的物质生产部门,而且是第一部类的生产,那么问题就多了。因为教育部门不过是这部"活机器"的加工车间,人这种"活机器"出世的场所不是学校,而是产科医院。据此,产科医院更是物质生产部门了!于是主张科、教、文、卫以及一切服务行业都是生产部门的经济学家,所谓生产劳动宽派论者就要说了:本来嘛,医生的劳动本来就是生产劳动,从而产科医院是应该算作生产部门的嘛!但是进一步的问题又发生了,如果要把产科医院说成是物质生产部门,要把助产医生接生的劳动说成是生产劳动,那么对于生产人这种"活机器"来说,产科医院至多不过是类似工厂的装配车间;而真正的"制造车间"还不在这里。难道我们能把"制造"这种"活机器"的活动也算作"生产劳动"吗?如果是这样,那么我们要把新婚夫妇的结婚仪式称作"活机器"制造厂的开工典礼了!我希望萧灼基等同志不要责怪我说话刻薄。我不过是要借此证明:我们在讨论生产劳动和非生产劳动的界限的时候,如果混淆了物质生产和精神生产的界限,如果我们混淆了生产活动的主体(人)和客体(物)的界限,那么逻辑也会得出多么不合理的结论。

把教育部门(以及科学、文艺和医院、卫生部门)当作物质生产部门看待的经济学家,之所以会得出这种不合理的结论,或许是误解了"科学是生产力"这一正确的马克思主义命题。他们或许认为,既然科学是生产力,那么产生科学以及传授科学的科研和教育部门——即产生生产力的部门——当然应该算作物质生产部门了。这是极大的误会,是把问题简单化了。

科学知识是人类的精神财富,它要转化为物质财富必须经过一个曲折过程。科学是生产力,然而它不是生产力的独立因素,它是通过生产过程、通过生产力的三个简单要素表达出来的，即通过从事生产的人（劳动力）、劳动工具和劳动对象（即原材料）这三个要素表达出来的。而且如同马克思所说的那样，以上三个要素如果没有结合起来，那还只是潜在的生产力，只有当这三个要素结合起来了，即当具有先进科学知识的生产者，操纵着按照先进科学原理制造出来的先进的劳动工具，开始在按照先进的科学原理生产出来的新型的劳动对象上进行加工的时候，科学才全面显示出它的威力，变成了成倍增长的新的物质生产力。

有一个故事对于说明我们所讨论的这个问题很有帮助：前两年中国的飞机制造业有一个代表团到英国罗斯·罗伊斯公司的飞机制造厂参观。在中国代表们对该厂制造的斯贝发动机极为赞赏之余，英国工程师却说，他们的斯贝发动机是依据中国吴仲华教授的叶轮机械气体动力学"三元流"理论制成的。英国人的话不能不使中国人感慨：中国人的气体动力学理论没有促成中国的新型飞机发动机的诞生，倒促成了英国斯贝发动机的制成，而中国的工程师反而要通过英国人的成就来学习中国教授的理论。

这故事说明：吴仲华教授所发现的科学原理对制造英国的斯贝发动机，对发展飞机工业的生产力是有很大贡献的。吴仲华教授发现的原理在美国飞机制造业得到了更广泛应用。但是他的发明在自己的祖国没有被应用于飞机制造工业的生产过程，没有同这一行业的生产力三要素的任何一个要素结合起来。所以没有形成他的祖国的生产力，没有成为他的祖国的物质财富。但是吴仲华教授所发现的科学原理却形成了英国和美国飞机制造工业的生产力，增加了英国和美国的物质财富。因为英国人和美国人把他的这个科学原理应用于他们的生产中去，同他们的生产力三要素结合起来了。吴仲华教授的科学原理暂时只是丰富了他的祖国科学的"精神财富"（请读者注意这四个字的引号。因为"财富"这个词也是借用政治经济学中物质财富一词的转义词）。

这故事告诉我们：物质生产和"精神生产"的界限是不能混淆的。如果混淆了这条界限，那就会得出很错误的结论。而主张把科、教、文、卫等部门当作生产部门的经济学家正是混淆了物质生产和精神生产的这条界限，不仅如此，他们在这个问题的讨论中，还混淆了分配和再分配的界限，从而混淆了生产和消费的界限。

在资本主义国家，科学研究机关、学校、剧场、医院以及一切服务行业都是企业化的，都像物质生产企业一样，从自己的收入中开支本单位职工的工资。而且也像一切企业一样，向国家纳税，所以，比较容易产生这种混淆，好像这些企业也是创造价值的。但是在我们社会，科研单位、学校、剧场、医院虽然也收一部分费用，但是这些团体机关的经费也像国家机关一样，主要是从财政拨款中开支的。财政部的钱从哪里来的呢？这些钱代表物质生产部门用人民币形态上缴的物质财富；是物质生产部门职工为社会生产的产品。这就是经济学上所说的初次分配（$c+v+m$）。财政部门又把物质生产部门上缴的（这些部门职工为社会生产的）物质财富，通过人民币形态分配给科、教、文、卫以及政府机关的职工（包括军人）。同时，物质生产部门职工又用自己的工资去换取各种劳务。这些都是经济学上所说的再分配。至于非生产部门的职工也拿出自己的工资的一部分互相换取服务，那又是第三次再分配了。

有的经济学者说，财政部的收入也有一部分来自服务行业，如剧场、影院、理发、浴室等上缴的税金和利润。这一部分在我国的财政收入所占比重极小。但是在发达的资本主义国家，由于前面我们说过的那样，所谓"第三产业"占到收入和人口的 $50\%-60\%$ 以上，这些部门上缴的各种税金，占财政收入的比重是很大的。但是服务行业所上缴的税金和利润，不论是通过怎么样复杂和众多的渠道缴上来的，终归是属于物质财富的再分配。

再分配的财富,其来源都在物质生产部门的初次分配,来源于(v+m)。

有的经济学者或许要说了:非物质生产部门以自己的劳务换取物质生产部门的物质生活资料,从互相交换劳动这个角度来说,这是平等的交换。从物质财富来说,这是再分配,从劳务来说这还是初次分配。对于这个问题,我们在前面已经做过说明。那就是:为什么在发达的西方世界所谓"第三产业"占劳动力和收入的50%—60%以上;而在我国,服务行业只占不到10%。这是由物质生产部门的劳动生产率的高低决定的。不仅党政机关、科、教、文、卫以及一切服务行业职工吃、喝、住、用的生活资料是物质生产部门的职工生产的;而且非物质生产部门人员借以提供自己的劳务的那些用品,如科研仪器、教育用具、剧场道具等无一不是在物质生产部门生产出来的;尤其那些在任何时代、任何社会里,借以显示自己的富饶和文明程度的宫殿、政府机关、学校、剧场、医院等富丽堂皇的建筑,更是物质生产部门的产品。归根结底一句话就是:混淆了物质生产这个基础和在这基础上矗立起来的上层建筑之间的界限,也就会混淆了物质财富的分配和再分配的运动线路。

政治经济学是研究物质财富生产过程中的人与人的关系的。离开了物质财富的生产过程来研究经济问题,必然走入迷途。人们在研究经济问题时,往往会被货币运动的面纱所迷惑。这是货币拜物主义在起作用,即使在社会主义社会也难免如此;虽则我们的人民币已经不是原来意义的"货币"了。例如,发给任何物质生产部门职工的工资是从人民银行的某个支行领取来的人民币。职工拿了这些人民币去购买吃、喝、穿、住、行的各种生活资料,也用这些人民币来购买种种劳务。发给科、教、文、卫和党政机关以及一切服务行业的工资也是从人民银行的某个支行领取来的人民币。这些职工同样也可以用这人民币去购买他们所需要的各种生活资料,而且互相换取不同的劳务。从人民币的运动线路来看,二者没有什么区别。但是从物质的运动线路来看,情况就不同了。物质生产部门的职工领取的工资是他们为抵偿自己所消费的生活资料生产的那部分产品,即我们通常仍然以"v"来代表的那部分产品。他们不过是通过人民币这个工具在流通中调换了花色品种而已。然而非生产部门的职工所领的工资却是生产部门职工为社会生产的,我们通常以"m"来代表的那部分产品。前者是国民收入的初次分配,或者可以叫作原始分配。而后者是再分配。

我们在研究任何错综复杂的社会经济现象的时候,经常透过表面的,人民币的运动线路,分析一下物质财富的运动线路,就比较容易抓住事物的本质。记住这一点,对研究经济学是大有帮助的。

所以,生产劳动宽派论者主张把科、教、文、卫等非物质生产部门的职工工资当作国民收入,加在国民生产总值里面去,是混淆了国民收入初次分配和再分配的界限,是把属于"m"和"v"的收入做了重复计算,而且随着服务行业的发展,再分配的次数越多,重复计算的次数也越多,国民生产总值的虚假也就越大。

生产劳动宽派论者主张把科、教、文、卫等非物质生产部门职工的工资当作国民收入加进国民生产总值中去,理由之一是说,科学家、教育家、文学家、艺术家和医师们的贡献很大,不把他们的经济收入算进国民生产总值中去,等于是否定了他们的贡献。难道我们能用哥白尼、牛顿、达尔文等人的经济收入来代表他们对科学、对人类社会的贡献吗?好像在著名的科学家中,除了爱迪生以外,没有一个是发了财的。而爱迪生之所以发财恰恰不在于他发现了关于电的科学原理,而在于他把这原理应用于电灯泡等电器生产,即由于他参与了物质生产。马克思对人类社会的贡献之大是不必说的了。但是他的稿费收入连他的家庭人口都养不活,而要靠恩格斯和其他朋友的接济。难道我们把马克思的稿费收入加进了19世纪德国或英国的国民收入就算充分评价了马克思的贡献了吗?即使科学家和文艺家的劳动得到了充分的报酬;但是他们所得到的报酬即经济收入,在资本主义社会中是他们的劳动力价格,属于价值范畴,而他们的贡献,属于使用价值范畴。生产劳动的宽派论者想用他们的经济收入来表示他们的贡献,那正是混淆了价值和使用价值,混淆了费用和效用的界限。这是从马克思主义劳动价值学说滑向效用论去了。用科学家的经济收入来评价科学家的贡献,这不是抬高了对科学家的评价,而是贬低了对他们的评价。

研究政治经济学,不抠概念是不行的,概念不清,会误入歧途。由此可见,过去有些经济学家因为反对从概念出发,而根本反对抠概念是多么错误呀!

总之,生产劳动宽派论者的理论是不能成立的。因为第一,它混淆了物质和精神,混淆了经济基础和上层建筑;第二,混淆了初次分配和再分配,混淆了生产和消费;第三,混淆了生产过程中的主体(劳动者)和客体(产品);第四,混淆了价值和使用价值,混淆了费用和效用,混淆了劳动力的价值和劳动所创造的价值。而建立在这四种混淆观点之上的经济指标——国民生产总值,则是一个有重复计算的、有很大虚假性的指标。因为,这个指标不仅包括有固定资产的折旧,而且意味着把物质生产领域所创造的物质财富中的一部分,即通过再分配线路分配给非物质生产领域的职工,供他们消费的那部分物质财富,又重复加进了新创造的物质财富(净产值)的总和中去,也就是把社会一部分成员的消费数额,当作新创造的物质财富加进社会的净生产数额中去了。

从我们上面的分析来说,西方社会用来表示社会财富的国民生产总值这个指标以及现在报刊上相当普遍使用的"第三产业"这个概念是资产阶级经济学概念。如果认为我们用"国民生产总值"这个指标代替我们从第一个五年计划时期就采用的"国民收入"（即"净产值"）这个指标是一种思想解放，那么这是从马克思的劳动价值学说"解放"出来而回到资产阶级庸俗经济学的价值学说中去了。因为马克思在创立他的劳动价值学说的时候，首先要证明的就是：产品（商品）价值是由参加物质生产的职工创造的，资本家只是生产职工所创造的一部分价值的剥削者。而资本家则说，价值不仅是直接参加生产的职工创造的；他们，资本家们，以及为他们服务的政治家、律师、神父、警察等都参加了价值的创造过程。

生产劳动宽派论者或许要说了：资本家是剥削者，资本主义社会上层建筑领域的人员例如律师、警察、神父等是为维持资本主义剥削制度而服务的，而我们的上层建筑领域工作人员是社会主义社会或社会主义生产方式所不可缺少的组成部分。但是，对资本主义生产方式来说，资本主义社会的上层建筑领域及其工作人员也是必要的。我们不要忘记了资本主义社会在推翻封建社会和发展生产力方面是起过进步作用的。

在这场关于生产劳动和非生产劳动的讨论中，生产劳动的宽派论者为了把科、教、文、卫和服务行业的工作人员都算作生产劳动者，给我们的"国民收入"这个计划统计指标加了一些莫须有罪名，简直是制造了一场又一场的"理论冤狱"。例如，萧灼基同志把"教育部门不按经济规律办事""不能贯彻物质利益原则""使用复杂劳动力不必付费……许多单位要人时宽打窄用，多多益善""教育工作者待遇低下"等，都算作"没有把教育看作生产部门的弊病"。这简直是欲加之罪何患无辞了。试问萧灼基同志：你所说的这种种弊病在工、农业物质生产企业中岂不是同样普遍存在的吗？可见这和教育部门算不算生产部门完全无关。

又如，于光远同志把"文化大革命"中商业网点的减少，也归罪于"国民收入"这个统计指标没有把商业劳动算作生产劳动的缘故，这更是一场"理论冤狱"了。因为，我们的统计指标向来把商业部门算作物质生产部门，认为商业劳动者的劳动是生产劳动在流通领域中的继续，是创造价值的。商业网点的缩减与计划统计部门关于生产劳动和非生产劳动的划分是毫无关系的。因为按照计划统计指标的规定，商业劳动是归入生产劳动范围的，但是商业网点在"文化大革命"中却是大大缩减了。

商业网点的缩减是同封建农业社会重农轻商的自然经济思想有关系的。这种自然经济思想否定社会主义计划经济中仍然存在交换或流通过程。对于这种无流通论，我在《流通概论》的一次稿和二次稿中详细分析、批评过，这里不再重复。❶ 我在这里顺便提一提的是这种自然经济和无流通论对社会分工和服务行业的看法。"文化大革命"时期，《为人民服务》是人人要读、天天要读的"老三篇"中的一篇，但是10年叫喊"为人民服务"的结果却是：服务越来越差。原因是由于否定社会分工，认为接受别人的服务是做官当老爷；而为人服务却被视为低人一等；每个人有两条腿、一双手，为什么要别人来侍候你呢！于是每个职工不得不在上班前或下班之后，去排长队，买这样，领那样，浪费了不少时间。党的十一届三中全会以后，自给自足的自然经济思想受到了批判，但是轻视商业服务行业的思想并未完全肃清。例如，做一个售货员既要懂得商品学，要懂得点生产常识，更要知道流通经济学，又要礼貌待客、研究顾客心理学。所以站8小时柜台，不论从劳动的复杂性来说，或是从体力消耗来说，至少不比轻工业生产劳动省力。因此，我认为，对商业从业人员的要求

---

❶《流通概论》第1稿，见《社会主义经济的若干理论问题》，第202页，北京，人民出版社，1979；《流通概论》第2稿，见《财贸经济》，1981（1）。

高是对的，但是商业从业人员的工资比所有轻工业生产人员的工资低一等则未必是合适的。现在许多青年不愿意当售货员而宁愿当工人，这与社会上轻商思想有关系，与商业从业人员工资低也有关系；但是与计划统计部门划分生产劳动和非生产劳动的原则是无关的。社会主义政治经济学和社会经济统计学都一致肯定商业是物质财富生产过程在流通领域中的延续；商业职工的劳动是生产劳动。

以上我们为两个"理论冤案"做了平反，给"国民生产总值"这个概念扣上了资产阶级经济学概念这顶帽子；下面还想给"第三产业"这个概念也扣上一顶"资产阶级经济学概念"的帽子。

"第三产业"或"第三次产业"这个用语在20世纪30年代才开始见之于西方资产阶级经济学家的著作。在我们国内，在报刊上，在广播、电视中，则是在近两年来才那么频繁地出现。但是，我把"第三产业"扣上"资产阶级经济学概念"这顶帽子，倒不是因为它来源于西方。社会主义政治经济学绝不是闭国自守的。

西方资产阶级经济学中一切合理的、有用的东西我们都应该吸收。"第三产业"这个用语之所以是一个资产阶级经济学概念，由于它和"国民生产总值"这个概念一样（甚至更露骨地），渗透着资产阶级本质。因为"国民生产总值"这个概念仅仅是混淆了非生产部门的再分配收入同生产部门的初次分配收入的差别而已。然而"第三产业"这个概念就直接把科、教、文、卫服务业和国防、警察、司法等非生产部门和工业、农业、交通运输等物质生产部门混为一谈，统统称作独立的产业（industry即工业）部门了。这种混杂隐藏着一个企图：把资产阶级国家机器中的专政部门打扮成与世无争、和善可亲、为民服务的生产部门，同科、教、文、卫等非生产部门和农业、工业、交通、运输等物质生产部门混杂在一起了。

此外,就是在西方,第三产业这个概念在不同的经济学者的著作中,所包含的范围也很不一致,有些经济学者把发电、自来水、煤气、铁道、运输等物质生产部门,也和科、教、文、卫等非生产部门以及澡堂、理发等狭义的服务行业混杂在一起,笼统称为第三产业,其内容真是不三不四,不伦不类,莫名其妙。

因此,我希望今后报刊、广播、电视不要再用第一、第二、第三产业这些概念。而用马克思的分类法,即生产生产资料的第Ⅰ部类(基本上即通常所说重工业部门)和生产消费资料的第Ⅱ部类(基本上即通常所说的轻、纺工业和农业)以及商业、服务行业等。至于科、教、文、卫等部门就是科、教、文、卫部门,不要和作为经济部门的商业服务行业混杂在一起。

在生产劳动和非生产劳动的划分中,争论比较多,而且可以继续讨论的是服务行业的问题。这里指的是生活服务行业,至于生产服务行业,如交通运输、物资供应、厂房和设备的修理等行业的劳动属于生产劳动那是没有问题的。然而就是以生活服务行业的劳动而论,情况也很复杂;既不能一概算作非生产劳动,也不能一概算作生产劳动。例如日用消费品修理行业的劳动,延长或恢复了物质财富的使用期,饮食业是食品的继续加工,这二者都属于生产劳动。统计部门也是如此规定的。但是像理发、澡堂、电影院、旅馆等行业则是物质财富的消费行业。这些行业的工作人员提供的劳务只是帮助顾客消费了物质财富(例如旅馆的房屋、家具等),并没有增加物质财富。有些社会主义国家把旅游事业的劳动算作物质生产劳动。我认为把外国人来中国旅游算作生产劳动是可以的。因为这不仅为国家赚取了外汇,而且实际上等于是我们出口了一部分消费品,是变相的对外贸易。但是我们国内的旅游事业,则纯粹属于消费性质。这同铁路客运的计算一样,是可以继续讨论的(在我们的统计指标中,生产人员的客运属于生产劳动，非生产人员的客运属于非生产劳动，属于生活服务劳动）。

末了，还想对计划统计工作的实际问题提些意见。我想，生产劳动宽派论者之所以要把科、教、文、卫和全部服务行业都列入生产部门，除了要引起社会对这些部门的重视这一良好意愿以外，还有一个动机，那就是我们现在发展经济是以2000年达到人均国民生产总值1000美元为奋斗目标的。然而我们的国民收入这个统计指标同西方的国民生产总值是不可比的。如何使这两个不可比的指标成为可比呢？应该采取两个比较办法。

第一个办法是把我们的国民收入折合成西方的国民生产总值。但是用这办法来做比较，会使我们的实际经济发展水平显得偏低。因为，如同前面我们所已经说过的那样，西方的国民生产总值有30%~40%（即所谓第三产业的主要部分）属于重复计算的虚假部分，而我们只有不到10%。因此，为了按照物质财富的实际生产水平做比较，还可以采取第二个办法：把西方的国民生产总值改算为净产值，即改算成我们的国民收入的口径，再做比较。

按第一种办法比较的时候，我们的水平同西方水平的差距会大些；按第二种口径比较的时候，我们和西方的差距会小些。第二个口径更接近实际情况，因为第二个口径把"国民生产总值"这个指标中重复虚假的部分排除掉了。

从我们这次关于生产劳动和非生产劳动，关于国民收入和国民生产总值的讨论中，我们是不是可以做出这样一个结论：社会经济统计是介乎数理统计和政治经济学之间的一门边缘科学？

过去很多同志对于社会经济统计需要运用高等数学，似乎是认识很不够的，认为搞统计工作只要懂得加减乘除的算术就够了。现在逐渐为更多的人所知道，社会经济统计在许多方面必须应用高等数学。例如我们在研究国民经济综合平衡、计算投入产出、计算部门间的连锁反应，或者物价涨落的连锁反应的时候，就必须应用运筹学，应用线性规划；在搞抽样调查的时候，又必须运用概率论的原理；等等。我们必须让尽可能多的中青年统计干部补好高等数学这门功课。

但是，社会经济统计又是一门经济学，而且是政治经济学。这从我们的这次讨论中就可以看得出来的：讨论的中心问题是什么指标能够更好地反映社会经济的发展水平，是我们计划统计工作中向来沿用的"国民收入"这个指标，还是"国民生产总值"这个指标。但是牵涉到的问题几乎无一不是政治经济学的基本理论问题，例如，什么是生产劳动？什么是非生产劳动？什么是初次分配？什么是再分配？折旧能不能算作新创造的价值？为什么会把来源于财政开支的消费基金混淆为新生产的国民收入？效用或贡献和经济价值是不是一回事？等等。

社会经济统计有定性和定量两个方面；而定量计算是在定性指导下进行的。如果定性定错了，例如把精神生产的劳动当作物质生产劳动统计了，把再分配收入当作初次分配的收入了，把消费支出当作生产收入统计了，那么这个统计数字即使算得很精确，也是非但无用而且是有害的。现在国外对经济计量模式的研究很流行。但是，即使在西方资产阶级经济学界，不同的经济学流派所研制的经济模式也是各不相同。例如凯恩斯学派的经济模式就不同于弗里德曼学派的经济模式。这证明：定量总是在定性指导下进行的。因此，社会经济统计学虽说是数理统计学和政治经济学之间的一门边缘科学；但它是社会科学的一个学科，而不是自然科学的一个学科。马克思主义经济学和西方资产阶级经济学派有立场、观点的差别，社会主义计划经济也不同于资本主义市场经济。因此，我们在借鉴西方经济模式的时候，更不能生搬硬套。

# 调整、改革与速度[*]

进行经济调整和体制改革都是为了解放生产力，为了发展经济；而经济发展的快慢则表现为速度高还是低。调整得好，改革得好，速度就高。速度上不去，就证明调整、改革工作还没有做好。我们因为曾经几次吃了浮夸风、瞎指挥的苦头，所以有些同志听到高速度就头痛，就害怕，似乎我们只能安心于现在的百分之几的低速度，一提高速度，就害怕浮夸风、瞎指挥又来了！

但是，在新中国成立后最初3年的经济恢复时期，我们的年发展速度达到过百分之二三十。如果说恢复时期有它的特殊性，不足为凭，那么，我们第一个五年计划时期工业的发展速度是年平均18%。那时并没有浮夸风和瞎指挥。20世纪60年代初，7000人大会总结了三分天灾、七分人祸造成的"三年大困难"的经验教训以后，直到1966年"十年浩劫"开始为止，我们的工业又以每年17.9%的速度稳步上升。那是"调整、巩固、充实、提高"时期，是没有浮夸风和瞎指挥的。如果我们按照上述第一个五年计划时期和第一次八字方针时期的速度稳步前进，那么我们的国民经济在32年间至少可以翻五六番了。

试问我们有什么理由不能重新恢复第一个五年计划时期和第一次八字方针时期已经达到过的速度呢？有什么理由把我们已经达到过的这个速度看作可望而不可及的"高指标"呢！

---

[*] 原载《世界经济导报》，1981年9月14日。

我们的速度上不去的重要原因，就在于调整、改革还没有做好，而调整、改革之所以没有做好，则在于人心没有那时候齐；就在于某些领导班子因"十年浩劫"搞得不很纯了，如有些人在那里顶着党中央的方针不办。因此，要做好经济调整和体制改革，必须做好思想政治上两条战线的斗争，既要反对"左"倾，又要反对右倾自由主义。对那些顶着党中央的路线方针不办或消极怠工的人，要进行教育甚至进行组织调整。

# 坚持理论联系实际　推动经济体制改革[*]

——1981年9月在大连市哲学社会科学学会联合会召开的座谈会上的发言

## 坚持理论联系实际

我先讲一下理论联系实际的问题，一个意思是说还要学习理论，另一个意思是说要搞点调查研究。搞四化建设，我们经济学界也要跟上去，积极参加经济建设。"文化大革命"期间，经济学界遭到很大破坏，的确有点衰败了。40年代的整风运动，彻底揭发和批判了教条主义，这对我们的思想解放是一个里程碑。但后来，有点走上另一个极端，据我看是轻视理论，虽然也提倡多读几本书，但实际上变成只读一本小红书就行了。林彪公开说《资本论》只能说明资本主义，不能说明社会主义，说什么《资本论》是马尾巴的功能，这都是胡说八道的。现在我们经济学界也有种空气，好像《资本论》过了一百几十年了，是"老掉牙"的东西，已经"不够用了"，或者说"有点过时了"。这个说法，我有点不大同意。掌握理论首先要学习《资本论》。我们经济学界，一般的只搞理论，不搞实际工作，加上那些年的财经资料神

---

[*] 本文原载《财经问题研究》，1982（1）。标题和文中的小标题为编者后加。

秘化，统计资料不公布，公布时也是神秘化，我们研究人员接触不得。1957年我就离开经济部门，更接触不到资料，也感到空。因此，我们经济学界应当利用当前的有利时机，迎头赶上去，为四化服务。一方面进一步学习《资本论》，宣传《资本论》，另一方面要多同工农群众打交道，下厂、下公社生产队、下商店，同工人、农民、店员交朋友，搞好调查研究。今后，国家的经济资料不应该神秘化，应该向全国人民，包括我们经济学界，尽可能地公开，我已经向中央提了这个建议。不过，光靠这个也不够，还希望能接触经济机关，比方说大连吧，至少要同市一级的计划统计机关经常保持密切的联系，过去我在经济研究所也同国家计委挂钩的，后来刘少奇同志还要我和财贸办挂钩。我也希望我们市的计划统计部门、经委等机关经常同经济学界通通气，这对于理论和实际工作都是有好处的。"不能光靠《资本论》了"这个话说错了，但也不完全错，光靠一本书怎么能行呢？但是对经济学界来说，基本上还得靠《资本论》。说《资本论》有些观点要修改了，我想来想去，他们讲的有一点好像有理由，比如说重工业优先发展这一条。重工业优先发展，马克思是对的，它有两个意思，一个是先行，你要发展轻工业，那重工业就要先行，先走一步；另一个是你要发展轻工业，增加纺织机器，那么，制造纺织机械的工厂要扩大。这个说法是不错的，在工业机器代替手工的时代，可以说是绝对真理。但是在已经机械化了以后，就不是增加机器而是进一步革新。这个时候机器的体积不是更重了，而是更轻了。因此，生产资料的部门就不一定要增加，但消费资料还是要增加的，原材料还是要增加的。这个情况同过去确实有点不同，斯大林时期的苏联经济结构，有点为重工业而重工业。马克思学说的重工业优先发展，第一部类优先发展这一点不那么完善，在工业化时代他强调得厉害一些。今天的情况不同了，马列主义不仅是经济学，而且在哲学、阶级斗争学说等方面也都会有许多新的东西、新的问题，我们都要进行发展。能不能说因为马列主义三个组成部分都应该进一步发展，就说马列主义不够用，今后不要马列主义了？不能这么说，也是说不通的。我们 32 年，到底是靠《资本论》靠坏了还是违背《资本论》了呢？我看有的地方是违背《资本论》，第一部类优先发展不是马克思讲错了，是我们机械套用的。所以，我们经济学界要跟上四化建设的形势，必须一遍、二遍、三遍、四遍地读《资本论》，提高自己。但是，读《资本论》不能生搬硬套。过去人家说我生搬硬套，我也难免有许多地方是生搬硬套，这就得靠我们同行们同志们来提意见。

### 流通体制应该变

现在我们是从私有制变为公有制。马克思讲的那么许多话应该怎样用到今天来呢？特别是《资本论》第二卷，流通、再生产这部分，我们社会主义公有制社会，哪些有用，哪些没有用？对比我们 32 年的缺点，苏联 60 多年的问题，这个第二卷，对我们是很有用的。斯大林是轻视流通的，无流通论。封建主义自然经济对我们这些年影响很大，20 年代我在莫斯科学习，教员对我们讲经济学的时候说：将来的共产主义社会是共同生产，生产的东西共同分配。我们物资部门过去就是这么搞的，所以经委开会，让我去做报告，讲到流通，我说不是物资工作做得不对，而是要改变方式，从配给的形式改为交换的形式。现在已经在改，但改得不彻底。流通的中心要解散物资部门，这不是说物资部门不重要，而是要改变形式。国营工厂还是要讲等价交换。没有等价交换，就没有核算，也不可能核算。我经常说，现在照这样的不等价交换，重工业同轻工业，辽宁同上海的交换，辽宁就要吃亏。过去财政收入都是上缴给国家，所以上海没有发财，辽宁没有穷

坚持理论联系实际　推动经济体制改革

得怎么样。可是，地区与地区之间不讲等价交换，还得讲核算。上海没有生产那么多产值，辽宁不只生产这么一点产值。如果照现在的价格算，就反映不出价值规律的作用。价值规律一定要通过价格来体现。因此，流通过程要搞活，国营与国营之间，特别是国营与集体之间的流通过程要采用严格的等价交换。因此，一定要改革价格体制，可是这个问题大得很。我在1956年就原则讲过，计划统计要放在价值规律基础之上，被视为大逆不道。当时我讲的价格不是靠自由市场，而是要靠计划。这个计划价格，不是现在这样高低不平的价格，而是按照生产价格定价。体制改革就要改革流通过程，而改革流通过程首先要改革价格体制，这个问题影响面很大，会引起连锁反应，因此要有一个过程。当然，在理论上要大胆设想，但怎样具体改革价格，却一定要谨慎，要反复计算。1959年我就提倡研究计量经济学，研究部门之间的比例关系。这个部门生产要增加20%，那么，对其他部门直接的、间接的影响有多大，一个产品价格变动，其他产品发生多大影响。23年前提出要宣传价值规律的作用，尽管受到批判，我还要说社会主义是需要价值规律的。

### 要重视挖革改

国民经济调整中的一个重大问题是压缩基建战线，这是完全正确的，但进一步调整怎么办？下马是消极的，积极的是发展生产，中央提出要挖革改。挖革改不能只靠拼设备，也不能只靠挖劳动潜力，主要的还是要加强政治思想工作，提高职工的积极性。积极性包括两个方面，一个是动脑筋改造设备、革新技术，另一个是加强劳动强度。提高生产主要靠技术改造、技术革新。搞技术改造、技术革新，除了动脑筋之外，还得花钱。我们的设备一般25年才能更新，折旧费40%～50%交给中央或地方，留给企业的不到50%，你靠这点钱是不够的。后来增加了技术改造费用，还有企业留成等，不论叫什么留成，折旧费用，或者叫四项费用、厂长基金都好，反正是要花钱。有了钱，也有了改革方案，还得要设备。目前，机械工业吃不饱，建材工业有的下马了，可是我们老企业厂房却是漏的，机器要更新、要改造，买新机器，换零部件，没有钱或者缺乏资金来源。我觉得财政部门应当对挖革改的费用来源做一个统一的规定，多渠道变成一个渠道。更重要的是解决了目前机械行业吃不饱的问题。我们40万个企业，全民的、集体的、国营的、地方国营的大大小小的很多企业要改造，机械工业为他们服务，能改的改，不能改的换，这个任务交给机械工业，那么，机械工业不是吃不饱而是吃不了。所以，只要我们明确为老企业更新改造服务的思想，机械工业就大有发展前途。另外一方面，机械工业本身的设备要更新，重工业如鞍钢这样的企业很多设备也到了更新的时候了。我们过去常讲老设备不应该丢掉，尽量修修补补，这是对的，能修修补补的还是应该修修补补，我们的国家还很穷，不能随随便便就淘汰了。但是，有一个经济核算问题，不能修补了，或者修旧的比买新的还划不来，那就应该买新的。我在大连这里看了几个厂，金州纺织厂、大连染料厂，都有这样的设备。金纺是日本人搞的，像这样的纺织厂我调查过好几个，60年代初我在上海国棉一厂、二厂看过，国棉一厂是日本人时代建立的，零部件坏了打电报给东京，很快就送来标准零件。日本人的旧机器也是能用的尽量用，能改的尽量改。国棉一厂的机修工有300人，而日本人时代只有5个人。我在调查的时候问，你们机修厂为什么这么大呢？他们说：日本人时代是统一标准部件，我们现在没有，而且财政部卡得很严。他们不得不采用偷梁换柱的办法。纺纱机是用机器转动的，上面有个轮子，皮带挂上去就转动。他们要给纺织机加个电动机，改那个集体转动，这就要钱，可是60年代初，列入大修不

坚持理论联系实际　推动经济体制改革

行，要列入基本建设，就得层层审批，报到中央。他们挖空心思，在三年大跃进的时候办了一个电机厂。我问他们，你们机修厂原来只有5个人，现在已经增加到了几百个人，再办个电机厂，是什么道理呢？他们做了解释。我到车间去，发现每一个纺纱机有一个很大的电动机，中间也是用皮带转动的，为了安全起见，还给皮带戴了一个铁丝笼子，我说你们这个东西怎么这么笨，人家都是把电动机装在纺纱机里头。他们说，这是我们电机厂生产的产品，改变集体转动为单机转动需要资金，财政上不允许，大修理也不允许，我们只好办个电机厂，把所有的纺纱机、织布机，统统改集体转动为单机转动。现在这一套办法应该打破，不要纺织厂不务正业去办电机厂，如果纺织工业、轻工业、重工业的所有企业技术改造的任务都由机械工业担当起来，那就不是吃不饱而是吃不了。我觉得现在应该打破财政制度的条条框框，把用于基本建设的钱，大批地用到为老企业的技术改造服务方面来，这是当前调整工作中应该解决的一个重要问题。

**缩短基本建设战线的好办法**

谈谈基本建设战线过长的问题，为什么过长？怎样解决？光靠中央是解决不了的。现在搞挖革改，财政实行分灶吃饭，企业实行利润留成，资金有了来源，不至于把它卡死了，但是总有一个问题，为什么一卡就死，一放就乱，乱了再抓，抓了又死？这是个什么道理？我想到这么一个办法，就是怎么让基建战线不长。凡是一个上万人的大厂，在进行基建的时候，怎么使它不与财力、物力不相称。我们这么大的国家，只靠上面来抓是不行的。我所想办法就是，每个工厂在筹建时的审批报告，必须附有请求批准的建设合同，也就是要有4个方面的具体内容：第一个合同，甲方是建设单位，乙方是承包单位，双方签订的合同中要规定基建部门有没有力量，何时投产。第二个合同，是由经营单位同设备供应单位签订的，规定设备的来源。第三个合同是投产以后原材料来源，要规定具体的日期和数量。例如，1981年要搞一个新的万人厂，准备在1983年投产，到了投产日期，建设单位已经投产，可是没有原材料，那么，提供原材料的单位要负经济责任。第四个合同是产品销售方向，1983年投产后出产品，这些产品销售给谁？有了和建设部门、设备供应部门、原材料供应部门、销售部门签订的4个合同，这些都在筹建的1981年就签订了，并承担经济责任。过去有这样的合同，但不算数，由计划部门取消了。把计划统计放在价值规律的基础上，实行自下而上的计划体制，计划部门改变计划，它就要给基建、设备供应、原材料供应和销售单位赔偿损失，这些都用法律的形式加以规定。这4个合同都有效了，施工有能力，设备原材料有来源，产品有销路，那就没有基建战线过长的问题了。这样的新建企业，这样的基建战线越长越好。所以说，基建战线过长也是变态，实际上是空的。这样的基建计划要改变过来，不要从上边派下来，而应该从下边的四个合同搞起。大连市计委的同志承认，有了4个合同的计划，上边批准不批准都是形式了。我在1963年曾经说过，计划要自下而上地综合而不是自上而下地分派，上面来的计划是拍脑袋出来的，过去国家计委的同志说我这套办法是综合法，说计委那套办法是分析法，上面有个总数，一级一级地分下去。我看，分析法的计划是上面给的，底下允许改，综合法以4个合同为基础，就用不着改了。譬如，大连办个这样的厂，有建筑工人，有设备，有原材料砖、瓦、砂石、水泥等，产品还有销路，国家计委也就没有理由加以改变或撤销了。我谈的这些问题，请大家提意见。

# 也谈理论联系实际和百家争鸣问题*

首先,我作为经济学界的一个成员,要对中国经济学团体联合会的成立表示我个人的祝贺。我希望"经团联"的成立对我们全国各地区、各经济学科、各经济学家之间的学术交流,对经济学研究和出版事业将起到有力的推动作用。

其次,我想趁这机会,表示我个人的、我想也是我们大家的一个愿望,就是希望早日成立全国哲学社会科学联合会。当年中国科学院哲学社会科学学部独立成为中国社会科学院的时候,我曾建议应称为"中国哲学社会科学院",但是,当我的建议送上去的时候,国务院根据原学部负责人的建议已将批文连同印章颁发下来,来不及改了。

毛泽东同志说过:"世界上的知识只有两门,一门叫作生产斗争知识,一门叫作阶级斗争知识。自然科学、社会科学,就是这两门知识的结晶,哲学则是关于自然知识和社会知识的概括和总结。"❶ 毛泽东同志的这个意见是完全正确的。我们不能把哲学看作是社会科学下面的一个分科,不能搞大社会科学主义。因此,我主张我们把新成立的这个联合团体叫作"中国哲学社会科学联合会"(哲社联),而不再沿用20世纪30年代在中国革命史上起过很大作用的"社联"这个旧名称。我希望哲学界、历史学界、政法学界、考古学界以及社会科学的其他学科早日成立自己

---

\* 本文是作者1981年9月在"经团联"首届年会上的讲话。
❶ 《毛泽东选集》,第3卷,第773—774页,北京,人民出版社,1966。

的全国性团体，以利于早日实现哲学社会科学界的大联合。

"经团联"常务理事会要我在大会上讲话。我没有什么新鲜的话题可讲，只好讲些老话，甚至是老掉牙的话。

我讲两个问题：一是理论联系实际的问题；二是开展学术评论，就是百家争鸣的问题。

我们成立经济学团体联合会，目的是要推动经济科学的发展。然而这仅仅是一种组织措施，是从一个方面来推动。经济科学本身要有所提高，第一，我们经济学界所有的人，当然包括我在内，要认真深入地研读马列主义的原著，特别是马克思的《资本论》。《资本论》在"文化大革命"中，曾被"四人帮"诬蔑为"马尾巴的功能"，林彪说《资本论》只能说明资本主义的问题，不能说明社会主义，这都是谬论。恩格斯说过，无产阶级政党的"全部理论内容是从研究政治经济学产生的"。❶ 而政治经济学的经典著作就是《资本论》，《资本论》不仅阐明了资本主义社会的规律，而且也对社会主义社会的基本规律做了说明。我们应该一遍又一遍地读《资本论》。一遍又一遍地研究。为什么要推翻资本主义、建立社会主义？建立社会主义经济应该遵循什么样的原则？马克思在《资本论》中都有原则性的揭示。所以，我们不仅要劝青年一代反复读《资本论》，就是我们老年也要反复读。近年来，人家说我们经济学家的文章概念混乱，意见分歧。20世纪50年代，有一个捷克经济学家对我说，世界上有多少个经济学家就有多少种意见。学术思想和学术概念总是从不统一到统一的，所以，概念混乱和意见分歧没有什么奇怪。但是，我们应该把我们的思想、概念逐渐统一起来，不能永远混乱、分歧下去。那么如何统一呢？应该在马克思主义的基础上，在《资本论》这部马克思主义经济学的基本著作的基础上统一起来。

❶ 《马克思恩格斯选集》，第2卷，第116页，北京，人民出版社，1972。

当然，我们不能把马克思的著作（包括《资本论》在内）生搬硬套。马克思、恩格斯非但没有看到社会主义，就是今天资本主义经济的某些新事物，他们也没有见到。我们应该根据马克思主义经济学的基本原理来说明这些新现象、新问题。我们既反对生搬硬套的教条主义，也反对离开马克思主义基本原理、就事论事的经验主义或实用主义。因此，我认为，因为《资本论》没有解答社会主义社会新出现的新事物，而说《资本论》不够用了，或者说"不能光靠《资本论》了"的说法，至少是有语病的。其实，何止经济学或者《资本论》，就是马克思主义的哲学和阶级斗争学说，即马克思主义的其他部分的著作，也应该根据实际情况的变化加以发展、补充。难道我们能说马克思主义也不够用了吗！

回顾 32 年来我们经济学理论研究工作和财经实际工作所走的弯路，不是因为我们搬用了《资本论》的什么教条，而是因为我们违背了《资本论》所早已明确指点了的许多基本原理。特别是 20 世纪 50 年代我们引进的那套经济管理制度的一切缺点也不是因为生搬硬套了什么《资本论》的"教条"，而是因为违背了《资本论》的基本原理。如果说这里有什么教条，那么这正是马克思、恩格斯所最反对的自然经济的家长制度和官僚主义管理制度的教条。因此，今天我们马克思主义经济学者应该好好宣传《资本论》，而不是去贬低它。对于《资本论》所没有谈到的许多新事物，也只有遵循《资本论》的基础理论才能做进一步的说明。现在，有些同志醉心于从西方引进许多新概念、新思想。在这一点上我并不保守。我觉得西方经济学中有许多有用的东西，我们应该吸取，特别是经济计量学、部门经济学、企业管理学等方面的东西，我们可以向他们学习。他们在经济管理方面有许多好的经验。但在政治经济学方面，我们马克思主义的政治经济学与西方资产阶级的政治经济学毕竟是两种性质根本不同的东西，我们不能随便借用他们的概念、名词。现在对西方经济学中的某些概念、范畴,有点滥用了。这也是一种物极必反。过去多少年,特别是"四人帮"横行的10年中,搞闭关自守,对西方一切先进有用的东西,包括经济学方面的进步思想,一概加以拒绝,结果走到了反面。我们在很多地方,甚至在社会科学方面,落后于西方。这个话,最先我是从国外访问回来的社会科学家那里听说的。起初我听了很吃惊。怎么马克思主义的社会科学会落后于西方资产阶级的社会科学?马克思主义的社会科学与资产阶级的社会科学,这是两种根本不可比拟的东西呀!后来人家告诉我,人家在资料的收集、整理方面,有许多科学制度,而我们在"十年浩劫"时期,许多珍贵的文献资料、笔记、卡片,在康生、陈伯达、"四人帮"这批野蛮的蒙昧主义者煽动下,被"造反派"当作"四旧"销毁了,制度也被破坏了。在运用经济数学发展经济科学方面,我们大大落后于西方。我的数理化水平很差,但我深感社会科学尤其是经济科学不能离开自然科学,更不能离开数学。1959年我在苏联考察,刚遇上列昂捷夫在那里宣传投入产出法。我同苏联一位经济学家就这个题目交换了意见。他说:列昂节夫这一套投入产出法,就是早在苏联新经济政策以后的第一位计委主任提出过的一张棋盘平衡表,不过那个时候没有运用运筹学等现代数学方法来计算。列昂捷夫把现代数学运用到国民经济各部门的投入产出方面来,是有贡献的。但是,计量经济学,现代高等数学在经济学方面的应用,20世纪30年代在苏联也有人提倡过,却被多次批判而给否定了。现在却被作为新的东西,也成了出口转内销。言下,那位苏联经济学家不胜感慨万分。在这里,我也附带提一件往事。1959年我从苏联考察回来后,有鉴于苏联过去的这个教训,我们经济研究所曾选派几名同志到国外,并到中国科技大学进修数学在经济学中的应用。可是在"社会主义教育运动"中被当作修正主义批判,那几名进修数学的经济学

研究人员，也被撤了回来。要是这几位同志从20世纪50年代末能坚持研究到今天，我相信，我们的经济数学也不一定落后于世界先进水平。像经济计量学这一类东西，我们现在应该借鉴于资产阶级经济学，借鉴他们已经取得的成就。但是，对于政治经济学中许多概念的引用，应该慎重。像"第三次产业"这个概念，我认为这是资产阶级经济学的概念。这我在今年第8期《经济研究》上已经讲过。我认为，"第一次产业""第二次产业"的说法还可以成立。"第一次产业"，指直接从自然界分离出来的产品，像农业和采矿业；"第二次产业"，指加工工业。但"第三次产业"这个概念就不伦不类了。它把政府官员、军队、警察、律师同商业以及包括教、科、文各部门在内的一切广义服务行业，甚至把铁路运输都混在"第三次产业"这个概念中。这真是莫名其妙。前些日子，在电视、广播、报刊上到处听到、见到宣传这个概念，这真不应该。又如"宏观""微观"，这个概念也不确切。国民经济，这个应该算宏观吧，但是对世界经济来说，还只能算微观；工业经济、农业经济，以至更具体的如机械工业、化学工业、纺织工业，对企业管理来说可称宏观，可是对国民经济、世界经济来说，它却应该又是微观经济了。因此，究竟什么叫宏观、微观？这说不清楚，所以，我认为还是我们原来运用的概念，如世界经济、国民经济、部门经济、企业管理等较为确切。还有很多西方的概念，我以为它们也不如马克思主义的基本原理、概念确切，我们不必赶时髦，轻易借用那些"舶来品"。"文化大革命"前和"文化大革命"中，我的许多见解被看成是标新立异，是"修正主义"。看来，现在我倒显得有点保守，或者有点"左"了。但到底是"左"还是右，还请大家评论吧！反正我觉得西方的很多概念，我们有的可以借用，但对许多东西还是谨慎一些好。怎样来判断哪一种概念可以输入，哪一种概念不能输入？我以为还是应该以马列主义经典著作为准绳。在经济学方面，特别要以《资本论》为准绳。因此，我认为要推进经济科学的发展，还是要提倡读马列主义的经典著作，特别要提倡读《资本论》，不但对青年，就是对老年，都要提倡一遍、二遍、三遍、四遍地读《资本论》，读马列原著。只有以马克思主义经济学为标准，我们才能确定西方经济学中间哪些是应该吸收的，哪些是不应该吸收的。像高等数学在经济学上的应用，这些东西我们应该学习，可是像"第三次产业"这样的概念，我们是不应该吸取的。这些问题，我相信在经济学界肯定是有争论的，但是提倡读《资本论》，我想是不应该有异议的吧！

另一方面，我们要提高经济学水平，推动经济科学向前发展，还应当提倡调查研究。这也是老话。最近我碰到一位在实际部门工作的同志。这位同志对我们经济学家的文章提了些意见。他说：他也不反对抠概念（他知道，我是提倡"抠概念"的）。可是现在经济学家的文章太空了，从概念到概念，应该充实些实际内容。前些日子我在北京听到一位刚从日本考察回来的同志对我说，日本有一位友好人士对他说，中国经济学刊物的文章可以大大地删节一下，重复的刊物可以少一些。我不同意少出一些刊物，我是主张多出的。如果的确多了，办得又不好，自然淘汰还是起作用的。但是我们的文章（包括我的文章在内），空话的确太多，内容太少，大可删短一些。原因就是离开实际远了一些，对现实经济中的脉搏不大清楚，提的问题抽象了。所以，希望"经团联"各学会不仅要提倡，还要有组织有计划地出一些题目，下去搞调查研究。深入农村，深入工厂，深入商店，同农民、工人、店员，特别是同做财务会计工作的、做计划统计工作的同志交朋友，体验体验实际生活，做些典型调查。列宁说过，社会现象复杂得很，你要什么典型就会有什么典型。典型调查的材料未必有普遍意义。因此，我们要通过计划统计部门即综合部门，对全面性的问题做些调查研究。

我在这次大会上还听到一位经济学家说,经济学家的文章空洞,缺少实际材料,与统计资料神秘化也有关系。一般经济学家接触不到全面性的统计资料。这个意见不无道理。据说,现在国家统计局正在准备出版32年来国民经济统计资料。我希望能满足经济学界的要求。

理论联系实际,读点马列的书,做点调查研究,这是毛泽东同志在10年内战时期就提倡过的。他在20世纪40年代初,反对王明教条主义的整风学习时期,又大讲特讲过。那些整风文件对于我们这些做理论研究工作的人来说,至今还是可作为座右铭读的。然而,党的十一届六中全会《决议》中指出,使毛泽东同志晚年犯错误的原因之一,是"逐渐脱离实际和脱离群众,主观主义和个人专断作风日益严重"。这就是说,他的晚年对客观实际缺乏调查研究。所以,理论联系实际,做调查研究,虽然是老掉牙的老话,然而却又是万古长青、永远新鲜的话题。希望我们理论研究工作者,也希望实际工作者都永志不忘。

我要讲的第二问题是开展学术评论,活跃经济学界的空气。经济学的学术评论,也就是经济学界自己开展批评与自我批评。"百家争鸣"已经提倡了多少年,可是开展得不好,我们经济学界互相商榷、讨论问题很少,偶然有一点但也是不点名的,说什么有一种意见说,如何如何,或者说有人认为如此这般,这个"有人"到底是谁?这个意见是在什么刊物上发表的呢?到底是造谣,还是加油加醋、夸大其词呢?都无从核对,别人也无从回答。"文化大革命"中,报纸上点名批判了,可是这个批判,比最高法院的判决还厉害,明明是诬陷,也不准申辩。学术批评应该是批评和自我批评,批评与反批评,或者叫作批判与反批判,这是学术讨论中的正常现象。可是多少年来,我们很少这样做,报纸上点了名,不同意某某人的意见,就是不得了的事。据我所知,在这方面,历史学界好像比我们经济学界开明一些。不过,他们也只是限于历史典故方面讨论多一些,真正的史学观点上的点名批评讨论也不多。我同于光远同志最近相约,要就生产劳动问题开展一次互相批评。他有一篇关于生产劳动、非生产劳动的文章,统计局复印后发给我一份。我看后不同意他这个观点,就打电话问光远同志:你这个文章是在哪里发表的?我不同意你的观点,想和你展开讨论。如果你是内部发表的,就不好直接引证。他回答说,你可以点名直接引证,我这个文章发表在《中国经济问题》1980年第1期。他很赞成我们互相点名商榷,或互相点名批判,改变一下学术讨论的风气。我的文章不仅点名同光远同志商榷,而且还开了个名单,凡是我不同意的意见,我都点了名了。可惜我不认识其余的作者,我没有事先征求他们的意见,但希望他们也点名提出反批评。我以为,学术评论,或者叫学术批判、学术批评,都是一回事,不点名,人家也不便和你商榷。过去我们讲学术评论还可以,讲学术批评就不行,讲批判更不得了。我希望光远同志和别的同志对我的文章也来个点名反批判。只有这样,才能中肯地研究一些问题。否则,是演"三岔口",究竟是谁,在什么地方发表了这个观点,也没搞清楚,怎样开展争论呢?有不同意见互相点名批评,经济学园地也就热闹了,站得住脚的观点不怕别人点名批评,站不住脚的观点,别人点名越早,对你的帮助越大。我以为要提高整个经济学界的科学水平,就应该来个大点名、大批评,大反批评。

# 就加强马克思主义学习一事致院党委、梅益同志并胡乔木同志信[*]

**院党委：**

**梅益同志并报乔木同志：**

最近在经济学界，特别在一些青年人中间，有一种忽视马列主义经济理论的倾向，甚至有人提出《资本论》是否过时。有一些人则致力于使用资产阶级的经济学论点，来分析当前的经济问题。据悉一些大专院校经济系学生，也是对马列主义政治经济学课程很无兴趣（当然我们也要承认今天的政治经济学仍然宣读"文化大革命"前的讲稿，也确实解决不了青年学习今天的现实问题）；而对西方经济学说的讲授，则表示欢迎。我们认为这是一个值得注意的现象，必须采取相应的措施。

联想今天派向西方国家的留学生，有许多在国内对马列主义理论并无基础。甚至有的在国外大学方开始学习经济学。那么极大的可能最后学会一整套的西方经济学理论，实际等于培养了与马列主义格格不入的理论工作者，那将对我国马列主义理论的发展，以至于对整个我国的社会主义制度都会造成极大的危害；即便是学习经济管理或经济计量学，这些比较技术性的课程，也要

---

[*] 写于1981年10月4日。标题为编者后加。

注意这一点。我们认为再派到国外学社会科学的留学生，必须在国内对马列主义打下一定的基础，否则宁可暂时不派出。至于学习文、史、哲等学科，看来也要注意这一问题（关于自费的学生也不能轻视这一点）。

以上意见是否妥当，请考虑。

孙冶方

81. 10. 4

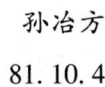

就加强马克思主义学习一事致院党委、梅益同志并胡乔木同志信

# 给钱宁信*

钱宁同志：

昨天我能和你见面非常高兴。在去友谊宾馆途中，罗元铮同志和冯理达同志，简略地向我介绍了你的经历，使我对你非常钦佩。

我昨天的发言很零乱，词不达意，可能引起误解；但我们的教育制度中重理工科，轻"文"科确是事实。我们的在职干部的轮训，也只重视政治培训而不重视马列主义基础理论的教育，更不重视业务训练。昨天听了而且看了幻灯片中，美国大学中祖孙几代同堂听课，在职的干部尚还进大学听课，深有感触。希望《导报》对此能有专文介绍。

昨天不曾有机会向你更正一件事：《导报》二期顾问编委职务一栏，把我的职务填错了。我自1964年起就不担任所长职务了。我现在的职务是中国社会科学院顾问兼经济所顾问，但对我来说，主要是经济所政治经济学研究室的研究工作者。

敬礼！

孙冶方
81. 10. 17

---

\* 写于1981年10月17日。标题为编者后加。

# 给吴仲华信*

**吴仲华同志：**

  10月24日来信和附件《关于成立燃气轮机技术公司的设想》都收到了。原则上，我认为一切应用科学和技术的研究机构应该尽可能与生产企业结合在一起。这样，对科技和生产的发展都有好处。这种结合的机构，应该是企业化的公司而不是任何行政组织。这可以使科研人员经常注意到自己的研究成果的经济效果，同时也使生产人员和企业管理人员经常注意不断革新自己的技术。研究所的负责人应参加公司领导。

  至于结合的具体细节，我没有实践知识，无从提供意见。

  敬礼！

孙冶方
81. 11. 10

---

\* 写于1981年11月10日。标题为编者后加。

# 按照马克思主义原理确定国民收入的科学范畴[*]

## ——在全国第二次统计科学讨论会上的发言

最近，中国统计学会召开全国第二次统计科学讨论会。会上，我对目前有的同志谈到的社会主义制度下的生产劳动与非生产劳动以及国民收入范畴问题谈了一些意见。

1980年2月2日《人民日报》发表萧灼基同志的《应该把教育看作生产部门》。同年5月19日《文汇报》发表孙凯飞同志的《教育实际上也是一种生产》。今年5月5日《文汇报》发表罗浞尘、施中全两同志的《服务人员不创造价值吗？——从第三次产业谈起》。这3篇文章认为教育部门和服务行业都是生产部门，它们的活动也是一种"生产活动"，应当计算产值，要求改变人们认为教育和为人民生活消费服务不是生产劳动的传统观念。

今年2月，厦门大学《中国经济问题》第1期发表了于光远同志的《社会主义制度下的生产劳动与非生产劳动》。今年4月《经济研究》第4期发表陈志标同志的《国民收入范畴的重新考察》和何小锋同志的《劳务价值初探》，这3篇文章的基本观点一样，认为我国现在对生产劳动和非生产劳动的区分是"违背马克思的论述的"，或是对马克思原意的误解。他们认为，社会主义制度下生产劳动与非生产劳动的区分，不应以是否生产物质资

---

[*] 本文写于1981年4月。

料为标志，而应当以是否满足社会日益增长的物质和文化需要为标志。一切能满足社会消费需要的劳动（例如：理发、按摩、医疗等劳动，从事科学研究和艺术创作的劳动，从事教育的劳动等），都是生产劳动，都创造价值，都应计算产值。他们要求统计上来一个"突破"，用资本主义国家的国民生产总值指标，代替我国国民收入指标。

我认为，反映国家财富最准确的指标是按照马克思主义的原理来确定的国民收入这个指标，而不是资本主义国家的国民生产总值，这个在理论上是不科学的，在计算上是有重复计算的，有虚伪性的指标。我喜欢抠概念。在过去，这也是批判我的错误之一。但我觉得有的概念非抠不行。比如，现在有的同志认为教育科学、艺术等是生产，应计算它们的产值，应计入国民收入。如果说他们都是"生产部门"，那只能说是精神生产部门，而不是通常说的物质生产部门，这完全是两种不同性质的"生产"。马克思的政治经济学中所讲的生产，是指物质生产，是在一定的生产方式下人类如何进行物质资料的生产、分配、交换和消费，而不是指精神上的生产，或精神形态上的活动。精神生产的"价值"怎么算呢？它同物质产品或商品的价值是两码事。艺术、科学的价值是使用价值，同物质产品、商品的价值根本不可比。比如，达芬奇和齐白石的画艺术价值很高，但同某一项创造发明的科学价值相比，究竟哪一个价值大呢？这就很难算，很难比。我认为，在社会经济领域中要计算的是经济价值，而不是艺术价值、精神价值。某一张画，某一项科学发明价值虽然很大，但那是使用价值。主张采用国民生产总值指标的同志，要求把艺术家、科学家、大学教授等的工资收入来代表艺术、科学、教育的经济价值，如同对钢铁、纱布等那样的来计算国民收入，我不赞成。这是混淆了三件事：一是混淆了物质生产和精神生产，经济基础和上层建筑；二是混淆了价值和使用价值；三是混淆了国民

按照马克思主义原理确定国民收入的科学范畴

收入的初次分配和再分配。

从事科学研究、艺术创造、文教卫生、国家行政等项工作的劳动都是非生产劳动。把这些人算作非生产人员,他们很反感。他们对社会有很大贡献,这谁也不反对。但是用他们的工资收入来代表他们的贡献,是不能同意的。因为,一般所谓非生产人员是指非物质生产人员。这些部门的工资收入是哪里来的呢?他们的工资收入是财政部门拨款中支出的,而财政部门的拨款是来自农民上交的公粮同工交运输等物质生产部门上交的利润,都是代表着工农业创造的物质财富,财政部门把这些钱分给我们,我们再去购买消费品和用于文化生活服务支出。在经济学上各物质生产部门内部创造的社会产品,一部分是补偿生产过程中的物质消耗(C),一部分是生产劳动者的劳动报酬(V),一部分是生产劳动者为社会创造的剩余产品或纯收入(M)。物质生产部门内部C、V、M的分配,叫作初次分配。非生产劳动者得到的收入是从生产劳动者创造的剩余产品或纯收入(M)中来的,是通过货币形式分给他们的。他们再拿这些货币去购买消费品和各种劳务,叫作再分配。我们这些大学教授、专家和国家机关工作人员拿国家给的工资去理发、洗澡、旅游、看电影、交学费,这些服务部门的职工把这个收入的一部分变成工资,又去理发、洗澡、旅游、看电影、交学费,进一步做第三次或第四次分配,形成多次的再分配。无论这些再分配有多少次,总的说来,它们都是从剩余产品或剩余产品价值(M)中来的。我们这些人都是通过再分配取得工资,然后做二、三次再分配。我收你的,你收他的,收入尽管很多,实质上都是工人、农业等生产劳动者创造的那一部分物质产品(粮食、布料等消费品)。从物质的角度看,初次分配的V和M,都是生产劳动者真正创造的物质财富,再分配收入都是把生产部门向全社会提供的物质财富(M)进行分配,我们这些人没有生产粮食、布匹等物质产品,但我们都有收入,我们的收入是生产部门上交给国家或全社会，通过再分配用工资形式分得的剩余产品。我们这些大学教授、专家和国家机关工作人员并没有创造什么物质财富，这是很明白的。主张采用资本主义国家的国民生产总值指标的同志说，我国国民收入指标的计算是违背马克思主义。怎么会违背呢？马克思主义告诉我们，只有工人、农民创造物质财富，科研机构、教育机构和国家机关等非生产部门的贡献再大，但没有创造物质财富。他们的工资收入只是从工人、农民创造的剩余产品中分得的份额。我们不要被货币形式所迷惑，而看不出它的实质。

按照马克思主义原理确定国民收入的科学范畴

主张采用资本主义国家国民生产总值这个指标的同志，忘记了马克思主义历史唯物主义论最基本的原则。恩格斯在马克思墓前的讲话说："马克思发现了人类历史的发展规律，……人们首先必须吃、喝、住、穿，然后才能从事政治、科学、艺术、宗教等。"这些从事政治、科学、艺术的人，他们要吃饱、穿暖、住好，要消费各种物质财富，他们对社会贡献再大，都没有生产出什么物质财富。国民生产总值这个指标是在物质财富以外，把一次、二次等再分配的收入都重复计算进去了，据说有的资本主义国家重复计算达40%。

我认为，只有工业、农业、建筑业、运输业、商业等物质生产部门才能创造物质财富，后面两部门是产品运送到消费者的手里，在物质财富中追加了他们的劳动价值。非物质生产领域只是从事各种消费性的劳务和精神上的"生产"，都不生产物质财富。我们不要被再分配的货币形式迷住了眼睛，看起来，我们吃、穿、用的东西比工人、农民的多，就好像我们创造的物质财富比他们多。这完全是幻象，是中了货币拜物教的迷惑。

我说的货币拜物教都是沿用过去的说法，对人民币的认识上，我与骆耕漠同志的观点比较接近，我认为人民币带有旧的货币的痕迹。从生产关系角度来说，人民币不是《资本论》上所说的货币资本的形态，它只是一种流通手段、支付手段，而不是作为资本发挥职能的；从生产关系上讲，人民币同旧的货币是不同的，这是我要声明的，这里不展开讲了。主张采用资本主义国家国民生产总值指标的同志，只看出人民币，只看出非物质生产部门的收入同物质生产部门的收入都表现为人民币，只看到大学教授、专家等的收入同生产粮食、布匹的工人、农民的收入都表现为人民币，好像他们都一样地生产了物质财富，这是被纸币迷住了眼睛。

在经济学上，我要看到物质财富的运动，要看到社会产品再生产的运动，我们这些大学教授、专家、国家机关工作人员，无论工作多么重要，贡献多么大，收入多么高，若从货币收入的角度上看，他们确同工人、农民一样地收入了人民币；若从物质财富的角度上看，他们都没有创造物质财富。

从物质财富或社会产品运动的路线来看，我们这些非生产劳动者只是在生产劳动者所创造的物质财富的再分配中分到一个份额，这个再分配不像初次分配那样明显，我们是在进行多次的复杂的再分配。工人、农民也参加再分配。再分配的路线是非常复杂的。希望经济学家和统计学家把它的路线用图表画出来，若单纯从货币上看，就容易被迷住了眼睛。

还应指出：凡在生产单位、生产企业里直接参加物质生产活动的工程师、设计人员、制图人员、管理人员等，他们虽然没有直接操纵机器，但他们是以总体劳动者或总体工人的一员来参加这个物质财富的直接生产过程的，他们都应属于生产劳动者。但在科学院里专做科学研究的科学家和工程技术人员，在各工业部、农业部、商业部等从事经济管理、计划管理的人员就不应算作生产劳动者。他们的工资收入都没有打入各个生产单位、生产企业之中，他们的劳动消耗，不能够成为各生产单位和社会产品的劳动消耗。在《经济研究》中有一篇文章讲，凡是在物质生产部门中工作的一切人员都是参加生产的，都是生产人员，这就不一定。例如，工厂里附设的学校、幼儿园、医院、疗养所等就是非生产单位，在这些单位中工作的人就是非生产人员。

我想起了一个故事，听说三机部一位领导同志参观美国的三叉戟飞机设计，很欣赏他们，要购买他们的专利。美国人说：我们是向你们吴仲华工程师学来的。如果吴仲华同志是在飞机工厂里设计出三叉戟飞机的图纸，他就是直接参加三叉戟飞机的生产。可惜，由于种种原因没有把他的设计思想变成我国飞机制造厂的生产设计，变成三叉戟飞机的生产，而被美国人学去了。这个例子很说明问题。不管吴仲华同志在学术上使用价值多么大，但在中国没有形成生产力。现在，大家公认"科学是生产力"。怎样将科学变成为生产力呢？科学要变成生产力一定要通过生产力的三要素，即劳动资料、劳动对象、科学的发明，表现在劳动力（包括工程师在内）的生产技术熟练程度提高了，劳动对象的品种、质量进步了。如吴仲华同志非常有价值的飞机设计，在中国没有变成生产力，因为我们没有让他具体参加飞机制造的行列，没有使他的设计思想通过飞机制造厂的生产工人、生产工具和原材料这三者的物质变换过程，制造出三叉戟飞机来，却变成了美国的物质财富。这就是马克思在《资本论》中讲的，分工同科学一样，对资本家来说，都是可以利用的，都可以变成他的生产力。说来伤心，美国人是向吴仲华同志学的，而我们反过来要向美国人学习。这说明：精神财富不论多么宝贵，要变成物质财富，还要有一个过程。

按照马克思主义原理确定国民收入的科学范畴

我国的国民收入指标是用来统计物质财富的。它的计算方法是按照马克思关于"国民收入是工资加上利润加上地租"，即工资（V）加剩余价值（M）这个公式来确定的。国民收入＝V＋M。而资本主义国家的国民总产值指标是资产阶级出于阶级本能，把他们的资本家、地主、官僚、律师等都算作"创造"剩余价值,好像他们赚的钱不是剥削劳动人民的,而是他们自己的贡献,自己的"劳动"创造了价值。因此,我国的国民收入指标同资本主义国家的国民生产总值指标有不同的阶级本质。我不是把问题拔高,给主张采用国民生产总值指标的同志扣帽子,但主张采用国民生产总值指标的同志,倒说我国国民收入指标的计算是"违背马克思的论述",是"对马克思原意的误解"。到底哪一个符合客观真理,哪一个符合马克思主义的基本原理,这是必须分清是非的。

于光远同志说,由于我们没有把从事商业、服务性、科学、教育和文化工作的视为生产劳动,计算他们的产值,因而,他们就得不到重视,这些方面的投资往往被压缩,服务网点大幅度减少,他们因不被看作是工人阶级的一部分,其社会(地位)也就得不到最后的解决……我不得不在这里讲,他们在理论上造了一个冤狱,冤了统计部门和许多统计人员。因为我们的统计部门是把商业算作生产部门的。我在1981年《财贸经济》第1期上发表了《流通概论》,提到马克思在《资本论》中讲商业部门除运输、保管人员以外,一般的售货人员,为资本家实现剩余价值服务,不创造价值。而我们是社会主义社会,全部商业人员是为人民服务的,是把工农业的产品转交消费者,是生产过程的继续。所以,我们的统计是把商业称为生产部门的。商业网点少了是林彪"四人帮"的破坏和过去"左"的思想、自然经济的思想、封建时代重农经济学(有重农轻商)的思想造成的。这与统计毫无关系。至于十年浩劫中把科学、教育和文化砍了,也是林彪"四人帮"的愚民政策的结果,与统计毫无关系。相反,行政机关也不是生产部门,但在十年浩劫中,却越来越庞大。在首都医院我因病住了8个月,病床没有增加多少,但工作人员却从800—900人增加到1800—1900人。医务人员很有意见,因病床没增加多少,医务人员也没增加多少,而增加的大都是行政人员、党政工作人员。大学也如此,尽管都统计为非生产人员,而机构天天膨胀,人员日见增多。所以,我说于光远同志把商业网点减少和科学、教育、文化工作不发达,说成是统计不把他们算作生产劳动者,不计算他们的产值带来的后果,这是文字上的冤狱。

为什么上述在《人民日报》《文汇报》《中国经济问题》和《经济研究》登载的那几篇文章的作者都要强调把我们一般认为是非生产劳动的说成是生产劳动,强调要用资本主义国家的国民生产总值指标代替我国的国民收入指标呢?其用意,我看大概有两个。

第一,是为了要计算按人口平均的国民生产总值,好同西方对比。于光远同志那篇文章最后一段就讲到了这个问题,他说假定在1999年年末,中国全社会每人平均国民收入(即按西方的口径计算的国民生产总值减去折旧和间接税)达到了1000美元,其中有800美元的国民收入是在物质生产部门创造出来的。他假定那时出现另一种情况,即按同一计算方法计算,每人达到900美元,其中有850美元是物质生产部门创造出来的,有50美元是非物质生产部门创造出来的。于光远同志断定前一种情况比后一种情况更富。因为前者达到了人均1000美元的收入,后者只达到人均900美元的收入,并且,商业、服务业、科学、教育、文化部门发展多了。我看不是前者富,而是后者富。因为后者给社会及其成员带来的实实在在的利益是人均850美元的物质财富,前者只带来800美元的物质财富。西方计算的国民生产总值和国民收入,有许多虚伪成分。事实上,不是我国的国民收入少算了社会财富,而是西方的国民生产总值和国民收入有不少重复计算,上述的人均1000美元,是有虚伪性的,起码有200美元是属于再分配部门的重复计算,是虚的,而不是实实在在的物质财富。

为了同西方对比,我们在按照马克思主义的原理计算国民收入以外,可以再按西方的或联合国的计算方法,来算一个国民生

产总值。或者是按照我国的计算方法，换算成外国的国民收入与我们的数字相比较。这仅仅是为了做对比的分析研究。为什么我们非得要取消我国国民收入指标，而用西方的国民生产总值指标不可呢？

我很乐观。只要把我国国民经济调整好，把经济管理体制改革好，把政治思想工作、教学、教育、文化工作抓好，全国人民一条心，像1949年到1957年那时的精神状态，我们有可能在2000年前达到1000美元的指标。

第二，是为了提高商业、服务业、科学教育、文化等部门的社会地位。仿佛只要把他们说成是生产的，是生产劳动者，他们的社会地位就可以大大提高了。今后，他们就可以分得更多的投资，就更容易增添本部门的人力、物力、财力了。

现在，让我引用罗浥尘、施宗全《服务人员不创造价值吗？——从第三产业谈起》一文中的详细数字：

"据一些国家的统计：1977年第三产业在国民生产总值中的比重，美国是63.9，荷兰是61.6，英国是60.8，日本是58.1，法国是57.2，西德略低于50。在就业人口构成中的比重，美国在1975年就占68.4，日本占52。值得注意的是，第三产业上升的趋势还在继续着。"据我了解，按照粗略的国民经济部门分类，我国非物质生产部门的人员构成约占7%。这个统计数字只是按大的部门分类来计算的，不是按照职业分类来计算的。因为在同一个国民经济部门中，有的是生产人员，有的是非生产人员。不管怎样，我国非生产人员的比重确实比西方许多发达的国家要小。其根本原因正是马克思所说的：人们首先必须吃、喝、住、穿，然后才能从事政治、科学、艺术等非生产活动。我国社会劳动生产率太低，靠80%左右的农民搞饭吃，再加上搞工业、商业、建筑业、运输业的人，真正能脱产搞政治、科学、艺术、文教、卫生等方面的人就不多了。多了养不活，正因为物质生产部门的劳动生产率太低，只好用90％的人去搞生产资料和生活资料的生产。正因为如此，我们必须每年都得对这些生产劳动者进行单独的分组统计，反映他们的变化情况，分析劳动生产率的增长趋势，研究进一步挖掘其增产节约的潜力，以便逐步地安排一些人力、物力、财力去发展那些为人民所需要的非物质生产部门。

按照马克思主义原理确定国民收入的科学范畴

物质生产部门创造物质财富。非物质生产部门创造精神财富或满足人们精神上的需要。从物质财富的角度看，前者是对物质财富的生产或增加，是正数；后者是对物质财富的消费或扣除，是负数。如果这两个数字相加，把国民收入的生产和国民收入的消费相加，这就成了重复计算，好比说我收入100元，我又消费了这100元，这两个数字相加成了我收入200元。这不是一个虚假的收入吗?！那些认为我国国民收入指标是违背马克思主义的同志，反而把那个带有很大重复计算和虚假性的国民生产总值指标说成是马克思主义的，我不敢同意。怎么能把这个建立在资产阶级庸俗政治经济学基础上的国民生产总值指标说成是对马克思主义的发展？《国民收入范畴的重新考察——兼论"国民生产总值"指标的理论依据》一文硬说"国民收入范畴的流行理解，是对马克思原意的误解"，说"国民收入范畴在社会主义国民经济中的应用——国民生产总值指标……这不但是马克思主义政治经济学理论表述的严密性、科学性的需要，更重要的是社会主义经济建设不断发展的需要，具有崭新的实践意义"。这种说法，不能不引起我极大的重视。我看，这种观点恰恰是把马克思主义的基本理论曲解了。

关于"第三产业"的问题。这个名词和分类方法在西方相当流行。但考证起来，他们把真正属于产业部门的铁道、交通、邮电业同属于非物质生产部门（如文教、卫生、行政部门和各种服务行业）混在一起，是很不科学的。三次产业分类方法的概念，在各国各有不同，其分类方法是比较乱的。在英文《经济成语字典》中对"第三产业"的解释是包括运输、通讯、商业、金融、保险、律师、银行、卫生、教育等部门。许涤新同志编的第三册《部门经济学字典》（草稿）说，西方国家大都把铁道、运输、航道，同科学、文化、教育、电影、理发等服务行业混在一个"产业部门"中。这就是说，把物质生产部门和非物质生产部门混在一起，叫作"第三产业"，这是不科学的，说不通的。

关于教育是不是生产部门的问题。萧灼基同志讲："教育部门主要是培养熟练劳动力。劳动力本身也是一个自然物质要素。教育部门从培养劳动力，即从生产活机器这一点来说，同第一部类有类似的特点"，"它的产品是生产过程的物质要素"，以此证明教育是生产部门，而且是与第一部类相似的物质生产部门，"活机器"的生产部门。当然，人不是神仙，是有血有肉的凡人，是物质的东西。按照这个逻辑，教育部门就成了人的加工工业，把一个没有什么知识的人，加工成有知识、有技能的人的加工工厂。这个加工工厂首先得有"劳动力"（教师），然后对他的"劳动对象"（学生）进行加工，最后生产出他的"产品"（有知识、有技能的劳动者）。无论是教师和学生，首先都得生出来，才能成为"劳动力"和"劳动对象"，按照萧灼基同志的逻辑，生产人是在产科医院，因此，产科医院是最先行、最基本的生产部门，因为它最先、最早地"生产"了"劳动力"和"劳动对象"。按照这个逻辑推论，那么每一个家庭都是生产部门，每一对生孩子的夫妻都是生产劳动者了。

我认为，那些为了提高教育事业崇高地位，为了表彰教育事业对社会、对国家、对人类的伟大贡献，想把教育部门说成是生产部门的同志，他们把教育工作者的工资收入，代表教育工作者，特别是教授、科学家们对社会的贡献。这实际上不是提高了他们的社会地位，而是贬低了他们的社会地位。这好比用一两角钱一斤的粮食交换价值（价格）来代表粮食的使人活命的使用价值一样。不吃粮食是要饿死的,粮食对人类的贡献很大,你能用一两角钱的价格来代表粮食的效用吗?想把科学、教育、文化部门说成是生产部门,把他们的工资代表科学家、教育家、艺术家对社会、对人类的贡献,或代表他们所创造的价值,那不是等于用钱来代表粮食对人类活命的使用价值的贡献一样吗?价值和使用价值两重性,代表两个不同性质的东西。价值不代表使用价值。这是政治经济学的普通常识。可是我们现在有些经济学家竟然要把我们的科学家、教育家、艺术家的工资来代表他们对社会的贡献,代表他们的精神产品的"价值"。我们从历史上说,像牛顿、哥白尼他们的科学发明对于人类的贡献是非常大的,那是无法用货币来估价的。可是,他们的生活,他们的收入,有多少呢?我不了解这许多世界有名的科学家的身世。就我所知的很多科学家的生活都很清贫、很困难、很苦的。在科学家中爱迪生发了洋财。但是爱迪生的富,不是因为他发明了科学原理,而是他自己把科学原理用到生产上,变成了工厂主,变成物质生产才发财致富的。马克思对社会科学的贡献,对人类社会的贡献,是绝不能用他生前维持他的生活的稿费来衡量的。他那点稿费养活不了他的家,经常向恩格斯借债。即使把恩格斯借的钱算在内,也不能代表马克思对社会的贡献。而我们现在有的经济学家,为了提高科学、教育、艺术以及服务行业的地位,称他们是生产劳动者,把他们的学术贡献、教育贡献、劳务贡献,用他们的工资收入来代表,这就不符合政治经济学的基本常识。一切财富的价值,不是它的使用价值造成的。如果是以使用价值,以他们的贡献来说明他们的价值,或者以他们的工资说明他们的贡献,那是非马克思主义的。实际上,把从财政拨款拿来的工资代表科学家们对社会的贡献,这种观点是倒退到马克思所批评的资产阶级庸俗政治经济学里去。资产阶级庸俗政治经济学就是说,不仅工人农民创造价值,连地主、资本家、官僚、政客、法官、律师、教

按照马克思主义原理确定国民收入的科学范畴

师、歌唱家、舞女等都创造价值，因为他们有使用价值。但是马克思是用多么挖苦、嘲笑的口吻来批评这些资产阶级的侍臣们，批评一切使用价值创造价值的学说。

有的同志引用马克思的一些话来证明像演员、教师、作家等都是生产劳动者。马克思讲过："一个演员，哪怕是丑角，只要他被资本家（剧院老板）雇用，他偿还资本家的劳动，多于他以工资形式从资本家那里取得的劳动，那么，他就是生产劳动者，而一个缝补工，他来到资本家家里，给资本家缝补裤子，只为资本家创造使用价值，他就是非生产劳动者。"[1] 但是，马克思立即说明："这里，生产劳动和非生产劳动始终是从货币所有者，资本家的角度来区分的，不是从劳动者的角度来区分的。"马克思也讲过教师对学生来说虽然不是生产工人，但是对雇用他们的老板来说却是生产工人。演员对观众说来，是艺术家，但是对自己的企业主来说，是生产工人，因他们都使老板发财致富。但是，马克思讲过"每一个生产劳动者都是雇佣劳动者，但不能因此就说，每一个雇佣劳动者都是生产劳动者，当劳动的购买是为了把它作为使用价值、作为服务来消费，而不是为了把它作为活的要素来代替可变资本价值和合并到资本主义生产过程中去的时候，劳动就不是生产劳动，雇佣劳动者就不是生产劳动者。"[2] 这就是说，在资本主义社会中劳动力成了商品，因而，劳动者绝大多数都成了雇佣劳动者。这些雇佣劳动者，只有直接参加到资本主义生产过程中去的时候，只有把他们的劳动"合并"或"物化"到劳动对象去的时候，才是生产劳动者。否则就不是生产劳动者。大家知道，在资本主义社会中使资本家发财致富的雇佣劳动者很多、很多。在这些使资本家发财致富的雇佣劳动者中，有的劳动者他的劳动是为了他的使用价值而被消费的，而不是作为创造交

---

[1] 《马克思恩格斯全集》，第 26 卷，第 148 页。
[2] 马克思：《直接生产过程的结果》，第 107 页。

换价值的东西被消费的,是非生产地消费的,而不是生产地消费的。他们虽然使资本家发财致富(如上述的演员、教师、歌唱家等),那只不过是使资本家瓜分或占有了一部分剩余价值,而不能说他们是创造了剩余价值。帮助资本家做买卖黑奴的雇佣劳动者可以使这些人贩子发财致富,但黑奴的买卖本身不创造剩余价值。同样地,使老板发财致富的妓女也不创造剩余价值。他们虽然是雇佣劳动者,从资本家的角度来看是他的"生产工人",但从劳动者的角度、从社会生产的角度看,他们就不是生产劳动者。因为他们并没有创造剩余产品,创造剩余价值。所以,马克思给资本家主义制度下的生产劳动下了一个定义说:"资本主义制度下的生产劳动是创造剩余价值的劳动。……工人不仅补偿原有价值,而且创造新价值;他在自己的产品中物化的劳动时间,比维持他作为一个工人生存所需的产品物化的劳动时间要多。这种生产的雇佣劳动也就是资本存在的基础。"❶(着重点是作者加的)这就十分清楚地说明,从马克思的观点来看,只有创造剩余产品或剩余价值的雇佣劳动者才是真正的生产劳动者。

按照马克思主义原理确定国民收入的科学范畴

马克思所以说演员、教师是"生产工人",正是批判资本主义生产方式的那种特殊性——劳动者变成了商品。这是揭发和批判资本主义生产关系的唯利是图。在资本主义社会中,只要使资本家有利可图,一切都可以当作商品来做交易,连灵魂、肉体等都可以买卖。这就是资本主义社会的最丑恶的本质。可是,人们往往容易被这种商品拜物教迷住了眼睛,竟然把妓女也视为生产劳动者,因为她使妓院老板发财致富。

马克思的《资本论》讲得很清楚,真正创造物质财富的是在直接的生产过程中将自己的劳动物化在劳动对象中去的生产劳动者。马克思讲的劳动是人利用劳动资料作用于劳动对象,进行人

❶ 《马克思恩格斯全集》,第26卷,第143页。

与自然界之间的物质变换的过程。我们怎么能离开物质讲生产，离开物化劳动来讲生产劳动呢？我们的科学家、教育家、艺术家的劳动是人与自然界之间的物质变换吗？自然科学研究的对象是自然界，是自然界的规律，但不是马克思所说的生产劳动过程中人与自然界的物质变换。教员教学生难道是马克思所讲的人与自然界的物质变换，歌唱家唱歌给我们听，难道我们变成了自然界了吗？难道歌唱家以人的资格把听众当成自然界的物来进行物质变换吗？显然，持这种观点的同志是把社会主义社会中的人民，我们的服务对象，当作原材料那样的劳动对象了。无怪他们把受教育者当作"活机器"了。这就把事情颠倒了，把是非颠倒了。

最后，我讲讲统计。社会经济统计与数理统计是两门不同的科学。数理统计是数学的一个分支，而社会经济统计学，既要研究数学，应用数理统计的方法，也要研究政治经济学，要运用马克思主义的政治经济学的原理，来调查研究社会经济现象及其规律性在数量上的反映。社会经济统计学有定性和定量两个方面。首先是定性，确定社会经济的范畴，制定科学的统一的统计指标和统计指标体系，然后，进行调查研究，按照特定的指标含义和计算方法，应用数学和数理统计的方法，来搜集、整理、分析调查所得的数据，以便说明社会经济现象的数量表现及其变动的规律性。所以，确定统计指标及其含义、概念，制定各种统计指标的科学的计算方法、调查方法和分析方法，是社会经济统计学的中心问题。社会经济统计学既要依靠政治经济学，也要依靠数学，可以说是一门边缘科学。我们过去由于"左"的思想影响，否定了或贬低了数理统计学，是不对的。现在，听说有人否定社会经济统计学，视它不是一门科学，那也是错误的。社会经济统计学要把定性和定量这两个方面正确地结合起来，才能成为社会经济统计学。不懂得什么是真正的生产劳动者，不懂得什么是科学的国民收入范畴，就不能得到正确的生产劳动者和国民收入的数字,就不能正确地分析研究社会主义再生产的情况和规律性。过去,由于林彪、"四人帮"的破坏,由于"左"的错误思想的影响,我们的统计人员学习马克思主义的政治经济学和数理统计方法都不够,下的功夫太少,这是一个缺点。统计工作在十年浩劫中受到严重的摧残和破坏,使它没有很好地发挥作用,特别是没有很好地发挥统计的监督作用。这种情况必须尽快改变。我在今年全国统计局长会议上讲了《加强统计工作,改革统计体制》的问题。希望各级领导和广大统计工作者,要大力加强统计工作,保持统计工作的科学性、客观性和独立性。把中国的统计工作复兴和加强起来。如果不加强,迟早我们要吃亏的。我愿再呼吁一下,同时希望统计理论工作者和实际工作者结合起来,为提高我国统计工作的科学水平而努力。我希望这次全国统计科学讨论会,能够成为繁荣我国统计科学,促进统计工作发展的一个重要的里程碑。

按照马克思主义原理确定国民收入的科学范畴

# 二次发言提纲*

## 一、毛泽东思想的提法问题

现在的提法的确不足以服人。我同意刘大年同志的意见。要说毛泽东思想是集体智慧，那么任何一种主义、思想体系都是承继了前人和当代人的思想而形成的，都是集体智慧。但是我们为什么不把这个集体智慧称为刘少奇思想或周恩来思想呢？因为它作为整个思想体系确确实实是属于毛泽东的，而不属于刘少奇、周恩来或任何其他人的。

我的说法，或许有同志会不同意，然而我们一向所说的，毛泽东思想的重要内容之一就是指马克思列宁主义同中国革命实际的结合。在这个结合工作中，在"八大"以前，毛泽东同志是做出了伟大贡献的，王明、博古就不主张结合，或者结合得很不好。

毛泽东思想只包括毛泽东同志的正确思想不包括他的错误思想，这个说法似乎也很勉强。我们一向所说的所拥护的毛泽东思想，的确不包括他在三年"大跃进"和"十年浩劫"时期的那些极"左"思想和行动。这样我们便陷入了一个不可解决的矛盾：毛泽东思想只包括毛泽东的正确的思想不包括他的错误思想。但

---

\* 本文写于1981年，在收入《孙冶方文集》时有删节。

是，一个人的正确思想和错误的思想是很难绝对分开的，而且我们现在讨论的这个"决议案"本身就是要对31年的历史中什么是正确的、什么是错误的这个问题做出决定。把这个决议中要解决的问题作为这个决议的出发点似乎不妥当，用"毛泽东思想"和"毛泽东的思想"两个概念解决不了这个矛盾，而且这办法近乎文字游戏。

二次发言提纲

那么我们从今以后就不用毛泽东思想这个"概念"吗？就否定毛泽东思想这个概念吗？那是否定不了的，因为它是一个历史存在的，直到"十年浩劫"之前，我们党当时的1700万党员和全国人民中的绝大多数曾经在"毛泽东思想"这五个曾经在我们面前闪耀的金色光芒的大字的号召下战斗过，取得了一个又一个的胜利。连三年大困难的"黑斑"也没有遮没这个"红太阳"的光芒，因为我们曾经认为这些错误如日月之蚀而已。正因为如此，所以我们中的绝大多数（当然也包括发言者本人在内）不仅做过"凡是"派，而且做过"造神派"，既然毛泽东思想是一个不能否认的历史存在，那么我们就应该承认它，因为我们是历史唯物主义者。

那么怎么解决上述矛盾呢？解决的办法就是尊重历史事实，因为我建议在决议案讲到"毛泽东思想"时，必须加上几句历史的叙述，说明"毛泽东思想"这个概念是刘少奇同志在党的"七大"的报告中提出，而且是为全党、全国人民的大多数所接受的。我们当时以至以后很长一段时期内，我们是把毛泽东同志的思想作为一个整体接受下来的，因为我们至今认为在"七大"以前一直到"八大"为止，毛泽东同志的思想是我们全党、全国人民行动的指导思想，它引导我们走向了一个又一个胜利，即使在"八大"以后，在"大跃进"年代，我们全党绝大多数同志也是在毛泽东思想这面大旗号召下，一同头脑发热，一同犯了错误的。总之，我主张在决议草案中放进毛泽东思想这一节，因为这是历史事实,因此我们在这文件中也作为一个历史事件,把它记录下来,并且简单扼要地说明,在很长一段历史时期吸引全党全国大多数人民的这个毛泽东思想的基本要素是什么,而且说明在八大以后,毛泽东同志本人也已经放弃违背了他原来的思想。这样就恢复了毛泽东思想这个概念的本来面目。

## 二、关于无产阶级专政下继续革命这个口号

这口号是在所谓"无产阶级文化大革命"中提出来的,提出的当时就有它的特定含义。这就是"特权""打倒一切"等等,总之就是反革命。从这个特定内容来说,我们当然反对这个口号。但是我觉得一般地否定这个口号,反对无产阶级专政之下继续革命这个提法在理论上是错误的,从策略上来说也是不明智的。因为革命是一个长过程,不能说从取得政权的一天起,就停止革命了,就不要革命了。我们不是说"四人帮"这一套是封建行帮么!可见我们取得政权已经31年了,连民主革命的任务都没完成,怎能停止革命呢?夺取革命是革命的中心问题,但是在某种意义上说,即改革旧制度、建立新制度的工作还只是开始!即以我们现在的体制改革来说,现在这套体制还是我们大家取得政权之后一手建立起来的哩,但是要改革它,旧思想旧习惯的阻力可大呢,没有革命的魄力怎能完成这次体制改革呢?当然,在这里我们说要继续革命,不是说要重新夺权,打倒所有思想保守、死守旧习惯的人,而是要有彻底的革命气魄,而且在我看来,对解放生产力、发扬民主发动群众来说,这次体制改革是一次名副其实的革命。

至于说,我们同林彪"四人帮"这个封建行帮的斗争那更不用说是一场你死我活的革命。我相信"四五运动"和"揪出四人帮"也将以一场革命载入史册的,那我们怎能宣布无产阶级专政

下不要继续革命呢!

## 三、关于"整个社会主义阶段始终存在阶级斗争"这个口号的问题

我认为这个口号错就错在"整个"和"始终"这四个字。这话逻辑上也有问题,"整个社会主义阶段始终存在阶级斗争",那么忽然一要进入社会主义,阶级斗争在一夜之间又熄灭了,或变成是非认识的斗争了。社会主义社会还存在阶级斗争是不成问题的。"草案"19页起到24页共五页的篇幅都是讲的阶级斗争扩大化,这些内容都是对的,讲的都是事实。草案45页又说,党对阶级斗争"缺乏思想上的准备、科学和正确的政策"。这段话单独看来也对的,但是前后两段表面看来是互相矛盾的。因为,既然年年月月天天讲、时时刻刻讲,怎么又没有思想准备呢!但是这话是对的,因为年年月月天天讲,斗争扩大化了。但对准的目标是资本主义,斗争矛头指向党内,但防的是右边来的"修正主义",但不料真的来攻击党、攻击人民的,虽然也来自党内,然而不是"资本主义",而是封建行帮主义、宗法家长主义,不是来自右边的而是来自"左"边,这一点恐怕对我们极大多数是没有思想准备的。

## 四

生产力在高级时代受到破坏一定要讲,上次简报未记上,希望"草案"12页"避免了难以避免的生产力下降"这一条要删去。

"左"倾起自1956年高级社时代不是1958年。

"矫枉过正"与文革时的极左也有关系。

(功过问题)

# 要加强哲学社会科学理论学习*

## ——重读刘少奇《答宋亮同志》

《刘少奇选集》上卷出版了。党的建设和党员修养问题,在全书几乎占一半之多。正当目前整顿党风已成为全党全国的重要任务的时候,该书的出版,无疑具有重要意义。

一

我在这篇文章中,只想谈一个问题,那就是谈谈少奇同志在《答宋亮同志》信中对加强理论学习问题的看法。少奇同志一贯重视理论学习问题。他在《答宋亮同志》以前两年,在《论共产党员的修养》这篇讲演中曾经以更多的篇幅谈过这个问题。然而那时是结合着党员个人的修养来谈理论学习问题的。在《答宋亮同志》信中,则是联系着党的领导、联系着革命的成败问题来谈理论学习和党的理论水平问题的。问题提得更高了。

为了帮助读者更好地理解这封信,我在这里对《答宋亮同志》这封信的经过做些说明。

这是在1941年,我刚由上海地下党派到苏北抗日根据地工作。宋亮是我在上海地下党工作时的名字。当时担任华中局书记和新四军政委的刘少奇同志亲自同我谈话,告诉我:华中局决定

---

* 本文原载《人民日报》,1982年1月19日。

派我到华中党校工作，任教育科科长兼马列主义课教员。少奇同志说：华中党校学员有部队中旅、团、营级干部，地方上的县、区级干部，敌占区来的知识青年，都是革命骨干力量，对他们讲课必须认真、郑重；如果讲课时对某些疑难的理论问题自己没有把握，可随时向华中局请示。

我去党校不久，真的就遇上了这样的疑难问题。于是我就给他写了一封信："我们正在研究《列宁主义基础》的《方法与理论》一章。我在读了列宁的《做什么》以后，觉得在中国党的历史上虽不曾有过俄国《工人事务报》派那种公开赞扬自发性、反对自觉领导的尾巴主义观点（对理论问题）；但在陈独秀时代，在党内教育政策上，轻视理论教育的倾向似乎是有的。当时任卓宣（叶青）领导下的莫斯科中山大学旅莫支部的态度就是如此的。他们反对学生学习。有人稍稍埋头读书，即赐以'学院派'的美名。不过，他们似乎并不曾公开反对过理论对实践的意义。但说过'理论学习是党的领导者任务'（这话也不曾公开向一般党员讲过）。因此，不管如何，当时机会主义者在客观上仍是妨碍了党员理论修养的提高，间接削弱了党对群众自发运动的觉悟水平的提高；虽然他们似乎没有把这种错误主张公开发表成为一种理论体系。不知道我这意见对否？我不知道当时陈独秀、彭述之等机会主义领导者本人，对此问题发表的意见如何？但只知道任卓宣等旅莫支部负责人的政策确是如此。"

当时苏北根据地遭到日寇和顽固派军队双方夹击，而新四军军部和党中央华中局经过皖南事变后正在重建之中，少奇同志工作的繁忙是可想而知的。但是他在当天就复了我一封3000多字的长信。这也足见他对理论工作的重视。

要加强哲学社会科学理论学习

## 二

少奇同志在复信中肯定了我的意见，他说："中国党内在最初的一个时期——陈独秀时代及其以后——有些党员是有一种意见，反对党员对理论做比较深入的专门的研究。甚至在学校中，当许多党员专门学习理论的时候，亦强调反对'学院式'的研究，称那些比较埋头读书的党员为'学院派'，而强调在实际斗争中的锻炼。似乎认为只要有实际斗争的经验，而不要高深的理论研究，就能满足，就能领导革命达到胜利。似乎认为马列主义的理论，无须经过相当长期的埋头深刻的研究，就能把握得到的。这种意见，与当时某些党员的另一种意见，即轻视实践，脱离实践的理论研究，真正的学院式研究对抗着。这两种意见都是错误的。一种是过分强调实践，轻视理论的重要性，轻视理论对实践的指导作用；另一种是过分强调理论，轻视实践的重要性，轻视实践对理论的基源性与优越性。他们都没有把理论与实践的关系正确解决与正确联系。"

少奇同志接着说："在中国党内上述两种意见的对抗，当时是前一种获得胜利的，在党内相当造成了反对专门理论研究的风气，结果，阻止了党内理论水平的提高。这是必须纠正与反对的。这与我党直至今天在理论上的准备与修养仍然一般不够的现象，是有密切关系的。它给了党内以极坏的影响。在当时，党内关于理论与实践同时并重的正确的意见，是没有得到发展的。"

"中国党的组织能力并不弱。中国党的英勇牺牲精神亦是很好的……然而，中国党有一极大的弱点，这个弱点，就是党在思想上的准备、理论上的修养是不够的，是比较幼稚的。因此，中国党过去的屡次失败，都是指导上的失败，是在指导上的幼稚与错误而引起全党或重要部分的失败，而并不是工作上的失败。直至现在，缺乏理论这个弱点，仍未完全克服（虽然党内少数同志特别是中央的同志有了对马列主义理论与中国社会历史发展的统一理解）。因此，现在提倡党内的理论学习，就成为十分必要。中国党只要克服了这个弱点，就能有把握地引导中国革命到完全的胜利。"

少奇同志指出:"20年来,我党虽有极丰富的实际斗争经验,但缺乏理论的弱点仍旧未能克服。这是我们今天还要以极大的努力来加以克服的。"

这是少奇同志当时对我们党的理论准备和理论修养做出的估价。

自从那时起到现在,两个20年过去了。今天我们党的理论水平又怎样了呢?我们党的理论上的准备和修养是否很充分了呢?党内关于理论和实践同时并重的正确意见是否得到了发展了呢?这是很值得我们认真研究的问题。

## 三

毫无疑问,20世纪40年代初的整风运动和党的六届七中全会做出的决议,批判了违背中国革命实际的教条主义思想以后,党的理论水平是提高了。这对于取得抗日战争和解放战争的胜利,对于中华人民共和国的成立,是起了奠基作用的。

由于1949年的胜利,我们党的地位和面临的任务大不同了。我们党已经是执政党,我们所面临的任务已经不是打仗,夺取政权,而是巩固政权,建设社会主义。面对着这个新的任务,我们党的理论准备和理论修养怎样了呢?我们不应该忘记:马克思主义的理论是我们建党立国的思想基础。

中华人民共和国成立32年来党所走过的曲折道路,特别是"文化大革命"10年和揪出"四人帮"以后直到十一届三中全会以前所走的曲折道路说明,我们党的理论准备还是很不够的。

我们党的理论准备仍然不够,理论水平仍然不高,有两个原因:

第一,建设社会主义社会是人类历史上的新事物,我们的经验不够。关于这点我不在这里多讲。

第二，毛泽东同志《整顿党的作风》一文指出，我们党内的主观主义有两种，一种是教条主义，一种是经验主义；但是实际上，20世纪40年代的整风运动的主要锋芒是针对轻视实践、脱离实践的教条主义的。因此，在理论和实践的关系问题上的另一种偏向，即"过分强调实践，轻视理论的重要性，轻视理论对实践的指导作用"的思想，却很少受到批判，反而有所抬头，把钻研马克思主义理论，看作仅仅是专家或领导人的工作，甚至被看作是"本本主义"一类的东西。这就妨碍了党员理论水平的提高，也妨碍了马克思主义哲学社会科学理论在群众中的普及和提高。

我这样说，一定有同志要对我提意见了。刘少奇同志不是说过吗？中国党过去的屡次失败，都是指导上的失败，而并不是工作上的失败。因此，这是领导人的责任，与我们做具体工作的小干部、一个普通党员或一个普通的工人农民有什么相干呢！

这个意见又对又不对。对于中华人民共和国成立以来，我们党和国家所走的弯路，首先是党中央要负责，尤其是毛主席负有主要责任。十一届六中全会《决议》也是这样说的。但是如果把一切都说成仅仅是毛主席一个人的责任，而与其他人无关，那又是把他个人神化了。我这里所说的其他人，倒不是指林彪、江青、康生、陈伯达、张春桥等阴谋家，因为他们的罪责是明摆着的，他们是林彪、江青反革命集团的主犯。我所指的正是党的七届、八届中央委员会及其领导下的干部和党员。

试问，如果我们干部、党员的马克思主义理论水平是高的，人民的文化水平是高的，那么在"文化大革命"初期，林彪、"四人帮"那套胡言乱语能迷惑那么多的人吗？

十一届六中全会《决议》指出其原因是：毛泽东同志逐渐骄傲起来，日益凌驾于党中央之上，使党和国家政治生活中的集体领导原则和民主集中制不断受到削弱以至破坏。种种历史原因又使我们没有能把党内民主和国家政治社会生活的民主加以制度化、法律化，这就提供了一种条件，使党的权力过分集中于个人，党内个人专断和个人崇拜现象滋长起来。

中央允许或默认了领袖个人凌驾于中央之上，全体党员又允许或默认了领袖个人凌驾于全党之上。这一切固然首先是党内民主和国家民主问题，但是，难道这与党员，尤其是干部的马克思主义理论水平不高没有关系吗？

胡耀邦同志《在庆祝中国共产党成立60周年大会上的讲话》有一段说得很好："应该承认，在'文化大革命'以前的一段时间里和在'文化大革命'发动的时候，党没有能够阻止毛泽东同志逐渐发展起来的错误，而且接受和赞同了他的某些错误主张。我们一些长期同毛泽东同志共事的他的战友们，以及很多长期跟随毛泽东同志战斗的他的学生们，也深感自己对此负有责任，并且决心记取应有的教训。"

## 四

不论是别的社会主义国家还是资本主义国家，不论是第一、第二世界还是第三世界，在高等院校在校学生总人数中，包括哲学社会科学在内的广义的人文科学所占比重，中国最低，虽然我们是以马克思主义的哲学社会科学作为立国的思想基础的。

这种现象，不仅是一个教育思想问题，而且是我们的人事制度，或者更确切地说，是干部任用制度决定的。

一般说来，我们的技术专业干部的任用都要经过业务考核，很重视他们的学历；但是我们的党政干部的任用，总是只注意他们的工作经历和社会出身，注重他们的实际工作的锻炼，而不注意他们的马克思主义理论水平，不注重他们的学历。正如少奇同志在《答宋亮同志》中所说的那样，"似乎认为只要有实际斗争的经验，而不要高深的理论研究，就能满足，就能领导革命达到胜利。似乎认为马列主义的理论，无须经过相当长期的埋头深刻的研究，就能把握得到的"。

不错，任何一个无产阶级革命政权在它初期建立的时候，它的队伍，主要是由工农出身的干部和革命职业家组成的，不可能都有大学文化水平和系统的马克思主义理论修养。而且，我们今后也要继续从工人和农民中选拔自己的干部。但是，在革命胜利之后，党和政府必须给他们机会获得相当的文化水平和系统的马克思主义理论修养。我们在战争年代，尤其在全国解放后，也办了不少学校来轮训干部，然而一是时间较短，二是主要着重政治学习，而不注意系统的马克思主义的理论学习，更不注意业务学习。

现在好了，六中全会《决议》指出："要在全党大大加强对马克思主义理论的研究，对中外历史和现状的研究，对各门社会科学和自然科学的研究。"我们一定要坚决贯彻执行《决议》的这条指示！

我希望，不仅我们的党校，而且一切干部学校，都要把它的学习年限，从现在的半年一年制改为至少二年以至五年的学制。干部在那里除了系统学习哲学社会科学理论以外，还要学习业务，学习文化。让我们的50岁以下的干部都有机会轮流进党校或一般的干部学校去学习。有些大专院校也可以招收干部学生。

我希望我们国家建立一种定期的干部考核制度，不仅考核政治，而且要考核马克思主义理论水平，考核业务，考核文化水平。我们应该建立自己的"文官"考试制度——干部考试制度。

# 坚持计划经济为主市场调节为辅

《财贸经济》编辑部的同志，要我谈谈学习陈云同志关于"坚持以计划经济为主，市场调节为辅"问题的讲话的体会。这个讲话非常重要，对于这个问题，我没有系统地研究过，今天请同志们来，一起学习和研究。

我完全拥护陈云同志的这一重要讲话。

近几年来，报刊上常出现"计划与市场"或"计划经济与市场经济"这种提法。我感到这个提法本身就不那么确切。因为它是把计划与市场割裂开来，作为两个对立的概念来提的。这种提法表示着计划不管市场，而市场是没有计划的。什么叫市场？市场是买卖关系的总和，即经济学所说的流通过程。流通过程同计划怎么能成为两个对立的范畴？马克思主义的政治经济学告诉我们，在资本主义社会，每一个企业内部的生产是有计划的，但是，因为各企业之间的供、产、销关系，即流通环节是无计划的，所以，整个社会是无政府状态的；而社会主义社会的经济之所以被称为计划经济，归根结底，在于流通过程的计划化，在于社会通过供、产、销关系的计划化（即所谓"综合平衡"），把千千万万个企业结合成了一个有计划的整体。所以，把"计划和市场"或把"计划经济和市场经济"作为两个对立或并立的概念来提是不很确切的。当经济学家这样提问题的时候，实际上想说的

---

\* 1982年1月29日在北京经济理论界学习陈云同志重要讲话座谈会上的发言。原载《财贸经济》，1982（4）。

是在社会主义计划经济的条件下，我们的国民经济安排是靠计划来调节呢，还是靠市场自发势力来调节？正确的回答，当然是计划调节或计划经济为主，市场调节为辅。既然是计划经济，为什么又允许自发势力存在呢？这是因为现阶段的社会主义经济，还有全民所有制、集体所有制，以至个体所有制的存在。我们的计划的广度和深度都还不够，这是一个方面。另一方面，我们搞计划经济还缺乏经验，方法也不够完善。但是即使到了共产主义社会，即使只有一种所有制了，对于千千万万种生产资料，尤其是人民生活资料的供求关系的预测计划，也不可能百分之百地精确。但是只要生产发展了，社会有了必要的储备，社会随时可以从储备中调拨必要量的产品来调剂，这样就不会出现供求关系的失调，自发势力就会不起作用。而这一点，我们在社会主义阶段，经过努力，也是可以做到的。

# 给王淑文信

**王淑文同志：**

读过你关于生产力问题的综合报道，对这个问题的新动态了解了一个大概。我不久前为武汉生产力经济学会议准备的一个发言稿或许对什么是生产力问题能有所补充。

至于二因素论的征服说，实际就是于光远同志的战斗对象不能作为战斗力因素这一说法的翻版，在我的文章已提出过商榷意见。因此文登在《政治经济学参考资料》这一内部刊物上，所以我不好正式引证。

祝你健康！

孙冶方

82年2月25日

于北京医院

---

\* 此信写于1982年2月25日。标题为编者后加。

# 在中国生产力经济学研究会首届年会上的发言*

请允许我向中国生产力经济学研究会首届年会表达我个人衷心的祝贺。我本来已经决定亲自来参加这次会议,跟同志们一起来讨论有关生产力经济学的问题;但是现在接到大夫的通知,让我住医院,进行两个月的定期的检查和治疗。我为了自己的健康,为了争取为经济学研究多做几年工作,只好牺牲出席这次会议参加讨论的机会,但是我愿意通过录音向同志们谈谈我对于生产力经济学的看法。

为了讨论生产力或生产力经济学问题,召开这样一次全国性的会议,这件事本身就很不简单。因为过去经济学界有一种观点,认为经济学尤其是政治经济学是研究生产关系的,如果要以生产力来代替生产关系作为经济学的研究对象,那是一种错误倾向;或者至少认为研究生产力经济学是业务部门的事情,不是政治经济学家的任务。因此过去经济学界有一种偏向,就是离开生产过程中间的具体问题来从事研究,离开生产力问题远远的,唯恐沾了"唯生产力论"的边。这次经济学界能够以生产力经济学的名义召开这样一个全国性的会议,本身就表示一种进步:说明我们不再忌讳对于生产力的研究了。我们在进行社会主义经济建设的时候,如果不联系生产的具体过程,不联系生产力问题来研

---

\* 时间为1982年2月。

究经济学，那么这种研究必然变成一种干巴巴的、脱离实际的理论研究。

过去，在"四人帮"时代，把"唯生产力论"当成脱离政治或政治不挂帅的代名词，当作打人的棍子，当作一顶压人的帽子，据我看，我们不必怕戴这顶帽子。毛泽东同志早在40多年前的《论联合政府》中就说过："中国一切政党的政策及其实践在中国人民中所表现的作用的好坏、大小，归根到底，看它对于中国人民生产力的发展是否有帮助及其帮助之大小，看它是束缚生产力的，还是解放生产力的。"

由此可见，"唯生产力论"是大大的政治挂帅。既然中国一切政党的政策及其实践在中国人民中所表现的作用的好坏、大小要以此来考验，我们经济学家的理论对社会主义革命，对社会主义建设所起的作用的好坏及其大小，也要以此来考验。"四人帮"之所以把"唯生产力论"当作一根"棍子"打人，当作压人的"帽子"，正因为他们的政策是破坏生产力的，是见不得人的，是不能以生产的发展与否来作为考验的，因为这样一考验，他们的一切政策都要"露馅"，都要破产了。

所以，我极力主张经济学家要研究生产中的具体问题，要注意生产力问题的研究。但是研究生产力的经济学是不是一门独立于研究生产关系的政治经济学之外的，或者与研究生产关系的政治经济学相并立的生产力经济学呢？我对此还是有保留意见的。

还在20世纪60年代初，在原来的中国科学院经济研究所，对于研究生产力问题，就进行过讨论，在讨论中大致有三种不同的意见。

一种意见是说，政治经济学研究工作者必须研究生产过程中的一切具体问题，包括所谓生产力问题在内。毛泽东同志讲过的嘛："政治经济学是研究生产关系的，但是必须联系着生产力和上层建筑来研究。"既然要联系着生产力和上层建筑来研究，那

么这两者,即生产力和上层建筑当然也包括在政治经济学的研究对象之内了。

一种意见认为,既然政治经济学的研究对象是生产关系,那么研究生产力的经济学就不是政治经济学,而是与政治经济学相并立的学科,它就是生产力经济学或生产力组织学。联系着研究的东西并不就是研究对象。例如,天文学家必须有高深的数学修养,但数学不是天文学的研究对象。

第三种意见根本不赞成研究生产力问题,认为这是技术科学的研究对象,不是作为社会科学的经济学的研究对象,是业务部门的研究任务。

我是赞成第一种意见的。因为数学之对于天文学,完全不同于生产力或上层建筑之对于政治经济学。数学之对于天文学好比是物理、化学、语文等学科一样,不过是作为一个天文学家的基础课。但是研究生产力和上层建筑,对于一个以研究生产关系为任务的政治经济学者却不仅是为了取得基础课的知识而已。

试问政治经济学者为什么要研究生产关系呢?难道是为了研究生产关系而研究生产关系吗?不是的!研究生产关系的目的是了解这种生产关系是否适应生产力的发展。如果这个生产关系基本上是不适应生产力发展需要的,例如我们对于封建的或资本主义的生产关系,我们就要推翻它、改造它;如果它基本上是适应生产力发展的,我们就要不断改进它,使它能够更好地适应生产力发展的需要。我们为什么要联系着上层建筑(例如各种经济政策、法令和规章制度)来研究生产关系呢?也是为了研究现有的上层建筑是否符合现有生产关系的需要,是否有利于现有生产关系的巩固,是否有利于生产力的发展。因此,生产力之对于生产关系,或者上层建筑之对于生产关系,组成了政治经济学所要研究的两对矛盾中的,即生产关系和生产力这对矛盾与生产关系和上层建筑这对矛盾之中的两个方面,而生产关系在这两对矛盾之中都处于主要地位，是政治经济学所要研究的主要对象。但是如果把两对矛盾中的两个次要方面都排除在研究对象之外，或者把二者都作为政治经济学者的基础课（如数、理、化、语文等），作为常识课去研究了，那么政治经济学研究生产关系就变成了为研究生产关系而研究生产关系，而不是为了解决上层建筑和生产关系的矛盾而去研究生产关系，也不是为了解决生产关系与生产力的矛盾而去研究生产关系了。

以上是我主张政治经济学者要大力研究生产力，而又不主张把研究生产力的经济学，作为研究生产关系的政治经济学之外的、一门独立的或与研究生产关系的政治经济学相并立的一门科学的理由之一。如果说生产力经济学可以算作一门独立的学科，那么，它也不过是像工业经济学、农业经济学、财政学、商业学等部门经济学（或称具体经济学）一样，它不过是研究生产关系的政治经济学（或叫理论经济学）在某一具体部门中的具体化而已。

但是我之所以不把生产力经济学看作是研究生产关系的政治经济学之外的一门独立的科学而是前者的一个分支，是它的具体化，还有更重要的一个理由，就是生产力与生产关系不可能截然分开，如果离开了生产关系去研究生产力经济学，那就会把生产力经济学变成一门纯技术科学，而不再是一门社会科学了。

试问设想中的生产力经济学应该包括些什么题目呢？我想生产力经济学首先总要弄清生产力这个概念的内涵吧（这里我喜欢抠概念的老脾气又发作了，但是概念不清是搞不好任何学问的，只好请批评者原谅了）。在马克思著作中，生产力一词有三个含义，一是指一个国家、一个地区所拥有的财富或生产水平，在这场合下，在欧洲文字中，"生产力"一词是单数。有时讲工人和农民个人的生产力，在这场合之下"生产力"一词又同劳动生产率是同义语，在欧洲文字中用的也是单数。但是有时在马、恩的

在中国生产力经济学研究会首届年会上的发言

经典著作中,"生产力"一词用的是复数,这时"生产力"一词指的就是生产力诸要素。

但是在以上三种场合中,不论要研究任何一种"生产力",首先要从生产关系的角度去研究。

例如一个国家或一个地区的生产水平或财富量,它总在一定的生产关系中,或一定生产方式(例如封建生产方式,或资本主义生产方式)中产生出来,而这个生产关系和生产方式正是政治经济学的研究对象。

例如劳动生产力或劳动生产率,那就是指的一定量的活劳动和物化劳动所能创造的物质财富量,是费用和效用的关系,它的倒数也就是每个单位财富的价值量,这是劳动的二重性和产品或商品的二重性问题,更是政治经济学的研究对象。

例如,复数的生产力,即生产力的诸要素问题,那就是生产力中人的因素和物的因素的结合问题。马克思说过,生产力中人的因素和物的因素的不同结合方式便形成了历史上的不同社会形态。这更是广义政治经济学的全部研究内容。

生产力经济学所能设想的另一个重大的研究题目,应该是生产力配置或生产力布局问题了。这实际上是指活劳动和物化劳动在空间的布局问题,是内地即不发达地区的开发问题,是地区间的经济平衡问题或经济交往问题。这也完全是以研究生产关系为主的政治经济学的一个重要课题,也是毛泽东同志所说的十大关系问题之一。

我想还可以列举不少生产力经济学的研究题目。但我认为这些生产力经济学课题都是离不开生产关系的研究的。只有纯粹的技术定额问题,例如炼铁的焦比或发电的煤耗问题那是一种使用价值同另一种使用价值的比例关系,是属于技术科学范围的研究题目。

但是问题涉及如何降低煤耗和焦比的时候,那就不仅要研究技术革新和技术改良，而且要涉及企业管理，涉及经济问题了。而一切经济问题总要涉及费用和效用的关系问题，涉及价值范畴，又离不开生产关系的研究了。

我以上的讲话，好像是在同生产力经济学会议唱对台戏。绝不是如此。如同我开头所说的那样，我是衷心祝贺这次生产力经济学会议的召开的。但是我主张不要离开了生产关系来研究生产力，不要把研究生产力的经济学同研究生产关系的政治经济学对立起来，不要使生产力问题的研究脱离生产关系问题的研究。我提出这个看法是为了引起大家的讨论，使问题的研究能够更深入。

末了，我要重复我开头说的话：衷心祝贺生产力经济学首届年会的召开，祝贺会议取得圆满成功！

# 为什么调整？调整中应该注意的一个重要问题[*]

## ——兼论按资金量区分简单再生产和扩大再生产问题

党的十一届三中全会以后，党中央就根据国民经济比例严重失调的状况，提出了"调整、改革、整顿、提高"的方针。两年多以来，报刊上关于调整的问题已经发表了不少文章。然而，对于为什么要调整，调整中应该注意什么问题，还不能说看法已经完全一致。因此，我也想谈谈自己的看法。

### 这两年物价上涨主要原因是基本建设战线过长

在谈调整问题之前，我想先谈谈价格问题。这两年我国物价有一定程度的上涨，有人估计零售物价总共上涨了8.1%，引起了全国人民的关心。但是一讲到物价上涨的原因，大家的认识并不是很一致。在1979年物价普遍上涨的时候，在群众中间，甚至在干部中间，相当普遍地存在着一种意见，认为物价上涨是1978年政府宣布提高农副产品收购价格的结果，而这是经济学家宣传价值规律、宣传工农业产品等价交换而给党和政府出了坏主意。

我们应该指出，这种认识是错误的。党中央和国务院决定提

---

[*] 本文原载《经济研究》，1982（2）。

高农副产品收购价格是完全正确的。因为过去我们的农副产品收购价格太低了，工农产品剪刀差太大了。这种通过工农业产品剪刀差的办法，即"价格杠杆"的办法（实际上是一种很坏的间接税形式），让农民向国家提供积累，是一种很不好的负担形式。在这种负担形式下，增产越多，向政府交售越多，就负担越大。这是不利于发展农业生产的一种负担形式。正因为如此，在1978年年底宣布从下年夏季开始提高农副产品收购价格以后，（当时还没有提出责任制）对于促进农业生产就已经起到了良好作用。这两年来的实践充分证明了这一点。

但是，我们在肯定农副产品提价这一正确政策的同时，也必须指出，在执行党和政府这一正确政策的时候，在具体工作中不是没有缺点的。例如，原来预计由于农副产品收购价提高，财政上只需要增加支出65亿元，但当年实际支出了78亿元，超过13亿元。其次，对于农副产品提价所引起的连锁反应，特别是对于以农副产品为原料的工业产品价格所引起的连锁反应，估计不足，物价上涨幅度超过了原来的估计。使政府规定的对每个工作人员补发的5元物价补贴，不足以弥补因物价上涨而增加的开支（特别是对那些就业成员少，被赡养成员多的家庭），这增加了群众的不满。还有，我们的物价管理工作也很不严格，某些工厂和商店为了多发奖金，就趁机非法抬价，给广大消费者带来了不应有的损失。这些问题为今后调整价格提供了很好的经验和教训，但不能用来否定1979年夏季以来提高农副产品收购价格的正确方针。❶

还有一种意见认为，通货膨胀、物价上涨是由于企业管理体制改革造成的。这种意见也是错误的。过去我们实行高度集权的

---

❶ 不过，从这次农副产品调价的经验教训中可以得出一个结论，要解决工农产品剪刀差的问题，完全靠财政补贴是不行的。调整农副产品价格是一个改变税收负担的形式问题，是变间接负担为直接负担的问题。

管理体制，无视客观经济规律，特别是无视价值规律，无视生产单位和劳动者的物质利益，吃"大锅饭"，严重阻碍了社会主义制度优越性的充分发挥。党的十一届三中全会以后，党中央提出了调整、改革、整顿、提高的方针，在生产、分配、流通等各方面都进行了一些初步的改革，这对国民经济的发展，起了非常好的作用。当然，在前两年经济管理体制改革中，也曾经出现过盲目建设、滥发奖金等问题，今后必须注意纠正。

引起物价上涨的主要原因，是由于国家财政预算总支出大于总收入。因此，为了抑制物价上涨，首先就必须紧缩财政开支。然而在国家预算的各项支出中，教育、科学、文化、卫生事业的支出，原来就比重不大，根据实际情况，这方面的支出非但不宜再减缩，而且还应该适当地增加。因此，其余可以压缩的开支就只有行政管理费、国防费和基本建设费这三项。其中尤其是基本建设费一项占到国家财政支出的40%以上，如果加上地方和企业自筹的投资，数目更大。因此，为了紧缩财政开支，消灭赤字，制止物价上涨，首先就必须抓这个大头——压缩基本建设战线。

但是压缩基本建设战线，并不是轻而易举的事。因为引起基本建设战线过长这个毛病的原因是多方面的，有思想上的原因，也有体制和措施上的原因。这个毛病在我国长期存在。同时在斯大林时代的苏联以及南斯拉夫、罗马尼亚等社会主义国家都犯过，可以说是各国社会主义建设中的通病。为什么别的国家犯过的毛病，我们还要重犯一下呢？毛泽东同志同吴亮平同志的谈话中曾经说过：是人聪明，还是猪聪明，我看是猪聪明，猪碰了墙壁还知道回头，人就不行。为什么会出现人还不如猪聪明的怪现象呢？因此，我们在这里必须对基本建设战线过长的原因比较详细地说一说。

### 要压缩基本建设战线必须首先清除"左"的思想

首先，我们要指出：基本建设战线过长是我们解放后 30 多年社会主义建设路线中"左"的指导思想的产物。这条"左"的路线表现为下面两句话：一是"好社会主义之大，喜无产阶级之功"；二是"平衡是相对的，不平衡是绝对的"。

由于历史的安排，世界上最早取得政权的共产党人大多生长在落后的农业国家。他们取得政权以后，都想很快改变这个落后的面貌，建设一个现代化的国家。这当然是"一片好心"，"好社会主义之大，喜无产阶级之功"有什么不好呢！但是这个"一片好心"却没有同马克思主义的科学精神结合在一起，而是同小资产者的狂热性结合在一起。于是历史唯物主义被主观唯心主义所代替，以"平衡是相对的"这句哲学格言代替了客观经济规律，否定了搞经济计划必须遵守的综合平衡的原则，搞了一个"大跃进"，结果造成了"三分天灾、七分人祸"的"三年大灾难"。碰壁之后，在"调整、巩固、充实、提高"这个方针的指导下，经过四五年时间刚刚医治好创伤，又来了一个"文化大革命"。揪出"四人帮"后大家松了一口气，然而又是"一片好心"，想把耽误掉的 10 年光阴夺回来，于是又超过人力、物力、财力所能承担的限度，大搞基本建设。结果引起了财政赤字和通货膨胀。但使我们振奋的是这次"碰壁"后不再"讳疾忌医"了，由"良医"开出了"名方"，一针见血地指出：病根在于 30 多年来"左"的指导思想。

药方已经开了，我们大家都要把这副苦药吞下去。我说的是"我们大家"，因为如同我们在上面所说过的那样，"左"倾病是社会主义国家中的流行病，在我们这个原来小生产者占绝对优势的国家里更不例外。在我们中间，患这种"左"倾病只有轻重程

为什么调整？调整中应该注意的一个重要问题

度之分，没有有无之分，不仅我们老一代有这个病，青年一代也有这个病。在"文化大革命"中，不少青年不是也"左"得很可爱吗！

我们有些好心的同志也许会生气了："你这样说，不是给我们社会主义抹黑吗？"而西方的社会民主党以及我的那位莫斯科中山大学老同学蒋经国先生也可能会说："本来吗！在小农占优势的国度里，无产阶级就不应该夺取政权，建设社会主义。"或者说："资本主义就是比社会主义好嘛"！

对于我们的好心的同志，我要说，我们中国党是很容易犯"左"倾病的，40年前刘少奇同志在华中局党校讲课时说过：在中国党的历史上，全国性的右倾机会主义路线只出现过一次，那就是陈独秀的右倾路线；但是时间较短，是北伐军进入湖南到蒋介石、汪精卫先后叛变革命，时间不过1年左右；后来张国焘的逃跑主义和皖南的右倾机会主义路线，不仅时间较短，而且都只有局部的影响。但是在陈独秀的右倾机会主义路线领导被推翻以后，盲动主义、立三路线和王明路线这三种"左"的路线，却一个接着一个统治了全党，而且一个比一个"左"。遵义会议推翻了王明路线的组织领导，但是王明教条主义的思想却在40年代的整风运动以后才被肃清。正是因为40年来，很多人不认这笔账，特别是解放后30年来非但不承认这个"左"的毛病，而且还要不断"反右"，所以才使国民经济遭到巨大损失。这是第一。第二，一个人或是一个政党不敢承认自己的缺点、毛病，那是因为对自己没有信心。对自己有信心的人或政党是不怕指出自己的缺点和错误的。党的十一届三中全会以来，我们党中央，特别是在十一届六中全会通过的《关于建国以来党的若干历史问题的决议》中公开地向全党、全国人民暴露自己肌体上的缺点、错误以至于烂疮疤，采取有效的措施加以纠正。我们党已不再像过去那样遮遮掩掩，讳疾忌医，我们大家也更有信心地朝着党所指示的方向前进了。

至于对我的老同学蒋经国先生以及所有因为我们30年来走了些弯路而否定社会主义优越性的先生们,我们要说,我们30年来所走过的一些弯路,不是证明了资本主义对社会主义的优越性,而只是证明了资本主义对"共产风"和林彪、"四人帮"的封建行帮主义的优越性。同时,我们走弯路这一历史事实本身也证明,社会主义只有在受到"共产风"和封建行帮主义干扰的时候,才丧失了它的优越性。正是同一切有生命力的肌体终于会治好自己的创伤一样,社会主义最后是会排除这些干扰的。当社会主义制度排除了这些干扰的时候,例如当我们在第一个五年计划时期工业以每年平均18%的速度增长,当我们在1963—1965年实行"调整、巩固、充实、提高"的八字方针,工业以平均17.9%的速度增长的时候,社会主义制度不是曾经充分显示了自己的优越性并且震惊了全世界吗?

因此,今后基本建设的规模一定不能以我们的主观意志为依据,而必须以我们实际掌握的人力、物力、财力为依据。陈云同志早在1957年就说过:"建设规模的大小必须和国家的财力物力相适应。适应还是不适应,这是经济稳定或不稳定的界限。像我们这样一个有6亿人口的大国,经济稳定极为重要。建设的规模超过国家财力物力的可能,就是冒了,就会出现经济混乱;两者合适,经济就稳定。"还说:"在原材料供应紧张的时候,首先要保证生活必需品的生产部门最低限度的需要,其次要保证必要的生产资料生产的需要,剩余的部分用于基本建设。先保证生产,后供应基建这种排队的必要,主要是为了维持最低限度的人民生活的需要,避免盲目扩大基本建设规模,挤掉生活必需品的生产。在财力物力的供应上,生活必需品的生产必须先于基建,这是民生和建设的关系合理安排的问题。应该看到,基本建设搞多少,不决定于钞票有多少,而决定于原材料有多少。"陈云同志

的这些话并不深奥，但在"左"的错误路线下，却往往被人们忘掉，甚至被批判。因此，在贯彻调整方针中，我们一定要认真思考和遵循陈云同志从国情出发、量力而行的经济建设思想。只要我们在思想上能从"左"的错误路线束缚下解放出来，调整方针的贯彻将会把我们的社会主义经济建设重新引上新的光明坦途。

### 要压缩基本建设战线还必须严格控制银行信贷

在中央提出调整经济、压缩基本建设战线的方针之后，要求把基本建设投资由财政拨款改为银行贷款的呼声很高。例如薛暮桥同志在《为什么生产形势很好，财政会有赤字》这篇文章中说："现在我们的基本建设投资绝大部分是由财政拨款，连定额流动资金也要由财政来供给。如果这两项资金部分地用银行贷款来解决，财政赤字就可以大大减少。""资本主义国家财政部是不负担投资责任的，企业的建设投资自有资金往往只占半数以下，其余用银行贷款，企业流动资金则完全利用银行贷款……现在南斯拉夫也采取类似制度。"暮桥同志还说："我国的银行由于不准发放基本建设贷款，定额流动资金不付利息，因此实际上变成了财政部门的出纳机关、代理金库。"❶

我不仅赞同基本建设投资和定额流动资金部分地用银行贷款形式，而且主张这两项资金全部采用银行贷款形式；即是说列入国家财政预算的基本建设投资，也拨给银行，由银行用贷款形式发放。但是银行对这两项资金的使用必须具有类似南斯拉夫银行和会计中心所具有的那种监督检查权；而不再是财政部门的一个单纯的出纳机关。这对于加强基本建设投资的经济核算、缩短建设周期、防止资金浪费是大有好处的。

---

❶ 薛暮桥：《为什么生产形势很好，财政会有赤字》，载《人民日报》1980年9月2日。

但是根据中国和南斯拉夫两国的经验，基本建设投资改为银行贷款并不能解决基本建设战线过长的问题。《人民日报》1980年12月5日登载的一篇《大力压缩预算外基建投资》的报道告诉我们，浙江省1980年预算内的基本建设投资虽然比1979年压缩了29%，但是基本建设总投资却比上年增加21%，其中一个重要原因就是全省用于增加固定资产的各种贷款就相当于预算内基本建设的全部投资。

为什么调整？调整中应该注意的一个重要问题

南斯拉夫的基本建设投资是全部采用银行贷款形式的。但是在南斯拉夫同样存在基本建设战线过长的问题。据1979年1月9日南斯拉夫《经济评论报》发表的材料，1978年9月，南斯拉夫的大小工程项目共有31 300多个，计划投资8400多亿第纳尔（合460多亿美元）。因此，铁托同志在南共联盟十一大报告中不得不把缩短基本建设战线作为一个重要问题提出来，他说："我们还在大量投资，这很好！不过，不好的是还有一些无盈利的投资……往往会出现建设项目毫无道理地重叠以及其他不合理的投资。"❶ 我在访南考察中曾问过南斯拉夫同志，为什么基建投资改为银行贷款以后，仍然避免不了基建战线过长的弊病呢？据他们说，这是由于企业管理机关中的官僚主义者同银行领导机关中的官僚主义者相互勾结的结果，关系处得好，就可以多取得贷款资金。据萨格勒布大学经济系的教授们说，基建战线过长也是造成南斯拉夫通货膨胀的一个原因，因为基建投资总额中大约有1/3以上不是来自积累基金，而是来自银行的钞票发行。

因此，基本建设投资由财政拨款改为银行贷款之后，财政上固然不会再因为基本建设战线过长而出现赤字，但是信贷膨胀同样会引起通货膨胀。因此，信贷平衡和财政平衡同样重要，两者中任何一方失去平衡，都反映着我们的事业（主要是基本建设）

---

❶ 铁托：《在南共联盟十一大报告》，第32页，北京，人民出版社，1978。

超过了我们的物资能力,都是物资失去平衡的反映。所以,不论基本建设是用财政拨款的方式或用银行信贷的方式都必须纳入国民经济综合平衡计划,都必须注意物资平衡。虽然用银行信贷形式对加强经济核算是有好处的。

这里还有一个问题需要澄清,那就是国家基本建设(这里仅仅指新建企业,不包括老企业的更新,后一问题下面另谈),除了国民经济的资金积累以外,是否可以利用一部分银行资金(包括银行自己的资金及存款)。多数人的意见,似乎认为银行的贷款只能用于企业流动资金,而不能用于基本建设。我觉得这个问题值得进一步做具体研究,还不能轻易下结论。正像暮桥同志所说的那样,在资本主义社会,企业建设基金有一半以上是靠银行贷款。在我们银行储蓄存款稳定上升的情况下,银行资金除了供应企业流动资金贷款以外还有多余的情况下,为什么不能提供一部分供给基本建设之用呢。总之,这问题应做具体研究,特别要具体算账,不能轻易下结论。

**要压缩基本建设战线就要使基本建设投资归中央和省、直辖市集中掌握**

引起基本建设战线过长的另一个原因是与财政体制有关。从1979年开始,为了改变过去由国务院财政部统筹统支、地方党政不关心财政收支的情况,实行了中央、地方两级财政制度(如果把作为基层的企业算在内,应是三级财政制度),即"分灶吃饭"的制度。这对鼓励地方和企业的积极性,引导大家来关心国家的财政收支是有好处的。但是与此同时把扩大再生产的投资(指新的投资而不是指老企业的固定资产更新基金)也下放给地方和企业各一部分;于是中央、地方和企业三级都大搞基本建设,都来"好社会主义之大,喜无产阶级之功",结果造成了现在的基本战线过长的局面。因此,我还是保留我在1961年《关于全民所有制经济内部的财经体制问题》和1963年《固定资产管理制度和社会主义再生产问题》两篇内部研究报告中都曾经讲过的意见：财经管理体制中"大权"和"小权"、"死"与"活"的界限是简单再生产和扩大再生产的界限，属于简单再生产范围以内的事是企业应该自己管的"小权"，国家多加干涉就会管死；属于扩大再生产范围以内的事是国家应该抓的"大权"，国家必须严格管理，不管或管而不严就会大乱。而区分简单再生产和扩大再生产的唯一界限是企业资金量，而不是实物量。实物量的扩大，即生产规模的扩大，可以是由于新的投资，也可以是由于劳动生产率的提高。凡是不要求国家追加投资，在原有资金范围以内的生产，都是简单再生产；而要求追加新投资，这就超出了企业原有资金范围以外，因而是扩大再生产。马克思所说简单再生产和扩大再生产的界限就是以追加不追加投资为标准的。凡是用于扩大再生产范围的投资，即新的投资，应该由国家统一管理。因此，企业利润，除留作职工奖金和用于职工集体福利事业的厂长基金的那一部分以外，都应该上缴。中央企业所创造的利润，原则上应该集中到中央，地方企业所创造的利润，应该集中到省、直辖市。对于社会主义计划管理来说，我们所必须严格控制的正是这种把剩余劳动的价值量转化为追加投资的扩大再生产。1979年，我在《红旗》杂志第6期《从必须改革"复制古董、冻结技术进步"的设备管理制度谈起》一文中再次重申了上述观点。无论我在20世纪60年代初的研究报告中，亦无论在1979年的论文中，反复强调按资金量区分简单再生产和扩大再生产的"杠杠"，这主要是为分清企业和国家的权责，正确处理二者经济关系，解决"一放就乱、一抓就死"的问题。

为什么调整？调整中应该注意的一个重要问题

但是有不少同志不同意这个意见。例如刘国光同志认为："把企业自主权局限于资金的简单再生产，限于基本折旧基金下放，不给点扩大再生产的权力，这是不利于企业在技术革新、改造和适应市场需要变化采取自主行动的。"❶ 刘国光同志的这个意见是很有代表性的。但是当刘国光同志这篇文章发表的时候,基本建设战线长而乱的问题已经提出来了。而基建战线之所以长而乱,恰恰在于把全民所有制企业扩大再生产的权力也下放了一大部分。而另一方面真正应该下放的权力——简单再生产的权力恰恰没有下放。(关于后一个问题我们留待下面详细讲)

扩大再生产的"大权"下放的时间仅仅一年多一点,就出现了企业用自筹资金乱上基建项目、铺新摊子的混乱状况。令人欣慰的是这种状况已经被觉察。《人民日报》1980年12月2日的一篇社论指出:"地方和企业自筹资金的使用方向和建设规模,一定要严加控制,建设生产,规模多大,要报给国家综合部门审查批准。""地方、部门、企业的积极性要同社会主义生产的计划性相统一,局部服从全局,这是社会主义经济发展所必须遵循的一条原则。过去片面强调集中统一计划,把经济搞得死死的,当然不对。但如果反过来,认为不要统一计划了,可以各自为战,想干什么就干什么,能干什么就干什么,结果必然使这种积极性变成盲目性。"这是抓住了问题的症结,属于资金量简单再生产范围的"小权",应该归还企业,国家抓过来就会把经济搞"死";属于资金量扩大再生产范围的"大权",国家应该牢牢地抓住不放,这个"大权"下放了,经济就会乱套。只有按这个"杠杠"分清权责,整个国家的经济工作才会做到管而不死,活而不乱。因此,从实践中所提出的大量事实来看,按资金量区分简单再生产和扩大再生产的"杠杠",既是反对过分集权的官僚主义经济的,也是反对极端分散的无政府状态的,它从实践上能够恰当地处理好社会主义经济建设中的集中和分散的关系问题。

---

❶ 刘国光:《对经济体制改革中几个重要问题的看法》,载《经济管理》,1979(11)。

## "简单再生产"和"扩大再生产"是不可分的吗?

由此可见,按资金量划分简单再生产和扩大再生产不仅是马克思主义政治经济学再生产理论的一个重要理论原则,而且是社会主义经济建设实践,特别是企业管理制度必须重视的一条重要原则。但是《人民日报》1980年7月25日发表的、署名文平的《什么是基本建设》这篇文章中说:"简单再生产同扩大再生产这两个概念的区分,只是理论上的一种抽象,在实际生活中是区分不开的。"从而否定按资金量来划分简单再生产和扩大再生产的"杠杠"。这种所谓"不可分"的观点并不是什么新意见。这个意见,在20世纪50年代末,早有人提过了。当时在我们经历了3年"共产风""瞎指挥"的所谓"大跃进"后,国民经济被拉到了崩溃的边缘。党中央和有关主管部门正确地总结了这个时期的经验和教训,针对当时新建和扩建企业大批兴工但原材料、能源供应不足,老企业和老设备带病运转以至完全瘫痪的状况,曾经提出先维修、后建设的原则,把维持简单再生产的老厂固定资产更新基金(折旧基金)同扩大再生产的新建、扩建企业的新投资分别处理,先安排好简单再生产,再去搞扩大再生产。这也就是说,要按资金量来划分简单再生产和扩大再生产。可是,这个正确的理论观点和主张却遭到了陈伯达的反对。他就胡说过:"简单再生产和扩大再生产原来是马克思的一条抽象原则,在实践中是不好分的。"这是毫无根据的说法。对于任何一个资本家来说,他这个公司、工厂的老本有多少?今年又投入了多少资本,是清清楚楚的。只有对于自给自足的小农来说,他是无法划分简单再生产和扩大再生产的。因为第一,对于小农来说,他们的"投资"只有或主要是活劳动。第二,一般说来,他们能够维持简单再生产就不错了,很少能够扩大再生产。但是对于每个现代企业

来说，二者却是极好分的。老本有多少？新投入了多少？这是明明白白的界限。文平同志硬是坚持简单再生产和扩大再生产"不好分"，正是那种农业自然经济思想的反映。文平同志还说：在实践中同一个建设项目，基本建设投资充裕时挤到基建计划中来，基建投资压缩时挤到技术措施项目中去；今年是基建，明年是技措，同一个单项工程，部分投资算基建，部分投资算技措。这确实是事实，但这正是我们在实际工作中把原有固定资产的更新同新投资的基本建设混为一谈的结果。这恰恰说明，我们应该按资金量把简单再生产和扩大再生产、把设备更新和新的基建投资严格区分开来，改革"复制古董、冻结技术进步"的财经管理制度，合理使用资金，而不能以此来证明"存在即合理"，去否认对简单再生产和扩大再生产的划分。

  这里有必要重温马克思划分简单再生产和扩大再生产的"杠杠"。按照马克思在《资本论》中的论述，划分简单再生产和扩大再生产的界限是剩余价值是否转化为追加资本投入新的生产过程。如果剩余价值全部被资本家个人消费掉而资本仅仅按照原有的价值量得到补偿，它是简单再生产；如果剩余价值被用作为追加资本而投入新的生产过程，资本的价值量有了增加，它是扩大再生产。马克思说，在简单再生产的场合，"资本家花费了全部剩余价值"；在扩大再生产的场合，"他只消费了剩余价值的一部分，而把其余部分转化为货币"，作为追加资本。❶ 因此，剩余价值是否转化为资本，这是马克思划分简单再生产和扩大再生产的唯一"杠杠"。

  不错，马克思确实说过："规模不变的简单再生产，好像只是一个抽象。"然而，马克思的这句话的意思在任何一国语言中都是很明白的，好像只是一个"抽象"；那么实际上不是抽象，

---

❶ 马克思：《资本论》，第1卷，第642页，北京，人民出版社，1975。

而是现实。马克思之所以说简单再生产"好像只是一个抽象",是因为"一方面,在资本主义基础上,或没有任何积累规模扩大的再生产,是一个奇怪的假定,另一方面,生产条件在不同的年份不是绝对不变的(而假定它们是不变的),那么,规模不变的简单再生产就只是一个抽象"。可是马克思在下面接着就说,即使"在有积累发生的地方,简单再生产也常常是积累的一部分,可以就其自体考察,视为是积累的一个现实因素"。这就是说简单再生产总是扩大再生产的一部分,是包含在后者之中的"一个现实因素"。

举例说,某一个社会在年初开始生产活动的时候它的全部资金是1000亿美元。到第二年再开始生产活动的时候,它把上年新创造的价值,除去已经消费掉的部分(消费基金),把余下的100亿美元作为积累投入了社会再生产过程。因此,社会再生产过程,在第二年开始的时候,已经是1100亿美元的规模了。显然,这是一个扩大再生产的模式。但是,这个1100亿美元规模的扩大再生产是以1000亿美元的再生产规模作为它的起点,而且在1100亿美元的终点上是包含着原来的这1000亿美元在内的。因此,马克思说,可以就它本身,即就这1000亿美元的起点(或基础)即简单再生产本身进行独立的分析。

我们必须再重复说一遍:划分简单再生产和扩大再生产的界限,不仅是马克思主义政治经济学中一个重要的理论问题;而且是社会主义经济建设中的一个重要政策问题和实际问题。前面已经说过,中华人民共和国成立以来,第一次提出这个问题的,不是理论研究工作者,而是中央领导同志在总结了"三分天灾,七分人祸"的"大跃进"的经验教训以后得出的宝贵结论。现在有必要重新提出这个问题来也是因为揪出"四人帮"后到十一届三

❶ 马克思:《资本论》,第2卷,第438页,北京,人民出版社,1975。

中全会前这段时间里，我们又忘记了"大跃进"时期的惨痛教训，忘记了先简单再生产、后扩大再生产这个重要原则，把应该用于旧企业革新改造的钱，搜刮去建设新企业，而且造成了基本建设战线过长的局面。这怎么能说"简单再生产同扩大再生产这两个概念的区分，只是理论上的一种抽象，在实际生活中是区分不开的"呢？

## 防止基本建设战线过长的一个具体建议

"建设规模的大小必须和国家财力、物力相适应"。这是一条重要原则。这条原则在实践中如何体现出来，还有不少问题。从中央来说比较容易做到的只是在全国范围内，对于财力（价值量即投资总额）的控制；但是对于千千万万种物资和设备的实物平衡，各种不同的使用价值的平衡，根据我国过去的经验，却很难用自上而下的实物配给办法来完成。为了做到财力、物力（实物）两者都平衡，从根本上解决基建战线过长的问题，我建议国家订立这样一个制度：每一个厂矿企业在动工兴建之前，除了兴建单位（经营单位）与承建单位，即平常所说甲乙双方必须签订包括建成投产日期在内的合同以外，兴建单位还必须与设备的供应单位订立设备供应合同，还必须与投产后动力和原材料的供应单位和产品的承销单位分别签订产、供、销三方面的合同。如果由于承建单位拖延或设备供应不及时，到期不能投产，或投产后动力和原材料不能按照合同规定供应，或承销单位不能按合同如期承销产品，从而使企业停产，那么这些单位都应该按照合同规定，赔偿损失。如果是生产单位自产自销的产品，则建设单位和批准这项基建项目的上级要负行政责任。

我想如果每一个企业在兴建之前，都签订了以上4种合同，即：（1）经营单位与建工企业的合同（必须有投产日期的规定）；

（2）经营单位与设备（建设中所必需设备）供应单位的合同；（3）经营单位同投产后的动力和原材料供应单位的合同（后者保证企业如期投产时按质按量供应动力和原材料）；（4）经营单位与产品承销单位的产品销售合同。并且在法律上规定没有以上4种合同，不得动工兴建任何企业，如果各方不履行合同都要按法律规定赔偿有关方面的经济损失。在这种条件下，基建战线非但不会发生"过长"的问题，而且人们将会说，这样的基建战线应该是越长越好！因为既然建设这种企业的设备有了保证，建成投产后的动力原材料供应有了保证，建成投产后的产品销路有了保证，那么这样的企业岂不是越多越好么！何愁战线过长呢？

为什么调整？调整中应该注意的一个重要问题

这里，关键的一条是合同必须由法律保证，不履行合同必须赔偿有关单位的经济损失。过去在实践中也有过某种合同（如经营单位与承建单位的合同），但是合同往往不算数（而且往往由于计划变动，上级计划机关首先撕毁合同），同时缺少投产后的供、产、销合同。

这里还必须强调的是：这套新的基本建设程序一定要同我在前面已经讲过的新的计划程序结合起来：扩大再生产的事务，中央必须统一掌握起来，即每年总投资数额、各个新建项目的投资额（即建设规模）、生产方向，由中央统一规定；但是各个建设单位的上述各种合同由各建设单位自己负责。而包括建筑行业在内的全国所有企业的生产供应、销售总计划，则必须建立在以上各种合同基础之上。这样编制出来的国民经济计划就有了可靠的物质基础和法律保证，除非遇到特大的天灾人祸，计划的执行就不会受到干扰了。

以上的建议实际上彻底改变了我们在20世纪50年代从苏联搬来、现在基本上还在执行的自上而下摊派指标的国民经济计划编制程序。因为按照以上建议，中央自上而下直接控制的，只有各个计划时期新的投资总额，各个新建项目的生产方向、规模

（主要也是控制投资总额）、地点和它们的协作关系，就是说只抓资金扩大再生产的问题；至于原有企业的供、产、销关系（包括在建项目的协作关系），都通过经济合同的形式来完成。这样编制出来的国民经济计划，除了投资总额是根据财政预算由中央或省、直辖市自上而下编制的以外，其余都建立在合同基础之上，是以企业的产、供、销合同为基础的，用自下而上的综合（或汇总）的办法编制起来的；而这些合同关系都是由法律保证的。因此，这样编制起来的计划基本上就可以避免自上而下摊派指标所引起的计划的多变性。

这是对现在计划制度的彻底改革，而且据我所知，还没有一个社会主义国家是用这种办法来编制的。大家没有经验，由于过去的经济合同没有法律的约束性，要改变30多年来形成的习惯势力，困难很多。开始的时候不妨先从少数重点企业，或个别部门、个别行业试办，等取得经验之后再全面推广。

### 根本出路在于发展生产

如同上面所说的那样，为了消灭财政赤字，制止物价上涨，我们必须压缩基本建设战线。但是我们的基本建设战线规模同发达国家的建设规模相比，同我们的需要相比，并不算太大。我们之所以要压缩它，只是由于今天这个规模超过了我们国家的财力、物力所能承担的程度。所以用压缩基本建设战线来平衡财政收支，制止通货膨胀和物价上涨，这只是一种消极平衡的办法；但在今天来说，却又是不得不采取的办法。从长远来说，根本出路还在于发展生产以增加我们国家的财力、物力，这才是积极平衡的办法。只有发展生产，加快经济增长速度，我们才能一方面进一步提高人民生活，另一方面继续扩大我们的建设规模。这就是说，我们今天压缩基本建设战线，为的是明天能够更大规模地扩大基本建设战线。

但是一讲到发展生产,我们又遇到了国民经济建设中两条不同道路的分歧:一条是把希望完全或主要寄托于办新厂、扩大基本建设战线。结果,我们是从压缩基本建设战线谈起,又回到了扩大基本建设战线(我们这里谈的是新投资的基本建设)的结论,否定了以上我们所说的一切。有一个传统的经济发展公式足以说明这条发展道路的本质。这个公式是:国民收入增长速度或经济增长速度 = 积累率 × 积累效果。❶

这个传统公式的前提是:老企业的劳动生产率是一个不变的常数。因此,经济增长的速度,只能靠办新厂,靠投资(积累)的增长和投资效果的增长。因此,为了经济的高速度发展就必须尽可能从老企业挤出更多资金来搞基本建设。这就必然使老企业劳动生产率不能提高,而基本建设战线则超过财力、物力所能负担的程度。然而,随着经济的发展,老企业的数量总是越来越多,相比之下,不管基本建设规模多大,新建企业在企业总数中的比重也总是越来越小。这就是按照苏联模式管理的经济发展速度越来越低的秘密所在。这是一条经济不良循环的道路。

另一条良性循环的道路是:在财力、物力允许的限度内开办新企业的同时,把发展生产、增加国民收入的希望主要寄托于现有40多万个老的工交企业的劳动生产率的提高。提高现有企业的劳动生产率,又可以从两个方面着手:一是改善经营管理,一是进行技术改造和技术革新。

### 提高现有企业劳动生产率的途径之一
——改善经营管理

上海社会科学院部门经济研究所副所长陈敏之同志在1980

---

❶ 杨坚白:《对积累率问题的一些看法》,载《人民日报》1981年2月9日。

中国财政学会第一届理事会上的发言中认为,当前经营管理的改善主要是"抓八分之七"。陈敏之同志在给我的一封信中,对"什么叫抓八分之七"以及如何抓法做了说明。恕我事先没有征得他的同意把他信中有关部分向读者公开如下:

"上海工业总产值占全国1/8,财政收入占全国1/6。工业劳动生产率为3万余元,高于全国平均数1.5倍以上;工业每百元固定资产实现的利润为63.73元,较全国平均数高出约4倍。从以上列举的数字可以看出,全国(除上海以外的)其他各省、直辖市的工业企业虽然具有同样的设备技术条件(有的地方甚至比上海好),由于经营管理水平长期得不到提高,因此劳动生产率和为国家提供的财政收入比上海低。假定这些省、直辖市的工业企业能在一两年或两三年内经过整顿、改革,把劳动生产率提高到和上海同样的水平,甚至超过上海,它们将为国家多提供多少财政收入,这是可以算得出的,而这根本不用花国家多少钱。因此,我认为,在最近这几年以调整为重点、为中心的时期,中央应该用最大的力量抓住这一点不放,一直到真正抓出实际效果!"陈敏之同志建议:"把同行业中最有经验和最有才干的经理、厂长、技术人员和技术工人组织起来,赋予全权,把他们派遣到那些落后的企业中去作具体帮助,限期作出成绩来。"

抓八分之七。让全国的后进企业的经营管理赶上国内先进地区、先进企业已经达到的水平。在这方面我们的潜力确实不小。陈敏之同志算的账基本上是对的。我在这里只是提出一点补充:上海以及青岛、天津、大连、广州等沿海老工业基地的企业利润,比内地高的原因,除了经营管理比较好以外,还有价格的因素和交通运输、市场等原因。内地的交通、运输条件不如沿海,因而产品成本高、利润率低,特别是林彪搞的"山、散、洞",把企业布局搞得很不合理,使许多企业亏本。这些因素一时不容易改变过来。此外,在上海、青岛、天津、大连等沿海老工业基地，轻纺工业的比重大，产品价格一般偏高；另一方面利润小，甚至亏本的重工业（特别是煤矿和林业）都在内地，这也是一个因素。但是总的来说，通过改善企业的经营管理来提高劳动生产率，增加收入，在这方面，后进的赶先进，先进的更先进，潜力还是很大的。

**提高现有企业劳动生产率的途径之二**
　　——进行技术改造和技术革新

提高现有企业劳动生产率的另一个办法是搞技术改造和技术革新。没有技术的改造和革新，要提高劳动生产率就只能拼设备和拼劳动强度，这样搞，潜力不会太大。关于这个问题，我曾经于1980年收到上海色织四厂一位青年技术员李玲君同志给我的长信。李玲君同志是1978年从上海纺织工学院毕业后，分配到上海色织四厂工作的。她详细生动地描绘了我称为"复制古董"的设备管理制度和基层企业在这套设备管理制下编制生产计划的方法。她在信中说道：

"我与其他青年一样，迫切希望我们的国家能富强起来，人民的生活水平有较快的提高（尤其是目睹农村现状后）。总之，希望四个现代化早日实现，社会主义的中国能与资本主义的美国、日本在经济上比一比。去年党的工作重点转移以来，中央提出了调整、改革、整顿、提高的八字方针。目的是扬长避短，加快四化建设步伐。八字方针符合广大人民群众心愿。大家希望我们的经济建设快、稳！但就我所碰到的一些问题，我总觉得与'快'字背道而驰，与'稳'字也毫不相干。例如，这些年来，上级要求我们厂产量、利润、产值逐年均有递增。如1979年要求在1978年的基础上，产量增加3%，利润增长8%。我们厂设备老，厂房小，在不增加生产能力、不改变产品结构的情况下，如何完成上级敲下来的任务呢（'敲下来'三字用得好——作者

为什么调整？调整中应该注意的一个重要问题

注)？3%的增长速度是如何算出来的？有些什么具体措施呢？虽然我不是搞计划的，但因工作关系，我要了解这个问题。于是请教了计划科的同志。"

计划科的同志给李玲君同志介绍了一个计算增产3%的复杂公式。为节省篇幅起见，我不再详细引证原信。简单说，就是：（1）加快机器转速，拼设备；（2）缩短交接班时间和吃饭时间，拼劳动强度。但是拼劳动强度和拼设备潜力，总是有限的。因此，厂领导过了一段时间又要大家"瞻前顾后"，禁止加班加点，等等。来信详细描绘了基层企业在技术改革措施没有跟上去的条件下，为了完成上级"敲下来"的每年增产百分之几的任务，一会儿紧一会儿松，一会儿吃不下一会儿吃不饱的生产能力浪费情况。这位青年技术员同志的来信接着说："《解放日报》1980年10月23日的评论中批评了某些企业在编制四季度计划时，不顾大局留了一手，但对他们为何留一手却不曾深究。"来信说："我不知道国家计委的国民经济计划是如何编制的。但从基层来看是市里分配给局，局分配给公司，公司分配给厂，而且为了确保计划完成，无形中层层加码。虽然计划是由基层上报建议数以后敲下来的，但说计划是自上而下并不过分。因为上级在建议数上层层加码，并没有说明为何可以加码，也不考虑下面各个企业的基础如何，一律要求一年比一年增长百分之几。而且搞经济也像搞政治运动那样，提出'一季超四季''二季抓过半''三季超二季''四季抓全面完成'等永不过时的口号。结果只能逼得基层企业订计划或完成任务要瞻前顾后，要留一手。这也难怪下面的基层干部……因为一个厂在其生产达到设计能力以后，若没有技术措施跟上去，在原有的基础上要一年超一年，没有极限地往上长，是令人心悸，不得不留一手的。""其结果，厂里留一手，公司留一手，局里留一手。留来留去都是对'四化'留一手，推迟了'四化'的实现！"

给我写这封信的青年技术员李玲君同志和我素不相识，而且也从来没有读过我的著作，她不知道我关于计划体制问题、固定资产管理问题，特别是关于设备更新问题的观点。之所以给我来信是因为她在给我写信的前一天（来信日期是1980年7月29日）在《文汇报》上读到了关于我的一篇介绍。她只知道我是研究经济学的。因此她给我写信的目的是要我解答使她苦闷、使她"百思不得其解"的一个政治经济学问题：国民经济有计划按比例发展的规律问题。她说，她读了1963年上海人民出版社出版的《政治经济学教材》社会主义部分。她来信说："教科书上对有计划按比例地发展社会主义经济的论述是极神圣的。但是从实际情况来看问题，反映为基层计划……在束缚生产力的发展，在拖四个现代化的后腿。那么是因为'有计划'造成的罪过，还是因为计划制订得不科学、不合理、脱离实际造成的罪过？我还不曾求得答案。因为我接触问题的面很小，我也不知道国家计委的国民经济计划是如何编的……我们不要求计划与实际完全相符，但也总不至于造成某些产品大量的过剩而不及时调整吧。面对市场上大量处理商品、积压物资及生产资料如车床之类的大量积压，又如何去理解计划经济呢？"

我很高兴，这位来自基层的青年技术员同志所提供的材料和她所提的意见完全证实了近20年来我所一贯坚持的意见，那就是：（1）要使我们国家40多万个老企业的劳动生产率能够有所提高，除了不断改进经营管理的水平以外，还必须改变"复制古董、冻结技术进步"的设备管理制度，必须不断进行技术改革。如果没有技术措施跟上去，而想使生产和劳动生产率一年又一年往上长，是不可能的；（2）老企业的即我所说的简单再生产范围内的计划编制程序，不能用自上而下"贯下去"或"敲下去"的办法，而必须采用在基层企业之间的供、产、销合同基础上逐级汇总的办法来编制。

## 一个有争论的老问题
### ——设备更新的年限问题或折旧率问题

但是,搞技术改造和技术革新(设备更新)没有钱是办不成的。按照我们的现行制度,每年用于设备更新的钱(折旧基金)只有固定资产原值的4%～5%(各行业略有不同)。这就是说,我们的财政制度规定,我们的机器设备要20年到25年才能更新一次。而且就是这么一点设备更新费用,在1967年以前还是全部上缴国家财政;1978年以来50%上缴财政,但都拿去办新厂了。留给企业可以用于设备改造的资金只有4%～5%折旧率的折旧基金中的50%。过去还规定机器设备在大修中要保证"不增值、不变形、不移位"。因此,我曾经把这种制度称为"复制古董"的固定资产管理制度。这套制度是20世纪50年代从苏联进口的。我在20世纪60年代初就提出过反对的意见。❶ 1979年因为维也纳《新闻报》批评苏联人不灵活,自己的冶金工程师发明的连续铸锭法已经有28个西方国家购买了这个专利权,在冶金业中普遍采用;但是苏联自己生产的1.5亿吨钢却只有8%,即1200万吨是用这种新方法生产的。因此,我在《红旗》1979年第6期《从必须改革"复制古董、冻结技术进步"的设备管理制度谈起》这篇文章中说,这不是苏联人的头脑不灵活(不灵活的头脑怎能发明为28个西方国家购买并普遍采用的新技术呢),而是苏联沿用的那套设备更新制度不灵活。因为要用新的炼钢法,必须把旧设备进行改造。而苏联的财政制度(折旧制度)对旧设备的改造是舍不得给钱的。因此,我建议,根据苏联的前车之鉴,我们必须改变这套制度。据1981年美联社华盛顿电讯,美国研究苏联问题的专家、宾夕法尼亚大学经济学教授莱文的分析说,苏联的新五

---

❶ 孙冶方:《固定资产管理制度和社会主义再生产问题》,见《社会主义经济的若干理论问题》,第238页,北京,人民出版社,1979。

年计划已经改变这种经济发展战略，即把重点放在通过改善设备来提高老厂现代化的程度，而不是建立全新的工厂。因为苏联新的五年计划中规定的投资增长率出人意外地达到战后空前最低的水平。规定今后每年平均投资增长率为2.6%，而在上一个五年计划期间为3.67%，在1971年到1975年期间的增长率是6.4%。莱文说，"这次政策改变的目的是要促进采用新技术的活动以扭转生产率增长速度下降的趋势"❶。这就是说，这套"复制古董"的设备管理制度在它的原产地已经开始被否定。

但是，1979年6月我的文章在《红旗》发表以后，在国内引起了好些经济学家，特别是财政学家的反对。例如，因为我在那篇文章中提出，现在西方的固定资产更新周期已经缩短到四五年，我国的更新周期考虑到技术和财政情况至少应该把更新周期从现在的二三十年缩短到10年，即把折旧率由现在的4%～5%增加到10%。针对我的这个意见，1980年《财政》第1期，朱民杰同志在《对提高固定资产折旧率的意见》一文中说："最近有些同志写文章、做报告，都提出了固定资产折旧率太低的问题，认为这是冻结技术进步的小生产管理方法，与加快"四化"相抵触的竭泽而渔的政策，急需改进。他们主张折旧时间要大大缩短，折旧率要大大提高，折旧基金全部或大部分留企业支配。"

朱民杰同志说的"写文章、做报告"的人大概就是我。不过我不是最近才写文章、做报告。如前面已经指出的那样，我正式的书面研究报告在1963年就已经开始，至于口头宣传大概还要早些。我宣传这个观点，大概快要20年了。朱民杰同志认为，我们

---

❶ 1980年12月2日《真理报》公布的第十一个五年计划纲要中关于新建和改造的关系说："把投资……首先集中在现有企业的改造和技术改造上。""首先要把投资用于企业的改建和技术改装以及完成早已开工的建设项目。只有在考虑到现有生产能力的改造和技术改装，依靠对现有生产能力的改造和技术改装……仍不能保证国民经济对某种产品的需要时，方可兴建新的和扩建老的企业。"

现在的折旧年限同资本主义国家的折旧年限已经差不多了。这是不符合事实的。各国各行业的折旧率是不完全一致的。但据我们所知,现在西方各国房屋更新年限大概在 10 年,一般机器是 5 年左右,车辆以及制造车辆的专用设备为 3 年;绝没有像我们这样,综合折旧率在 20～30 年这么长的。

如同我在 1979 年第 6 期《红旗》发表的那篇文章所说的那样,根据马克思的分析,设备的更新周期与资本主义经济危机的周期是一致的。现在资本主义经济危机周期已经从 19 世纪初和 20 世纪的 10 年左右缩短到四五年一次了。资本主义世界设备更新周期的缩短是原殖民地半殖民地国家的独立解放运动促成的。正如一位日本资本家所说的那样,第二次世界大战以前他们是靠军事、政治统治赚钱,现在他们是靠技术赚钱。归根结底,还是革命促进了生产力的发展。遗憾的是,革命已经促使资本主义国家加速了它们的设备更新并加速了它们的生产力发展。我们社会主义国家要胜过它们,也只有迎头赶上去,逐步加速我们的设备更新周期。遗憾的是:我们有些经济学家和财政学家还在为这种低折旧率和长的设备更新周期、为这种落后的固定资产管理制度找理论根据。

### 低折旧的理论根据是否定无形磨损

前面已经说过,我们这套低折旧率的设备管理制度是 20 世纪 50 年代初从苏联引进的。这套制度在实践中的基本精神就是重视办新厂,忽视老厂的技术改造,把老厂的固定资产的折旧率尽量压低,把钱挤出来搞新的投资,把老本当作积累。这种低折旧率的理论也是从苏联引进的,这就是否定无形磨损,认为无形磨损是资本主义的经济学范畴。例如 1954 年出版的苏联大百科全书第 28 卷在"无形磨损"这个词条下有以下的说明:"机器的无形磨损是指资本主义社会里由于生产同类型的机器更便宜了，或者由于这一类型的机器被别的效率更高的机器所代替了，从而引起的机器价值的损失。"这就是说，在社会主义社会里，就不会因为劳动生产率的提高和技术进步引起的旧机器的贬值而发生无形磨损了。而我们的经济学家和财政学家为了替低折旧率辩护也是从这套制度的发源地找到同样的理论依据的。

例如1980年第9期《经济研究》柳标、田椿生二同志《关于固定资产折旧的几个问题》一文谈到无形磨损时，所提理论依据就同苏联大百科全书在"无形磨损"这个词条下所做解释基本一致。柳、田二位的文章中说："我们虽然仍是商品生产的社会，但是企业的固定资产是作为劳动手段使用的，除了少数不需用的固定资产外，一般是不会出售的。大量在用的固定资产的贬值，大多是由于国家调低了设备的出厂价格，所有拥有这类设备的企业都要同时调低固定资产的价值。因为都是社会主义公有制的企业，这里没有什么损失可言，只不过是大家共同把价值符号做一个变动而已。"这是一番很有趣的妙论，作者在"我们仍是商品生产的社会"这个条件下承认无形磨损，那么试问，当着我们的社会不是商品生产而全国都进入一个全民所有制的社会了的时候，无形磨损难道就不存在了吗？特别值得注意的是作者在"但是"之下所发的议论。作者认为，在社会主义条件下，虽然那种由于劳动生产效率提高而使机器价值下降是存在的，但可以不必计算，"没有什么损失可言，只不过是大家共同把价值符号做一个变动而已"。这就完全把客观存在着的无形磨损变成了纯粹主观意志的产物，它只不过是通过主观调价反映的。这是很不合乎逻辑的。是不是说，不做主动调价，无形磨损就不存在而不计算了呢？难怪会出现如同报纸上揭发的那样，有许多企业把外国进口的崭新设备压在仓库里好几年甚至几十年不用，在他们看来，反正不用也不会损失的。这完全是一种农业社会的自然经济观点在作怪。因此，我认为，两种无形磨损在社会主义条件下都要考虑到折旧率中去，它不是哪位财政学家单凭主观意志，不调整价格就可以不计算的"符号"。柳、田二位所谓"这里没有什么损失可言"的说法，不禁使我想起了"四人帮"横行时代某省一位负责人所说，"三年不算账，钱也不会跑到外国去"的谬论。

以上所有反对提高折旧率的理由都是站不住脚的。一个真实的、需要认真对待的理由是财政问题。我们现在所有全民所有制企业的固定资产在5000亿元左右，折旧率每提高1%，财政上就要拿出50亿元。如果把平均折旧率从现在的4%左右提高到10%，如同我所建议的那样，再加上原来上缴财政的那50%的折旧基金，那么财政上就要拿出几百亿元。在财政赤字至今没有完全消灭的时候，要拿出这么一笔老企业更新基金，这确实是一个大难题。但是，只要首先在思想上认清了老企业设备更新的重要性和必要性，那么办法总是有的，那就是我最近在几次会议讨论这问题时建议的那样，把今后预备每年用于新的投资的那300多亿，拿出一半用于老企业的设备更新；只拿出一半甚至一半以下用于最必要的新建企业的投资（如煤、电、油和铁道、水运等）。在今后两个五年计划时期，把老企业的改造作为中心任务，然后再去争论外国的折旧率到底多少，我们应该多少等问题。

*　　*　　*

当笔者改完这篇文章的二稿时，五届人大四次会议的政府工作报告《当前的经济形势和今后经济建设的方针》发表了。这个报告提出的十大方针的第四条是："有重点有步骤地进行技术改造，充分发挥现有企业的作用。""为了有效地推进技术改造，今后用于固定资产的投资，要把基本建设和技术改造的资金统一安排使用。应该在较短时间内制定出符合我国情况，有利经济发展的设备更新政策。企业固定资产的折旧率要根据不同行业、不同企业的情况逐步提高，以利于合理地缩短企业设备更新的周期。

今后凡是企业的折旧基金、利润留成部分中的生产发展基金，以及上级部门拨给的有关资金，都应该用于技术改造和设备更新。这些资金的分配和使用，都要纳入财政计划和信贷计划，不得用于新建项目和其他支出。有条件的企业还可以适当利用外资，把技术改造同技术引进结合起来。"

让我们全国上下一致，执行政府工作报告提出的这条以及其他九条方针，把"调整、改革、整顿、提高"的八字方针彻底贯彻下去，再加上党的思想教育工作和必要的组织调整，我相信我国的经济发展速度必然会迅速提高！

为什么调整？ 调整中应该注意的一个重要问题

# 不是要不要抓速度而是如何抓速度[*]

我在 1981 年 9 月第 50 期《世界经济导报》上发表的《调整、改革与速度》一文,提出了一个问题:我们在"一五"时期,工业发展速度年平均为 18%;在 20 世纪 60 年代初克服了"大跃进"时期的浮"夸风"、"共产风"以后,年平均速度是 17.9%。我们有什么理由认为这个曾经达到过的速度是可望而不可即的高指标呢?我认为,现在速度上不去的原因,就在于调整改革没有做好。而调整改革之所以没有做好,则在于人心没有那时候齐;就在于某些领导班子因"十年浩劫"搞得不很纯了……

文章发表后,接到一封读者来信。他认为,"正是由于过去的急躁冒进思想,才使得现在的调整与改革成为必要","把速度是否上得去作为调整与改革是否搞得好的唯一标志,可能会造成南其辕而北其辙的后果"。他说,"中华人民共和国成立 32 年来,我们的许多经济学家没有认真地就社会主义经济发展问题进行科学的研究,以至迄今为止,在人们的思想上还有许多模糊不清的认识。例如,社会主义经济发展速度有没有质的规定性和量的规定性,社会主义建设每一个阶段上以什么样的速度为最宜"。

接着,来信对我国 1950—1980 年的各年速度做了详细分析,并指出:在这 30 年间,我国工业增长速度超过 30% 的有 6 年

---

[*] 本文原载 1982 年 4 月 5 日《世界经济导报》。

（1950年、1951年、1958年、1959年、1969年、1970年），其中1951年比上年增长38.2%，1958年为54.8%。来信又指出30年间，工业年增长速度连续5年超过10%的出现过一次（1956—1960年）。但是紧接着这一次的，是连续两年下降。30年间，工业年平均速度连续有2年超过30%的出现过3次（1950—1951年，1958—1959年，1969—1970年）。

来信做出的结论是："由此可见，中华人民共和国成立以来的各个五年计划的工业发展速度的起伏是相当大的。在对上述情况未做出科学的解释以前，简单地回答孙冶方同志的问题显然是不妥的。"

给我来信的这位读者是上海一个工业公司教卫科的干部。从来信看，他对问题的研究是很认真的；但是毛病恰恰就在于他自己所说的，只注意了历年速度的"量的规定性"，而没有分析它的"质的规定性"。要不然，他就会发现，在他所列举的年份和速度本身就包含着对问题的答案了。

在来信所提到的工业增长速度连续两年超过30%（甚至超过50%）的3次中的第一次（1950—1951年），是战后恢复时期。那个数字基本上是可靠的。然而，恢复时期的速度有它的特殊性，不能以此来要求建设时期。三次中的第二次是刮"浮夸风"和"共产风"的时期。这个数字根本不可靠，而且众所周知，那两股"风"严重破坏了生产，所以紧接着才带来了连续两年的生产下降。至于第三次，那是林彪、"四人帮"弄虚作假、破坏生产的时期。那个数字同样也不可靠，而且对国民经济也带来过不良后果。正因为如此，所以在我的上述文章中，不仅刮"共产风"、"浮夸风"时期和林彪、"四人帮"时期的速度没有提到，就是对于3年恢复时期的速度（虽然基本上是真实的），由于它的特殊性，我也没把它作为在今后建设时期可以援引的数字。但是"一五"时期的年平均18%的速度和20世纪60年代初第一次

"八字"方针时期的 17.9%，我认为基本上是可靠的数字，没有理由把它看作是高不可攀的高指标。

在我的《调整、改革与速度》一文发表后，经济学界也有文章提出过劝告的：不要强调速度，否则又会出现追求总产值、弄虚作假、掺水分的事情。不错，在第一个五年计划时期，已经出现过追求总产值的现象，18% 的数字也有水分，因此，我只说"一五"时期和第一次"八字"方针调整时期的数字基本可靠，没有说是绝对可靠，毫无水分，这是其一。

其次，如果说，上述 18% 和 17.9% 是有水分的；那么，我们现在的 4%~5% 的速度就没有水分了吗？相反，我怀疑现在的相对水分只有比那时高。

最后，即使说那时的水分比现在还高，但总不至于高到 13%~14% 的水分吧！

同志们对追求总产值的警惕性是可嘉的，但是我们绝不能一次被蛇咬，见到井绳也吓一跳！国民经济的增长速度是社会主义经济制度优越性的重要标志。社会主义的一切其他优越性最终必须在、也必然会在国民经济发展速度上表现出来。如果我们的发展速度比之资本主义国家高不了多少，那就证明我们还没有能够把社会主义的优越性充分发挥出来，我们必须把原因找出来，求得改进。

问题绝不在于要不要速度，要不要强调速度；而在于如何抓，如何强调。如果用自上至下，一级又一级摊派指令性指标的办法，用压指标的办法去抓；那么不仅 18% 的速度抓不出来，即使抓出一个 8% 的速度，也会充满了水分的。抓速度要从企业经营管理的改善着手，要从抓企业的技术改造着手；而且不能停留在一般号召上，而是要按行业做出规划，要一抓到底，一个企业又一个企业地抓。

速度不是摊派出来的，而是所有企业普遍改善经营管理、进行技术革新的结果，是一级一级汇总出来的。

因此，我还是坚持我的老意见，要使国民经济发展速度搞上去，必须贯彻党中央的调整改革方针。而改革，必须包括管理的改革和老企业技术改造两个方面。企业的技术改造已被列为国务院的十大经济建设方针之一。现在的问题是各行各业、各个企业对各自的技术改造要订出具体的、切实可行的计划，要具体落实。

为了完成这个调整、改革的任务，必须做思想教育工作和机构调整工作。关于这些，我在上述《调整、改革与速度》一文中已经讲过，不再重复。

# 给陈修良的三封信（1982年）

修良：

久不接你来信，你好吗？不久前给你寄去一信收到否？现据蔡诚来信，他母亲蔡楚吟即蔡夏莹。如此你一定知道她，因她和王季愚一起在抗战初在上海做妇女工作，并编辑《妇女》杂志的。

我仍在住院。

敬礼！

冶方　4月9日

修良：

两次来信及你给市委报告和（吴）先清同志[1]传我都收到。你给市委的报告，我当日即交（张）执一、刘晓同志看了，因当时他二人都住在医院而且和我同住一层楼。

昨日浙江省委党校派梁学健同志来找我搜集文汉同志材料，说是要给文汉编写烈士传公开发表。我看文汉的事就可算依照你和我们大家的意愿了结了，不知你是否还有意见。

---

（1）吴先清烈士（女，浙江临海人）也是1925年即在莫斯科中山大学学习的早期革命家，回国后在中央特科和国际远东情报部门工作。30年代重回苏联，在肃反中被冤为"特务"流放致死。她与陈修良与孙冶方都很熟悉。可参见《关于吴先清同志之死的考证》——《陈修良文选》，上海社会科学院出版社1999年10月出版。

我给梁说的材料不多，但我建议他们在写这传记时必须把文汉在省党代会的那篇讲话写进去，而且要说明文汉在二十五年前把我们今天还为之而奋斗的党政分工问题提出来，不仅说明他有真知灼见，而且说明他是有勇气的。

我住院已三个半月，化疗之后又在做放射治疗，搞得四肢无力，终日懒洋洋的，所以很少给你去信，请谅！

敬礼！

冶方　5月22日

**阿纳：**

你好，你们全家好！你看过电影《天云山传奇》没有？你对它的评价如何？我因4月份《文艺报》登了一篇影评，给此片扣上了大帽子，我"路见不平"管了一下"闲事"写了一篇影评登在6月份《文艺报》上，兹送上稿样一份。如你曾看过此片，你对我此文一定感兴趣。读后，希望听到你的评论！

我最近有幸和院长（最高法院——编者注）住在北京医院同一层楼。我们虽然素未谋面，但因文汉平反事和他间接打过交道，故最初见面，我主动和他点头打招呼，开始他不睬我，我以为是他未注意，两次三次之后，我知道他也一定知道我是谁了，因而故意不睬我了。从此，我也学了他样，在走廊相遇，不再理睬他了，看样子此人水平不高，但实在骄傲得可以！

祝健！

冶方　6月14日

# 给国家计委经济条法办公室复信<sup>*</sup>

**国家计委经济条法办公室同志：**

我认为计划法中对计划名称的选择，决定于计划法的内容。如果计划法所涉及的范围，仅限于现在国家计委所管辖的范围，即仅限于与经济（国家预算）有关的社会发展计划，那么就称作国民经济计划亦无不可。如计划法所涉及的范围包括到社会事业的各个方面，如包括不直接牵涉到经济问题的科、教、文、卫本身的业务计划，则称作《经济和社会发展计划》比较好。当然经济也是社会的经济，称作《社会和经济发展计划》有同义反复的意味，但这可以表示我们的计划法，还涉及社会经济以外的其他社会事业。

我不主张用"社会事业"这个词，因为既然"社会"一词是外来语，那么绝不会因为加了"社会"一词就不成其为外来语的；而且"社会"改成"社会事业"了，那么"经济"要不要改成"经济事业"呢？

敬礼！

孙冶方<br>1982 年 4 月 12 日

---

\* 标题为编者后加。

## 附　国家计委经济法办公室致孙冶方信

**孙冶方同志：**

　　计划法在起草和征求意见过程中，大家对计划的名称有不同的意见。

　　有的同志主张，仍旧叫《国民经济计划》。过去对"社会"发展方面的任务重视不够，今后可以加强起来，名称不必改。

　　有的同志主张，改成《经济和社会发展计划》。理由是可以全面反映计划内容，体现生产的目的性。苏联及东欧一些国家已采用了这个名称，联合国也用了这个名称。

　　有的同志认为，"社会"二字是从国外引进的，内容太广，它既包括经济基础，又包括上层建筑，既有物质生产，也有精神生活，而后者有许多是计划不了的，因此主张用"社会事业"的提法。

　　持第二种意见的同志认为，在计划上用"社会"一词是个特定概念，是专制与经济相联系的一些计划内容。如用"社会事业"一词概括不了人口生态平衡等方面的内容。

　　为了把计划的名称定得科学些，我们很希望听到你的意见，如有可能，请在本月中旬将看法告诉我们。谢谢。

　　此致

　　敬礼！

给国家计委经济条法办公室复信

国家计委经济法办公室

1982 年 4 月 6 日

# 给赵人伟信*

**人伟同志：**

来信和四个一套的古典音乐录音匣早收到。一则要向你道谢！那四匣古典音乐太好了。除音乐本身都是名曲，演奏的乐队也是世界的名乐队以外，那录音的技巧也高明。二则我要向你和布鲁斯教授致歉意。收到所里转来的来信和录音带已经半个月左右了，直到现在才给你写回信。那时因为来信涉及问题很多，我总想什么时候腾出时间来给你写一封较详细的回信，看来不行了。今天是星期天，我就抽空给你写几句。

几次布鲁斯来访，偏偏遇见我住院。他这次来北京，我又住进了医院，未能见到他。过去我对自己的病不清楚。今年春节后，来门诊治牙，一个偶然的机会发现我1979年的手术是割除了一个癌瘤。不久内科大夫通知我来住院做化疗，于是我就在2月5日进了北京医院。现在化疗已结束，再做些复查，预备过了"五一"节就出院。

（请务必代我问候布鲁斯教授。）

同志们怕我知道了自己病情，会影响我的情绪。对我来说，可以说是毫无影响。一则我自己感觉非常好，毫无发病的感觉。二则我确信1979年手术做得很干净。这次化疗完全是预防性质的。过去做过三次，也都是预防性的。而且这次化疗反应比以前任何一次

---

\* 此信写于1982年4月18，关于录音匣一段略有删节。标题为编者后加。

都小。三则我是个乐观主义者，即使老病发了，马上死去，我也活了74岁，不算短命了，虽则手头工作还有不少没有做。

你在报上看到我支持的那个座谈会记录，那么你一定也能看到1月19日（？）[1]报上关于理论学习、干部教育制度和人事制度的一篇短文了。如果你看到了，你有什么意见？

来信所谈布鲁斯教授关于你的进修计划的指导性意见。我完全赞成。

我认为不仅为了知己知彼必须学习资产阶级政治经济学，而且在许多属于具体经济学的研究方法也大可借鉴。不过我和涤新都认为派中学毕业生去进西方大学经济系学政治经济学，那是完全不应该的，难道我们要资产阶级凯恩斯学派或费里德曼替我们培养他们的门徒吗？

至于派程度较高的，或较成熟的青年经济学家（我认为至少要有研究生程度的）去"知己知彼"或学习具体经济学的方法论的东西，那是完全应该的！

敬礼！

孙冶方

82.4.18

住院两个多月我已写了五篇小文章，今天又在写第六篇小文章。在这期间，也继续写了《社会主义经济论·导言》，并为此重新批阅了一些有关的材料，是应该抓紧时间才对！

又及

你说 econometric（？）[2] 在中文如何译，现在好像已定译为数量经济学，但我认为应译作经济计量学。你意如何？

又及

---

（1） 原稿如此。
（2） 原稿如此。

# 在经济计量学年会上的书面发言[*]

我是一个数盲。我的数学水平还不及一个高中毕业生的程度。因此,我曾经说过我不仅是一个次品经济学家,而且是一个疵品经济学家。没有一定的自然科学水平,特别是没有高等数学的修养是不能算作正品经济学家的,不能算作现代经济学家的。论理我没有资格在经济计量学年会上发言的,但是我想趁这次年会的机会,不仅向同志们讲讲我个人由于一再失去机会或者说没有抓紧机会学好数学,以致造成今天快要进火葬场的时候变成一个终身遗憾这个痛苦的经历,而且想向同志们讲讲经济计量学这门学科在中华人民共和国诞生的苦难经历。因为这门学科我们原来是可以在20多年以前就诞生的,但由于受到"左"倾思想的摧残,一直到现在才开始重新建立这门学科。

我先说说我个人的经历。我是高小的时候就参加了青年团,并且转了党,参加革命工作。那个时间,在陈独秀机会主义路线影响之下,对于马列主义理论的学习都根本不重视,更不要说对于文化课了。我读完中学一年级,就去苏联学习马列主义,但那时苏联的经济学家、马列主义理论研究人员也都不重视经济计量学。因此在苏联学习的时候,我也根本没有想到要补数学这门课。如果那个时候我有这个觉悟,我至少可以有机会自学的。回国以后,我就从事地下党的工作,一方面是环境不允许,另一方

---

[*] 本文原载《经济研究》,1982(4)。

面自己也没有觉悟到作为一个马克思主义者,尤其是作为一个马克思主义经济学研究工作者,需要有高等数学的修养。后来到了解放区工作,也是同样没有认识到要补这个数学课。解放初期,我在上海工业部门工作,要管理企业,开始感觉到自己的科学知识特别是数学知识的缺乏对于工作不利,但是在工作岗位上日夜忙乱,根本谈不到学数学。后来我因为生肝病住进了医院,在肝功能较为正常以后,我请求机关给我请了一个数学老师,给我补习代数,可是学了还不到3个星期,我的肝功能急转直下,恶化了,于是医生禁止我学数学了。后来病好了,到了工作岗位上,也始终没有抓紧时间。现在,我已是70多岁的人,学习数学已经来不及了。可是正如鲁迅先生所说,正因为孔子有胃病,所以他常想到吃生姜。同样,正因为我是数盲,所以很重视数学对经济学的重要。特别是1958年年底,我和刘国光同志去布拉格开会,1959年年初回国路过莫斯科,在苏联进行了短时间的访问。刚巧碰上现在的美国经济学家列昂节夫在苏联做报告,大讲投入产出法。我和刘国光同志旁听了他的报告以后,又访问了苏联中央统计局,同苏联中央统计局的索波里谈起这次报告的内容。索波里感慨地同我讲了一段经济计量学或投入产出法这一门学科在苏联诞生的曲折经历。他首先告诉我列昂捷夫是怎样一个人,他是怎样研究投入产出法的。他同我们说,现在的列昂捷夫同他父亲老列昂节夫原来都是苏联计划部门的工作人员,后来他跑到美国去了。索波里说列昂捷夫现在所搞的投入产出法表格,实际上就是苏联第一任国家统计局局长波波夫设计的棋盘平衡表,也叫作部门联系表,就是表示国民经济各部门,包括工业、农业、交通运输业以及科研文教卫生等非生产部门相互之间联系的这么一张表。当初,他们这张表是用简单的数学计算的,那个时候还没有运筹学、线性规划等这些现代的高等数学,或者现在说的经济计量学。但索波里说,列昂捷夫有功劳,他的功劳就是把现代数学

线性代数运用到这张棋盘平衡表中,把现代数学同这张棋盘平衡表联系起来了。索波里说,苏联从前也曾经有人提倡过经济计量学的,但是那个时候由于"左"的思想的干扰,把经济计量学当作资产阶级的东西批掉了。因此,索波里感慨地说,过去我们把经济计量学、运筹学、线性规划这许多现代数学当作资产阶级的东西批掉了,现在倒过头来,拜倒在列昂捷夫的脚下,把投入产出法当作是什么外国的创造发明。

在我和刘国光同志那次访问苏联的时候,苏联已经很重视经济计量学的研究,在新西伯利亚设立有一个由涅姆钦诺夫院士直接领导的经济数学研究室。

回国以后,我曾经在中宣部一次办公会议上讲了研究经济计量学的必要,并且介绍了苏联几十年来在经济计量学研究方面所走过的曲折道路。我建议派留学生到苏联去学习经济计量学。中宣部批准了这个建议。经济所除了派一个同志去苏联学习运筹学以外,还派了两个同志去科技大学数学系,学习高等数学。

我记得当我在中宣部提出这个建议的时候,由于自己不懂运筹学,在介绍运筹学对计划编制工作所起的作用时没有说清楚,那个大阴谋家康生还用"计算连锁反应"这个较通俗的说法来表达我的意思。我说,是的,运筹学可以较精确地计算由于某一产品的产量或价格的变动在各部门产品相互之间引起的一连串连锁反应。

可是不料就是这个大阴谋家康生,1964年就伙同另一个阴谋家陈伯达在经济所策动了所谓"社教运动"或"四清",把派人学习经济计量学说成是宣扬修正主义的东西,而且把派往苏联和中国科技大学学习运筹学的几个同志都召了回来。从此,这门科学在经济学界就被批掉了。后来不久就发生了"文化大革命",连经济学都不要了,更何况经济计量学!

现在,"四人帮"被粉碎了,大家重新重视经济计量学了,而且能够开这个全国性的经济计量学年会，这件事本身就是值得庆贺的。回顾经济计量学在苏联和我国的曲折的诞生过程，今天我们开这个第一届经济计量学的年会是很不容易的。我给同志们讲这个经济计量学在苏联、在中国诞生的痛苦历程，目的是希望同志们要牢牢记住这个教训，要把失去的20年时间通过大家的努力夺回来。希望你们能争取在五六年时间内，至多在两个五年计划时间内，建立起我们的经济计量学和中国的棋盘平衡表！并在以后进一步赶上并超过世界水平！

最后我还要讲一点意见：现在我们经济学界，大家都很重视经济计量学了，否定经济计量学的错误偏向不是主要的了。但是，我又恐怕发生另一个偏向，这就是忽视政治经济学的偏向，认为光是经济数学就能解决社会主义计划经济中的一切问题，就能解决国民经济综合平衡的问题，如果这样，如果想以经济数学代替马克思主义的政治经济学，那就大错特错了。我在一篇关于生产劳动与非生产劳动的文章中讲到统计学是一个边缘科学，有定性定量两个方面，定性决定定量。我们经济数学也是这个样子，我们研究经济学要运用现代数学，运用经济数学，但是经济计量学必须在马克思主义政治经济学指导之下来运用，我们应该认识经济数学以及一切现代高等数学的成就，对于经济学来说，只是一个工具，这个工具不仅我们无产阶级可以利用，资产阶级经济学家也可以利用。我们知道，在西方，由于经济学家的不同派别，例如由于凯恩斯学派和弗里德曼学派，这两派的观点不同，因此他们运用数学计算出的经济模式也不完全一个样。甚至凯恩斯学派内部、弗里德曼学派内部，他们还有各种不同的小派别，他们计算的经济模式也由于小派别的观点相互之间有差别而各异。我们马克思主义政治经济学观点与资产阶级经济学是根本不同的，所以我们只能利用经济计量学的数学方法，还要按照马克思主义政治经济学的基本原理来运用这许多方法。如果我们离开了马克思主义政治经济学的原理,去运用经济计量学,那么我们就会在不知不觉中间把资产阶级的经济学一同学了来,就会在各式各样的资产阶级的经济模式中间迷了路。

要知道过去苏联经济学界批判经济计量学,也不是绝对没有道理的。因为那时的确有不少资产阶级经济学者想从各种数学模式中寻找资本主义经济的救命符。他们梦想使资本主义世界经济不再陷入20世纪30年代初期那种世界规模的,历时好几年,经济指数下跌百分之四五十的经济危机。第二次世界大战以后,的确还没有发生过20世纪30年代那样深度和广度的经济危机。因此,他们用"经济衰退"这个词来代替"经济危机"这个词。但是这个所谓"衰退",却比过去十年一遇的危机来得更频繁了,变得三四年一遇了。经济数学挽救不了资本主义的经济癌症。而社会主义计划经济加上现代经济计量学就能如虎添翼;但是也要有一个前提条件,那就是社会主义计划经济要在党的正确路线和马克思主义政治经济学指导下,不能受到形形色色的资产阶级经济学思想和封建行帮思想或小生产者的自然经济思想的干扰。

最后,我用我前面讲过的祝愿来结束我的讲话,那就是希望我们的经济计量学研究工作者能在马克思主义政治经济学指导下,逐步赶上以至超过国际经济计量学(包括投入产出法在内)的水平!

# 坚持以计划经济为主市场调节为辅[*]

据我记忆,"计划与市场"或"计划经济与市场经济"这个问题的提法,最早发生在东欧。近几年来,在我国经济学界也逐渐流行起来了。我觉得这个提法本身就不很确切。尽管我这个喜欢抠概念的脾气在20多年前就挨过批评,但是我认为概念不清,就搞不好经济学,而且对实际工作亦会带来害处。这个"计划与市场"或"计划经济与市场经济"的提法,就是概念不清的一个例子。因为这个提法本身就是"板块论"的提法,只把"计划"和"市场"作为两个对立面提的。它的意思似乎是说:你是要计划呢,还是要市场呢?

什么是"市场"?市场不是一个空间概念,而是指产、供、销的关系,指买卖关系,也就是指流通过程或流通环节。政治经济学告诉我们:即使是在资本主义社会里,每个企业内部的生产也是有计划的,而且可以说,资本主义企业内部的计划编制得很好!我们不是有不少实际工作者和理论研究工作者到西方资本家企业去考察过,而且很称赞他们的管理吗?就是说,他们企业内部的生产是组织得很好的,也就是说是有计划的。但是整个社会经济是无政府状态,无计划的;因为那里的千千万万个企业属于许许多多私人资本家所有。他们的生产,尤其是他们的买卖关系是属于他们的营业秘密,别人是无权过问的。而我们社会主义社

---

[*] 本文原载《财贸经济》,1982(5)。

会的经济之所以称作计划经济，正因为在实行公有制之后，不仅每个企业内部的生产是有计划的，而且各企业相互间的产、供、销关系即流通过程或市场，也是有计划地组织在一起成为一个统一的机体。因此，如果我们把市场作为计划的对立面来提，那么我们的社会主义经济和资本主义经济还有什么差别呢！

1978年冬，我在南斯拉夫访问考察的时间，曾经请教过南斯拉夫经济学家："计划和市场"或"计划经济和市场经济"的问题提法到底是什么含义呢？一位经济学家回答我说："我们的市场是没有自发性的市场。"我想，如果市场去掉了自发性，那么剩下来的就是有计划的供求关系了。然而，供就是生产；既然生产原来就是有计划的，那么"计划和市场"或"计划经济和市场经济"的提法，实际上就是意味着为需求、为消费而生产，即根据需求或销售情况来安排生产。这应该说是社会主义计划经济天经地义的原则，是不成其为问题的事情。但是，我觉得当国内外经济学家的文章提出"计划和市场"或"计划经济和市场经济"这个问题的时候，他们实际上想说的是"计划调节和市场调节"的关系问题，而所说的"计划调节"就是指指令性的计划指标，也就是上海人说的"上面敲下来的指标"；而"市场调节"就是指根据市场上供求关系和物价的浮动情况来安排或调整我们的生产指标。

如果我们是这样提问题，那么对这问题的唯一正确的答案也只能是：在社会主义社会，要以计划经济（或计划调节）为主，以市场调节为辅。因为如果我们是完全根据市场供求和物价的摆动来安排生产指标，那么我们的经济和资本主义经济就没有什么两样了。

但是为什么计划经济又需要有市场调节作为补充呢？那是因为目前我们还存在着不同的所有制，我们计划的广度和深度都还不够。我们的计划方法也不够完善。

但是即使社会上只存在一个全民所有制了，即使我们的计划方法也够完善了，计划对千千万万种产品的产量和需求量，也不可能算得百分之百地精确。因为除了天灾人祸以外，技术不断在进步，人们的爱好也不断地变化。因此，不论是对于各种生产资料的需求也好，还是对于各种消费资料的需求也好，总是在不断变化中的。但是如果社会掌握有经过科学方法计算的、必要的库存，那么就可以应付随时出现的、市场上任何产品的供求关系的失调。由于今天我们的生产还不很发达，库存还不够充足（不用说，这里所说的库存不是指那种没有人要的呆货），所以当出现上述失调现象的时候，就不能不适当调整我们的计划。

这就是说，我们的经济是计划经济，是按照计划来安排生产和需求的，并且在一定程度之内还不能不根据供求关系和价格的摆动来调剂生产，还不能绝对排除自发性。而自发性不仅是资本主义经济的特点，而且也是小生产者个体经济的特点。❶

总之，我们的社会主义计划经济之所以还需要以市场调节为辅助因素，那是因为：第一，还存在不同的所有制，特别是保留有个体经济成分（主要是自留地生产）；第二，我们的计划方法

坚持以计划经济为主市场调节为辅

---

❶ 在某种情况下，小生产者经济的自发性，甚至比资本主义经济还会大些。因为资本主义国家为了减少生产的盲目性，都在搞市场预测，而小生产者则不知道利用这个现代科学的成就。1982年3月6日《人民日报》第2版《市场漫谈》栏发表的陈满正的短文《大蒜头与市场信息》说："浙江慈溪产大蒜头，每年内产两万担左右，行销附近各县，产销基本平衡。去年，当地农民觉得栽大蒜收入高，种植面积一下扩大了几倍。但因扩种无计划，为顺利销售埋下了隐患……""县多种经营办公室的同志看到这种现象，意识到必须尽快搞清楚产量……经典型调查推算，全县蒜头总产将达七八万担，比前年猛增几倍。这么多大蒜头，如不采取紧急措施，将造成积压变质。于是，他们兵分数路，到外地推销，经过一个月的努力，出售大蒜头7万担，使农民避免了损失。他们的经验是：要搞好多种经营，必须搞好市场商品预测。"市场预测——这不仅是搞好多种经营的好经验，也是计划经济如何引导市场调节、控制自发势力的好经验。

还不够完善；第三，我们的商品储备还不够充足。

但是，为什么在前些时候，在经济学界曾经出现过以市场经济为基础的计划经济这种提法呢？那是因为人们对"市场"这个概念还有不同的理解。如果我们把"市场"理解为没有自发性的市场，把它当作"需求"的同义语，那么生产是为了消费嘛，生产计划要按需求来编制，或计划要建立在市场基础上这样的提法也是可以理解的。然而，这样来理解"市场"这个概念，正和把"市场"当作"自由市场"（正确些说应是"集市贸易"）的同义语那样，都是不确切的。

我这篇短文章从概念谈起，又以谈"概念"结束。这好像有"从概念到概念"的味道了。我认为，研究问题是要从实际出发，而不能从概念出发的。这是完全对的。然而，我要再次重复说明：如果概念不清，那也是说不清任何问题、搞不好任何学问的，包括经济学在内。

# 我们的经济计划要符合社会需要

今年5月19日《人民日报》发表了一篇武汉一商局储运公司的调查报告，惊呼近一个时期来商业库存的结构发生了很大变化，某些不适销的商品库存额急剧增加甚至变质残损，但是生产部门还在继续生产，商业还在继续调进，这是一种很反常的现象。据说，不少地区都存在着类似现象。我们社会主义经济是计划经济，只有坚持计划经济，社会主义经济建设才有保障，但是，坚持计划经济，并不是说那些不符合实际的，或者说是错误的计划方法就不可改变。过去，我们常常是用上面敲下来的指标指导生产，生产部门不问产品销路而盲目生产，商业部门不顾社会需要实行统购包销，盲目进货。结果是"工业报喜，商业报忧"。这使我们的经济工作遭受了很大损失。早在20世纪50年代，我曾呼吁把计划和统计建立在价值规律的基础上，其中有一条具体措施就是要把简单再生产范围以内的生产计划建立在供产销合同的综合平衡上，自下而上地制订计划。这样形成的计划，由于大体上符合实际，因而不但是指令性的，而且具有法律效力，合同一旦签订必须坚决执行。一种产品的生产，其原材料没有供货合同做保证，其产品销路又没有销售合同做保证，那么这种产品就不应该继续生产。如果硬是坚持由上面"往下敲""往下压"指标的计划方法，库存积压的现象永远也不会改变。生产

---

\* 这是孙冶方同志1982年5月25日给中国商业经济学会成立大会的贺信。

的服务对象是消费者,不是仓库,过去只强调商业要有生产观点,不强调生产要有商业观点(即能卖出去),那是有片面性的。商业是流通的代理人,它代表消费者的利益,要实现商品的使用价值,它应当为消费者服务,而不能为仓库服务。当然也要代表生产者利益去实现商品的价值,商品(产品)二重性的矛盾要经商业之手最终解决。因此,维护商业企业代表消费者、社会需要向生产单位自由选购商品的权利,这是十分重要的。陈云同志早就提出,除对涉及国计民生的重要商品不得不继续统购包销外,对那些日用百货要逐步实行选购,使工业关心产品销路,商业关心社会需要。因此,我建议我们商业经济理论工作者和实际部门一道,围绕商业企业的自主权问题,深入研究如何保证我们的经济计划符合社会需要的问题,进一步改革那些不符合实际情况的,或者说是错误的计划方法、计划体制,改革流通体制,这是提高流通领域经济效果的重要课题。据了解,商业流动资金被库存积压商品所占用的部分相当可观。我们的生产部门,还有商业,如果在实际上都是面向仓库,这说明我们的计划方法是失败的。这是我要讲的第一点意见。

第二,我们要深入及时地研究新形势下流通领域出现的各种具体问题,特别要研究如何有计划地组织好商品流通的各种具体形式问题。在这些方面,马克思在《资本论》以及别的经典著作中没有留下任何现成的答案,这是由研究对象所决定的。资本主义流通是自发的盲目的下意识行为,资本主义商业企业组织本身的研究,也是资本家业务范围内的事。但社会主义流通却是有计划的行为,市场是有组织的社会主义统一市场。因此,我们要通过对一些具体形式的研究,比如,多种经济成分的构成、多条流通渠道的开辟、多种经营形式的开放、零售商业网点的设置、按经济区域组织商品流通、贸易货栈、集市贸易、议购议销、工商利润分配、市场预测等,由此来探索对社会主义流通实行计划管理的途径，真正做到"活而不乱，管而不死"。

第三，要克服"轻商"思想。商业是物质生产过程在流通中的延续，售货员站柜台，不论从劳动的复杂性来说，或是从体力消耗来说，不比某些轻工业生产劳动省力，因此，商业职工的劳动是生产性劳动，我国的统计指标向来也是把商业部门算作物质生产部门的。"轻商"思想的克服，并不在讲讲商业职工的劳动是生产性劳动就行了。这不是问题的实质。"轻商"思想，根本原因是残存的封建农业社会的自然经济思想作怪。"死人抓住活人"这种自然经济思想否定社会主义计划经济中仍然存在着交换、流通，否定现阶段的社会主义经济中由于多种经济成分还存在着商品货币关系。因此，要克服"轻商"思想，使全党学会经商，我们商业经济理论工作者有责任在对自然经济思想的斗争中出大力。

我在20世纪40年代曾搞过一段时间的财贸工作，但对商业经济中的许多具体问题，特别是现阶段的新问题，缺乏系统深入的研究，讲几句老话，供同志们参考。

## 也评《天云山传奇》*

对于文艺（包括电影在内），我是门外汉；论理没有我插嘴的余地。再说，我自己分内的工作也没有做好，自己肩上的，好多必须完成的任务都还没有完成；我应该"少管闲事"，做好本职工作。但是我读了1982年4月号《文艺报》发表的袁康、晓文二位同志写的影评：《一部违反真实的影片——评〈天云山传奇〉》之后，总觉得喉头有什么东西哽着，必须吐出来才好。何况袁康、晓文二位同志认为《天云山传奇》（以下简称《天云山》）是一部"毁坏党的形象"的影片，而且认为"《天云山》所存在的问题并不是孤立的，它是资产阶级自由化思想在文艺上的反映"。既然这已经不是文艺界"孤立的"问题，那么，一个文艺界圈子以外的人，过问一下"毁坏党的形象"的"资产阶级自由化思潮"，应该不算是"管闲事"吧！

首先我认为《文艺报》编辑在专设的"讨论会"栏，刊登袁康、晓文二位同志的这篇影评，以及在影评前面所写的编者按语，是做得很对的。既然，有人认为《天云山》是这样的一株大毒草，那么即使这部影片曾经得过文化部1980年优秀影片奖、第一届金鸡奖、第四届百花奖等，而且《文艺报》已经登过肯定这部片子的影评，也应该把持反对意见的文章登出来，重新展开讨论。这的确"对于提高认识是有益的"。因为抱有这种观点的人

---

* 本文原载《文艺报》，1982（6）。

看来并不是极个别的。真理愈辩愈明白。《文艺报》开辟《讨论会》专栏对这问题进行讨论是贯彻了党的"双百"方针。

关于《天云山》这部影片的争论是在这部影片刚上映的时候就存在的。诚如袁康、晓文同志的文章开头所说：在那时就是"褒贬悬殊，争议纷纷"。在我们机关集体购票观看《天云山》的那天，碰巧我有别的事，原来不想去看的。但是听到同志们告诉我：这是一部有争论的片子，有人认为是一部玷污党的形象的坏片子，不应该放映；有人却认为这是一部好片子，应该放映。我已经意识到这不只是对一部影片的艺术评论，而且是思想战线上的一场争论。于是我决定放下别的事，去看了《天云山》。看完之后，我情不自禁对一同看电影的同志说，这么一部宣传落实党的政策的好电影，怎么说是玷污了党的形象呢？

也评《天云山传奇》

袁康、晓文同志一方面承认，"反右派斗争中的扩大化无疑是我们党在工作指导上的一次严重失误"；但是另一方面，他们又以1957年确实存在过一些不要共产党的领导，不要坚持社会主义方向的右派分子为理由，断定：《天云山》一片"完全歪曲了反右派斗争的真相"。因为"《天云山》却只是通过主人公罗群的不幸遭遇着意渲染了反右派斗争'扩大化'的一面，根本不去反映'完全正确和必要'的一面，因而在不了解这段历史青年观众中造成了反右派斗争完全搞错了的印象"。

不错，《关于建国以来党的若干历史问题的决议》的确曾经指出，对于上述反对共产党领导，反对坚持社会主义方向的右派分子的"这种进攻进行坚决的反击是完全正确和必要的"。但是接着又指出："反右派斗争被严重地扩大化了……造成了不幸的后果。"

运动的宗旨或目的的正确性和必要性，并不排除运动会严重扩大化或搞错了的可能性。即使以造成"十年浩劫"的所谓"文化大革命"来说吧，当运动开始的时候，所标榜的宗旨是反对官僚主义，反对干部的特殊化，等等，后来就拔高为反对修正主义和反对走资本主义道路的斗争。反对官僚主义和反对干部特殊化这个宗旨，不仅在当年是正确的，就以目前来说，我们党不仍然以反对官僚主义和干部的特殊化作为整顿党风的重要内容吗？在"文化大革命"初期，不仅广大群众是这样认为的，就以我这种在"文化大革命"中被牵着游街的"革命对象"来说，在开始的时候也是这样认为的。

我清楚地记得，在"文化大革命"初期，有一天清早，当"革命群众"还没有上班的时候，我和一位两次戴上右派帽子的同志（现已纠正），在打扫完厕所后就聊起天来了。那位同志很有感慨地说："看了昨天大字报上揭发的官僚主义和干部特殊化的事例，也觉得'文化大革命'非搞一下不行。"但是这个以反官僚主义和反干部特殊化开场的"文化大革命"，后来发展成了怎么一回事，是大家知道的。所以，光是斗争开始时宗旨或目的的正确性和必要性，并不能保证避免"斗争完全搞错了"而且"造成了不幸的后果"。

当然，"反右派斗争"同"文化大革命"的性质是不同的。"文化大革命"被林彪、康生、"四人帮"这样的敌人搞得完全变了质。"文化大革命"的领导核心主要是一批阴谋家、冒险分子；而"反右派运动"的领导核心却是忠实于革命的好干部。袁康、晓文二位或许会说，既然这样，怎么能够以吴遥这样品质恶劣的人来作为"反右派运动"的领导人呢。

这话说得又对，又不完全对。钟惦棐同志1982年4月24日在《光明日报》发表的《电影〈牧马人〉笔记》一文说得对：在"反右派运动"中"吴遥不够典型，但不能说吴遥式的人物不存在"。

袁康、晓文二位同志曾经引证1888年恩格斯致玛·哈克奈斯信中的下面一段话来否定吴遥这个人物的典型性："现实主义的意思是，除细节的真实外，还要真实地再现典型环境中的典型人物。"❶ 但是我却认为，恩格斯的这段话与其用来批评《天云山》，倒不如说，可以用来为吴遥这个人物"不够典型"做辩解了。因为恩格斯在信中讲这句话，是由于哈克奈斯在1887年出版的小说《城市姑娘》中，以"1800年或1810年，即圣西门和欧文时代的"工人形象来描写1887年的工人阶级。1800年或1810年的欧洲工人阶级是"以消极群众出现的……不能自助，甚至没有表现出（做出）任何企图自助的努力"的工人阶级，而1887年的欧洲工人阶级是已经经历过欧洲各国1848年革命和1871年巴黎公社的洗礼而且已经有了自己的国际组织——第一国际的自觉的阶级了。正因为如此，所以恩格斯在给哈克奈斯的信中说："您的人物，就他们本身而言是够典型的；但是环绕着这些人物并促使他们行动的环境，也许就不那么典型了。"

也评《天云山传奇》

然而《天云山》却不是这样。《天云山》是以为罗群落实党的三中全会政策这个主题展开的。为此电影倒叙了罗群被打成"右派"的前前后后一段故事。从"反右派运动"到十一届三中全会，中间经过"反右倾""四清""文化大革命"这么几次大运动。如果说，吴遥这形象在"反右派运动"时不够典型；那么在"文化大革命"中是太够典型的了。

或许说，吴遥在"文化大革命"中受过冲击，他不是"四人帮"的爪牙。这也不是理由。在"文化大革命"开头受过冲击、后来卖身投靠并帮助林彪、"四人帮"残害别的老干部和知识分子的人，并不是个别的，而且他们手法的恶劣、毒辣往往胜过坐直升机的新干部。况且，影片并没有把吴遥同"四人帮"分子等量齐观，而是描写成一个患得患失、思想僵化分子。

吴遥在"反右派运动"开始时或许并没有想挖罗群的墙脚，

---

❶《马克思恩格斯选集》，第4卷，第462页，北京，人民出版社，1972。

仅仅像一切其他干部一样在过火斗争的"左"倾路线影响下,对罗群进行了过火的批判和斗争。但是当罗群被定案为"右派",而吴遥则因为在运动中立了功而当上地委副书记之后,吴遥本人以及他周围的人理所当然地认为宋薇不该再与罗群这个"右派"结合,而应该与他吴遥结合了。到了揪出"四人帮",尤其党的十一届三中全会以后,应该给罗群平反的时候,吴遥已经是个官封地委副书记、有了没有爱情的婚姻的既得利益者。

当然,"不应该把一场严肃的政治斗争和个人的品质等量齐观"。[1] 但是个人品质反过来总是影响了政治运动的。离开了林彪、"四人帮"的个人品质也无法完全说明"文化大革命"为何演变成了"十年浩劫"。

"反右派运动"及接踵而来的"反右倾""四清"等运动的不幸后果,严重损害了党内民主和人民民主,大大削弱了党内外对于官僚主义、个人专断等不正之风的抵制能力,这就为"文化大革命"提供了便利条件。同时,一次又一次的政治运动又培育了一些顺着风走、专靠运动整人、向上爬的人物。吴遥不过是其中之一。林彪、康生、陈伯达、"四人帮"就是吴遥式人物中的尖子。康生这个大阴谋家在延安抢救运动中就是惩办共产党人的能手(至于他在莫斯科第三国际工作时在王明直接指挥下所犯的罪行,还没有清算)。他对"反右派运动"的消极面和"不幸后果",是起了推波助澜作用的,而他的地位远比吴遥为高。

十一届三中全会以后顶着党中央正确政策不办的人更不是个别的。诚如周瑜贞所说,他们怕给人平反了"就会否定了自己"。

根据以上理由,我认为就历次运动的长过程来说,尤其就最后一次运动,即"文化大革命"来说,吴遥这个人物,在一些吴遥式人物中间,是够典型的。

---

[1] 钟惦棐:《电影〈牧马人〉笔记》,载《光明日报》,1982年4月24日。

为什么我说《天云山》是部好电影呢？我又可以用钟惦棐同志在1981年2月4日《人民日报》发表的《预示着矫健发展的明天——〈天云山传奇〉随笔》中的一句话来表达我看过《天云山》以后的情感："多少年来，我们警惕着把敌人引为同志，但却很少警惕把同志当敌人。"

袁康、晓文二位同志认为《天云山》的某些艺术表现手法的成功加深了不良的社会效果。我却认为相反，是加深了《天云山》的良好政治效果。因为它的成功的表现手法，将会使我们中的绝大多数人牢牢记住：今后我们再不能重犯"把同志当敌人"的错误了！为什么我们和袁康、晓文同志以及同他们二位抱有类似观点的同志，对同一部电影会有如此不同的看法呢？我想不外乎两个原因：一是自信心问题；二是"对号入座"的问题。

在袁康、晓文两位看来，党在群众中的形象是很脆弱的，经过《天云山》的某些成功的艺术手法把"反右派"斗争"严重的扩大化"所造成的"不幸后果"这样尖锐地暴露在群众面前，党的形象就被"毁坏"了。我们却不是这样想，一个有自信心的政党或是个人，对自己所走过的曲折道路、所犯错误，挖掘得越深，那么它或他的威信就越高。《关于建国以来党的若干历史问题的决议》的公布使我们党在国内外人民心中的威信是提高了还是降低了呢？我们不知道袁康、晓文同志的想法如何，我想绝大多数党员和党外人士一定都会回答说：大大提高了！

代表党的形象的不是地委副书记吴遥，而是在影片中没有出场的省委书记和地委第一书记，更是做出正确政策决定的十一届三中全会后的党中央。"预示着矫健发展的明天"的是生气蓬勃、尖锐泼辣的周瑜贞，是虽然曾经软弱动摇过，但是一经认清自己弱点，便以加倍勇气去奋斗的宋薇，还有那个为别人、为真理而愿意牺牲自己一切的善良的冯晴岚。冯晴岚死去了，但是我相信影片《天云山》有助于教育出更多的冯晴岚。

也评《天云山传奇》

正因为这样，我在看完《天云山》以后的感受，跟看完《太阳和人》以后的感受是完全不同的。《太阳和人》的有些镜头，尽管也有客观的现实性，但是看完之后，我的感受是低沉、难受、没有出路。《天云山》给我的感受却不是这样。《天云山》描写罗群受迫害受难的那些镜头我们看了也感到难受，可是《天云山》不仅在结尾中告诉我们：罗群的冤案终于在坚决执行三中全会路线的省委书记和地委第一书记的主持下得到了平反，吴遥受到了批评；而且我们也看到代表我们党的未来的、以周瑜贞、宋薇、冯晴岚为代表的新的中青年一代正以矫健的步伐在向前走。冯晴岚在折磨中病死了，但是她在临终前不仅看到了十一届三中全会的决议，而且知道阻碍罗群平反的障碍正在拆除中。

不论是经历过还是没有经历过"反右派"运动的，凡是看过《天云山》的人都可以"对号入座"。看你是如何对号入座罢了。

"反右派运动，我们都参加过的，运动是搞得过火了，然而我们是执行党的命令呀！难道我们就是吴遥吗？真是岂有此理！"这是一种对号入座法。

联系《关于建国以来党的若干历史问题的决议》的学习，总结历史经验，吸取教训，提高认识，不犯吴遥这样的错误——这是另一种对号入座法。

对于没有经历过"反右"运动的青年一代，《天云山》是很好的一部政治教育片子。牢牢记住这段历史教训，今后再不能搞这样的运动了。

我在开头已经说过，我在文艺方面完全是外行。我也没有说《天云山》就是完美无缺、"百分之百正确的布尔什维克"（这是王明的自吹自捧，世上无此完人，也无此完片）。我只是说，给《天云山》戴上"毁坏党的形象""资产阶级自由化思潮"等大帽子是不公平的。我们要切记"反右派""反右倾""文化大革命"等历次运动的教训，乱飞帽子、乱打棍子的做法不能再来了。

或许如袁康、晓文二位所说，如果多给省委书记、地委第一书记几个镜头，可能更好些，至少可以使《天云山》避免遭受戴那么大帽子，挨那么重棍子的命运；但从艺术角度看，这样安排是否更好、是否必要，我就不敢说了。

但是，有一点我敢肯定：如果把中华人民共和国成立以来32年党所经历的道路，说成是一条笔直笔直、百分之百正确、毫无弯曲的康庄大道，那么，非但不是事实，而且对于吸取教训、避免今后再走弯路毫无好处，只有害处！

## 介绍一本描写地下工作的好小说——欧阳文彬、费三金著《在密密的书林里》*

"在中国,是武装的革命反对武装的反革命",历史已经检验并证明了斯大林在20世纪20年代讲过的这句话是真理。中国人民是靠20多年的武装斗争,战胜了武装到牙齿的中国豪绅地主阶级、买办资产阶级和外国侵略者并取得了政权。但是任何事物都是一分为二的。斯大林的启示,尤其是毛泽东同志的身体力行,一方面克服了党内不重视和不懂武装斗争的偏向;另一方面又滋长了另一种偏向——否定或轻视另一种革命斗争的形式,即白区党的地下工作的必要性和重要性。

我这里说的不是江青、张春桥对白区党的恶毒攻击。他们把白区党说成是叛徒、特务的党,那是因为白区党,特别是上海、山东的白区党深知他们二人的叛徒、特务史。他们这样攻击也是为了陷害刘少奇同志和周恩来同志,因为党的白区工作是归他们领导的。我在这里说的不是他们的这种恶毒攻击,而是我们党内同志中存在的一种偏向。

我记得皖南事变以后不久,刘少奇同志对华中局党校第一期学员做了一次报告。那时,华中局党校学员,除了部队干部和根据地干部以外,还有从白区来的党员。有些部队干部和根据地干

---

* 此文写于1982年6月。

部认为白区来的同志一不会打仗，二不会做政权工作，有点看不起。针对这种情况，少奇同志在一次报告中说（大意）：

白区同志不会打仗、不会做政权工作，正如大多数部队干部和根据地干部不会做白区地下工作是一样的道理。在白区，政权是国民党政权，军队是国民党军队，叫我们白区的同志怎样去学政权工作、学打仗呢！正是因为如此，我们白区党员的工作条件就要艰苦万倍。在根据地入了党，就有工作做，吃饭、穿衣有了保证，而且每个月还发给零用钱。白区的党员必须自己找饭吃，自己赚钱来养党，自己出钱来做党的工作。党员在白区工作，脑袋好比是拴在裤带上的，随时都有被敌人拿去的危险。

我们在这里还可以补充说两点意思：（1）最早的革命武装是白区的党组织起来的，最早的根据地也是白区的党开辟的；（2）没有白区党和人民的配合，革命是不可能取得胜利的。

正因为如此，我们为了教育后代，除了继续总结我们党的武装斗争经验和根据地工作经验以外，还必须总结党在白区工作的经验。首先是搜集材料。因为由于大家知道的原因，党的白区工作的资料是特别残缺不全的。

我们这里介绍的这部小说：欧阳文彬、费三金著的《在密密的书林里》，讲的是皖南事变前后两三年时间里，西南文化城桂林进步书店（实际上就是讲的生活书店、读书生活社、新知书店）的工作人员，如何在党的领导下出版和发行马列著作和其他革命书籍，冲破敌人的文化"围剿"，在群众中"传播革命火种"的事迹。小说也生动地描绘了国民党内部的派系斗争以及蒋介石如何派遣特务打入桂系、分化桂系的阴谋活动。小说还描绘了革命青年如何在残酷的对敌斗争中克服自己队伍中的种种弱点，经历友谊和爱情的纠葛，逐渐成长起来的过程。尽管，有的同志牺牲了，有的人叛变了，但是他们成长了。读了这部小说，他们当年"传播火种"的事迹，今天还在点燃读者的革命激情。

介绍一本描写地下工作的好小说——欧阳文彬、费三金著《在密密的书林里》

当然，小说总是小说，不能把《在密密的书林里》当文史资料读。历史资料一定要确实，小说允许虚构。例如"钓鱼书店"，在桂林不曾出现，但江西、四川等地却确有其事。又如叛徒，这三家书店没有，但在白区复杂的斗争环境中无疑是存在的。某些地方也确实有过特务以恋爱为手段企图打进书店的情况。《在密密的书林里》是以真实的历史环境作为背景，以白区地下工作的特点作为依据，进行艺术虚构的。作者欧阳文彬当时就在新知书店工作，她接触过许多在斗争中锻炼成长的青年，书中的女主人公是一个经过概括的艺术形象。

这位女主人公李丹在长沙大火之后，辞别了老母去"大后方"，寻找她的参加抗日救亡运动的姐姐李晖。不料，她通过国民党特务的重重关卡到达桂林的时候，她姐姐已经去皖南参加新四军了。她也想去新四军参加抗战，但是没有门路。后来她经过姐姐的朋友们的介绍参加一个进步书店的工作。开头她不想去，去了以后，在最初的一个阶段也不安心。她想，即使不能像她姐姐那样去前线杀敌，也应当像姐姐的几位朋友那样到剧团去演戏，在舞台上当着观众的面宣传革命道理。但是当她进了书店以后，她就慢慢地懂得了书店工作的重要意义。她不仅从书店同事那里懂得进步书店所做的工作是传播革命火种的工作；而且从国民党特务对书店的种种迫害中，知道她（他）们从事的工作是一切投降派、反动派最害怕的事情，是一种重要的革命工作。于是她就安心工作下去，而且不久入了党。在皖南事变后反动高潮时期，书店被封，书店负责同志撤离桂林之后，她潜伏了下来，建立了秘密的据点，继续进行着她（他）们所说的播火工作。

但是像李丹这样一个刚踏进社会、开始也很瞧不起书店工作的女青年能够很快懂得的事情——出售马列著作和进步书籍的工作是播火工作，是重要的革命工作，今天却不为我们出版部门的某些干部所理解。他们说，在国民党地区开书店、卖书，那是为了吃饭、谋职业，那算什么革命工作！而且这是在党中央两次下过通知之后，那通知明确指出：生活书店、读书生活社、新知书店是在党领导下的三个单位。

这到底是怎样的一种为吃饭、谋职业的工作，我请这些同志读一下《在密密的书林里》这部小说。

关于文学，我完全是门外汉，没有发言权。但是我作为这部小说的一个读者，想说说自己读过这部小说之后的一些感受。这部小说没有华丽的辞藻，也没有什么慷慨激昂的词句，为什么我读完此书，深受感动呢？我想这不外乎，这部小说是以作者自己亲身经历的斗争生活为背景的。作者不过是按照写实主义的原则，用朴素的文字把它表达出来罢了。

例如小说中，好几处叙述了国民党特务对我们同志盯梢，我们的同志又如何甩掉尾巴的情节，还有国民党军警当局要搜捕我们同志，我们的同志又如何凭着勇敢和机智逃脱的情节，读到这些段落真比读任何惊险侦探小说还不知要惊险多少倍。

小说也描述了我们的同志如何依靠着广大群众把秘密工作巧妙地同合法斗争结合起来的情形。国民党警备司令部在书店门市部贴出了限期3天停业的布告以后，正在买书的读者纷纷提出责问，使军警们哑口结舌。而我们的同志却从群众的讲话中得到启示：来了一个关店大拍卖，一天之内把存书卖了个空。在那大拍卖的一天，书店所在的这条马路人山人海，汽车、人力车都无法通过。当设在对门的国民党书店和特务饭店冷冷清清没有顾客上门的时候，这边革命书店里却挤满了人。一批批读者拎着一捆捆革命书籍从书店里出来，一批批人又手里拿着钞票涌了进去。

这是当年进步书店被迫关门前的真实记录！这是地地道道的一次自发的群众示威运动！

末了，我作为一个常写理论文章的人，在读了《在密密的书林里》这部小说之后，认为这部书在结构紧凑、文字朴质这一点

介绍一本描写地下工作的好小说——欧阳文彬、费三金著《在密密的书林里》

上，也是很值得我们学习的。但是正似任何著作不可能是白璧无瑕的，如果我以吹毛求疵的精神来挑挑刺，那么这部著作也有这么一个刺：

在书的406页，当抗日宣传队的老队长陶毅之向李丹和倪慧英讲述了李丹的姐姐李晖等12位皖南新四军女战士于皖南事变时，在反动军队的包围中，打完了最后一粒子弹和手榴弹，手拉着手跳下悬崖壮烈牺牲之后，曾说："李晖是人民的好女儿，是我们民族的骄傲！"

虽然，"民族的骄傲""党的骄傲""某某人的骄傲"之类的话，在现在的报刊上广播中，是习以为常，见惯、听惯的了。但是，我仍然不能以"约定俗成"这类遁词来原谅这种说法。我们不是说"要戒骄戒躁"吗？"骄傲"这个词在古今中外，任何一种文字中都是贬义词，只有"豪迈""英豪""自豪"等是褒义词，怎能把"民族的自豪"说成是"民族的骄傲"呢？可能这些确实是我的吹毛求疵，是挑剔。请《在密密的书林里》的作者和读者原谅吧！

# 效益与速度的统一：有计划地抓好企业技术改造[*]

去年初，全国在进行经济调整时压缩了基本战线，国内外许多人士都担心中国经济发展的速度将会由此而越来越慢以至出现负数。要不要和能不能把建设速度搞得快一些呢？我也考虑了这个问题，这年夏天在大连开会时，恰逢《世界经济导报》来约我写这方面的文章，我欣然命笔，以题："调整、改革与速度"发表了我的看法，我认为，经济发展的快慢是由速度高低来表现的，搞经济不能没有速度，而目前速度上不去的原因，在于调整改革还没有搞好。压缩基本战线，发展速度减慢了，但这是为了更快地发展。"一五"时期，国民经济的发展速度平均为18%，60年代初经过调整，年平均速度也是17.9%。这样的速度我们过去曾经达到过，只要我们把调整改革搞好了，用不了多久的时间也一定能够达到，这不是什么高不可攀的高指标。当前调整改革之所以没有搞好，除了积累的问题太多外，主要原因在于人心不齐，在于某些领导班子因"十年动乱"而搞得不纯，有些人硬是顶着中央的方针不办。就此，我提出要加快搞好调整改革，必须开展两条战线上的斗争，既要反对左倾，又要反对右倾自由主义。

"调整、改革与速度"的文章发表后，我接连收到不少读者

---

[*] 本文写于1982年8月15日。

来信，有赞成的，也有反对的，其中一种反对意见说：我们刚刚纠正了"冒进"，克服了盲目追求高速度的错误，你怎么又提倡抓速度呢？还说，这是和党中央的方针相矛盾的，会重演追求总产值的错误。因此，我又写了第二篇短文，题目是"不是要不要抓速度而是如何抓速度"，我认为，一些同志对追求总产值的警惕性是十分可嘉的，但是我们绝不能一次被蛇咬，见到井绳也吓一跳，国民经济的增长速度是社会主义经济制度优越性的重要标志，速度快，就能取得高的劳动生产率水平，这正是保证新社会制度胜利的最主要的条件。如果我们的发展速度比之资本主义高不了多少，而且还付出了很大的代价，那就证明我们还没有把社会主义制度的优越性完全发挥出来。问题不在于要不要速度，要不要强调速度，而在于如何抓，如何强调。如果用自上而下，一级又一级摊派、压指令指标的办法去抓速度，那么不仅18%的速度抓不出来，即使抓出一个8%的速度，也会是充满水分的。因此，速度不是摊派压出来的，而是所有企业普遍改善经营管理、进行技术改造的结果，是一级一级汇总出来的。

还有一种反对意见说，强调经济增长速度与提高经济效益是相矛盾的。这也是误解。这里我想着重对这种看法做一答复。长期以来我们按斯大林管理经济的办法，把对企业考核的重点放在产量和产值的增长上，因而迫使企业走外延扩大再生产的路子，他们经常挪用技术改造资金搞基本建设。而在指导思想上也认为，要发展生产，就得办新厂、扩大基本建设战线，这就经常挤、挪老企业的技术改造资金，把它集中起来搞基本建设，因而使老企业的劳动生产率不能提高。许多企业的设备损耗严重，甚至连简单再生产也难以维持。据有关计算，在国营工交企业4400多亿元的固定资产中，有1/4急需更新，机械行业的设备大部分还是50年代的技术水平，纺织行业的设备大部分也是四五十年代的技术水平，去年夏天我去大连金州纺织厂调查，那里有许多设备还是20年代的哩！由于我们把经济增长速度寄托在办新厂上，但办新厂却又花钱多、周期长、收益慢，这就使基本建设战线远远超过国家财力、物力所能负担的程度，造成国民经济各部比例失调。特别是随着经济的发展，老企业的数量越来越多，相比之下，不管基本建设规模多大，但每年新建的2000多个企业在企业总数中的比重总是越来越小。用一个简单的算术式来说，分子即新建企业数不变，每年都是2000多个，但分母即老企业数却在不断增大，这就是说，当着分母无限增大时，速度就将趋向零。斯大林在苏联第一个五年计划的总结报告中曾经提出基数大，速度必然下降的观点，他说苏联恢复时期的增长速度要比第一个五年计划时期高，"这一切说明了什么呢？说明了在研究产值增长速度时不能只限于考察增长的总的百分数，还必须知道每增长百分之一所包含的内容和全年产值增长的总数。"❶ 这实际上是为速度下降的自我安慰。1957—1958年，苏联中央统计局综合司司长索波里来我国讲学时挖苦斯大林，他说：基数大，每一个百分数所包含的绝对数也大了，这是每个小学生都懂得的。他认为苏联经济发展速度出现递减的趋势，是因为"不算账""大型狂"以及政治上的僵化所致。这应该说是实事求是地道出了按斯大林模式管理经济造成发展速度越来越低的秘密。因此，我们要跳出老框，不要把经济增长速度寄托于办新厂、增投资上，要放在改善企业的经营管理，搞好技术改造上来，以此不断提高劳动生产率。

抓好现有企业的技术改造，这是使国民经济增长速度比较实在，经济效益比较好，人民可以得到更多实惠的关键一招。首先，有计划地对现有企业进行技术改造，有利于不断提高产品质量、降低消耗、增加生产能力，通过大量采用先进技术和设备，

效益与速度的统一：有计划地抓好企业技术改造

---

❶《斯大林全集》第13卷，第171页。

使企业对不断发展变化的社会需要具有相适应的技术能力，以便从费用和效用的比较中，用较少的劳动消耗，增产更多的适销对路的产品，只有把生产的增长速度落实在生产更多符合社会需要的产品上，这才是没有"水分"的速度；其次，有技术地进行技术改造，有利于推动对不合理的国民经济结构的调整，这是因为企业的技术改造，必然要通过设备更新和新技术装备的购置而对生产资料生产部门提出新要求，这就扩展了这些部门的服务领域，逐步改变过去那种"重重、轻轻"的畸形结构，使得国民经济各部的比例趋向合理。只有建立在国民经济结构和各部门比例合理基础上的速度，才是实在的速度。因此，抓好企业的技术改造，这是有动一手而活全盘的效用。

二十多年来，我一直坚持宣传抓好企业技术改造的观点。赵紫阳总理在五届人大四次会议上提出的十大经济方针中指出："有重点有步骤地进行技术改造，充分发挥现有企业的作用。"这使我极为振奋。当前的问题是不要停留在一般号召上，要按行业做出规划。一个企业一个企业地抓。一抓到底。而在做规划时，需要特别注意的问题一是要抓好重点，抓紧抓好对那些能直接有效克服国民经济发展中的薄弱环节，并对国民经济发展有较大带动作用和影响力的行业、企业、产品和技术改造。同时还要算账，先抓那些投资最小，收效最大的技术改造。当前，紧迫的是要把对能源和交通运输产业部门的技术改造摆在首位，有计划地更新能源利用效果低、浪费严重的设备，提高能源效用，减少消耗，对轻纺工业、机械行业的技术改造也要按提高社会经济效益的总目标有计划地抓好。二是要抓好改造资金的管理和使用，技、新、劳、零这四项费用，不能再分口管理，这几笔钱包括拨款和贷款在内，都应该由有关部门按规定统筹安排使用，这当然也要实行严格的财政管理和监督，避免"旧病复发"，不准挪用技术改造资金去搞基本建设。另外，如同我多次讲过的那样，固定资产的折旧率要提高，考虑到国家财政目前尚有困难的实际情况，也可以实行一些过渡性的办法，比如：可暂缓全面提高折旧率，先对个别行业和关键设备的折旧率加以调整；可不把当作财政收入的折旧基金全部返还，可逐步提高留给企业的比例。赵紫阳总理提出的"十大"经济方针中指出："为了有效地推进技术改造，今后用于固定资产的投资，要把基本建设和技术改造的资金统一安排使用。应该在较短时间内制定出符合我国情况，有利经济发展的设备更新政策。企业固定资本的折旧率要根据不同行业、不同企业的情况逐步提高，以利于合理地缩短企业设备更新的周期。今后凡是企业的折旧基金、利润留成部分中的生产发展基金，以及上级部门拨给的有关资金，都应该用于技术改造和设备更新。这些资金的分配和使用，都要纳入财政计划和信贷计划，不得用于新建项目和其他支出。"这是抓好技术改造的重要政策精神。

　　总之，抓好现有企业的技术改造，能够出高效益，能够出高速度，这二者是完全统一的。可以设想，经过两个五年计划，也就是到20世纪90年代，当着调整改革搞好的时候，我们的经济发展速度将一定会有一个较大的提高。

效益与速度的统一：有计划地抓好企业技术改造

## 就《天》剧讨论给李德华信*

**德华同志：**

您好！您给祖尧同志信我看了。华工同志愿意继续写文章讨论《天》剧（编者注：《天云山传奇》）问题，好极了。我知道我对《天》剧的看法是不为很多人接受的，现在愿意继续参加讨论。发表不同意见的人不多，但这些意见不仅涉及文艺问题，更涉及思想政治问题，涉及对党走过的曲折道路是隐藏起来好，还是告诉群众（包括通过艺术形象）、接受教训以防止再犯好！

希望你能运用你的影响，鼓励他们快点把文章写出来，以便展开讨论。

敬礼！

孙冶方

1982年8月18日

---

\* 标题为编者后加。

# 对《论作为政治经济学对象的生产关系》一文的批判者的答复

打倒"四人帮"以后,我曾经以什么是生产关系和生产力这两个题目,在北京、兰州、成都、西昌、昆明、上海等地的大学经济系、党校和干部会上做过多次报告。后来我又在1979年第8期《经济研究》发表了《论作为政治经济学对象的生产关系》一文。

此后好几个期刊,就政治经济学对象问题,即生产关系的内涵问题,展开了讨论。就我所知,截至1980年9月,光《经济研究》就发表了讨论这个问题的文章共十七篇之多。此外,《红旗》《中国社会科学》《学术月刊》《经济科学》《群众论丛》等刊物也发表文章讨论了这个问题。❶

我的文章会引起如此强烈和普遍的反响是在意料中的。因为斯大林的生产关系定义自从50年代初发表以来,近三十年间一向被国际马克思主义经济学界奉为经典。大专院校的政治经济学讲义都是按照这部经典编写的。我过去也是信奉斯大林的这个定义的。例如我在1961年写的《关于全民所有制内部的财经体制问题》那篇文章中就说过:"所有制问题到了底以后,经营管理权

---

\* 本文原载《经济研究》,1982年8月第10期。另见《孙冶方全集》,山西人民出版社,1984年版。

❶ 邢俊芳:《一年来经济学界关于政治经济学对象问题的讨论》,载《经济研究》,1980年第9期。

问题应该代替所有制的地位而成为社会主义政治经济学所要研究的生产关系三个方面中的第一个方面。"❶ 我这个提法还是以斯大林的定义为基础的。经济管理体制问题在社会主义政治经济学中无疑是个重要的题目；然而体制问题同所有制问题一样，也不能在生产、交换、分配这三个方面的生产关系之外去研究。

但是在撰写《社会主义经济论》的《导论》的时候，在反复研究了恩格斯和斯大林的不同定义后，我发现这两个定义是不能并存的。斯大林的定义不是发展了恩格斯的定义，不是从恩格斯的定义前进了，而是后退了，是不正确的。我的这个看法无疑是对旧的政治经济学观点的一个挑战。按照惯性定律，必然会引起斯大林定义的捍卫者们的猛烈反对。更重要的是，如果我对斯大林定义的批判能够站得住脚，那么按照斯大林的经典编成，现在已经沿用了近三十年的各种讲义和提纲，以至考卷答案，都得重写了。显然，这是不容易被接受的。

一

有一点情况是值得提一提的，那就是在我所知道的，同我商榷的二十余篇文章中，只有少数是为斯大林的无流通论（没有"交换"一项）辩护的。❷ 其余都是为斯大林定义中的所有制一项做辩护的。这说明斯大林定义的无流通论的错误是太明显了。它在实践中带来的害处也太大了。因此，人们是很难为它辩护的。蒋学模、孙矩两位同志在他们为斯大林定义的无流通论辩护时也

---

❶ 孙冶方：《关于社会主义经济的若干理论问题》，人民出版社1979年版，第140页。

❷ 据我所知，为斯大林的无流通论辩护的有：孙矩：《与孙冶方同志论作为政治经济学对象的生产关系》，载《经济研究》，1980年第9期；蒋学模：《也论生产关系范畴的内涵》，载《群众论丛》，1980年第3期。

只是把斯大林自己的解释重复了一遍：说他的定义中没有恩格斯定义中的交换一项，但是已经把恩格斯所说"交换"的内容包括在内了。可是我在《论作为政治经济学对象的生产关系》一文中所引斯大林这段原话，比蒋、孙两位同志引得还全面。我在引证了斯大林自己的整段说明之后，又曾经明确指出，斯大林所说，他的定义已经把恩格斯所说交换的内容包括进去了的说法，是没有说服力的。因为他所说"不同社会集团在生产中的地位及它们的相互关系，或如马克思所说的，'互相交换其活动'"，只能理解为直接生产过程中的劳动交换，还不能理解为整个社会内部各部门之间和各企业之间的产品交换和商品交换。而且即使如蒋、孙两位所说，斯大林定义中所说"互相交换其活动"已经把广义的交换即流通过程都已经包括进去了，那也是重复了杜林的严重错误。恩格斯因为杜林把交换作为生产过程中的一个附属项目，曾经狠狠地批评了杜林。恩格斯指出："生产和交换是两种不同的职能。没有交换，生产也能进行；没有生产，交换——正因为它一开始就是产品的交换——便不能发生。这两种社会职能的每一种都处于多半是特殊的外界作用的影响之下，所以都有多半是它自己的特殊的规律。""杜林先生把生产和流通（从总体看的交换——治方注）这两个虽然互相制约但是本质上不同的过程混为一谈，并且泰然自若地断言，排除这种混乱只能'产生混乱'，他这样做只不过是证明，他不知道或不懂得流通在最近五十年来所经历的巨大发展……"❶

恩格斯的这些论点，我在《论作为政治经济学对象的生产关系》中都已经更详细地引证过。但是我的批评者却不顾这些，仍然抱住斯大林的定义不放，而不肯宣传恩格斯的定义，把斯大林的"生产过程中人们互相交换其活动"这样一句话来代替独立的

---

❶ 恩格斯：《反杜林论》，《马克思恩格斯选集》第3卷，第186、193页。

流通过程。这样，我的批评者们滑向了杜林的纲领而不自觉，而杜林的纲领就是："交换或流通只是生产的一个项目。"❶ 因此，请读者原谅：我也不能不把前面已经说过的话，再唠叨一遍了。

我们对于斯大林这样的伟大人物也不能仅仅从他自己所说、所写的语言文字中去理解他，更要从他的实践中去理解他。斯大林亲自领导和管理苏联经济三十年左右。他建立了一套完整的经济模式，而这个模式恰恰是他的无流通论的政治经济学定义的直观教材。

斯大林认为在社会主义社会中，生产资料不是商品，不能卖给农民，只能卖给国营的机器拖拉机站。毛泽东同志曾经因此批评说，斯大林是不信任农民的。这个不信任就是斯大林的无流通论的根源。然而这是过渡性的，不是本质性的。至于生产资料，斯大林认为，它既然不能卖给集体农庄，更不能卖给农民个人，那么它就不是商品，而是产品；它在国营企业之间也不实行交换，而实行自上而下的"计划分配"，即"实物配给制"。

在党的十一届三中全会以前，在我国实行过的"物资"（生产资料）管理制度，也是20世纪50年代从苏联搬来的，也就是它的创始者们称之为"计划分配"的"实物配给制"。虽然这种"实物配给制"从事物本质来说，仍然是流通，因为这是产品从生产者手中转入消费者手中去的那个过程——流通过程。客观经济过程是不容人们主观篡改的。然而这已经是一种变态的流通，因此它的创始者也不把它当作"交换"或"流通"看，而称之为"分配"，把它同客观经济过程（生产、交换、分配）的第三环节混为一谈了。

关于斯大林定义的无流通论，我就补充说这一点。下面我们来谈斯大林定义把"所有制"独立为生产关系中的一个项目是否

---

❶ 恩格斯：《反杜林论》，《马克思恩格斯选集》第3卷，第186、193页。

妥当的问题。

## 二

我首先要答复的是1979年第12期《红旗》发表的《经济理论的若干方法问题》的作者林子力同志。会使读者感到奇怪的是，林子力同志和我一样都是不同意斯大林定义中关于所有制的提法的。所不同的是，口头上我在林子力同志两年以前，作为独立的论文，我在林子力同志四个月以前就发表了这些意见。我们之间的争论应该是不大的了。然而，林子力同志认为他同我之间的争论像马克思所说的，是同代表私人利益的英国高教会的斗争。

那么林子力同志提出了什么不同意见呢？第一，他给斯大林定义起了一个名称叫"三分法"。这个名称非但什么也没有说明，反而把问题搞糊涂了。因为我们现在所讨论的两个定义：恩格斯在《反杜林论》中对生产关系所下的定义（也是马克思的定义，因为我们知道，《反杜林论》是恩格斯和马克思合写的）和斯大林的定义都分成三个项目，只是三个项目内容不同而已。不错，马克思在1857—1858年经济学手稿中曾经把政治经济学研究对象分为：生产、分配、交换（流通）、消费四个项目。但是后来，不论马克思和恩格斯都没有再提"消费"这一项。至于他们后来为什么没有再提"消费"，我将在下一节再说。

第二，他说我把"所有制"解释为生产资料和产品的归属问题，因而我就陷入了唯心主义和形而上学。他从逻辑上怎样推理出这样的结论，从而给我扣上这两项帽子呢？我们不得不浪费些纸张笔墨把林子力同志的文章大段引证如下："是哪一种所有制，不能根据生产资料归属于谁来确定。诚然，生产资料确有一个归属于谁的问题。但如果这个谁是指甲、乙或丙，那在政治经济学

看来等于什么也没说,单从甲、乙或丙上丝毫看不出他们的社会经济属性,也就是说看不出他们是地主、资本家还是小农、工匠。""但是,'三分法'影响至深,以至于反对'三分法'的人也不能完全摆脱'三分法'。不久前发表的一篇文章,其主要观点是与'三分法'相对立的。文中谈到,生产关系应当按照恩格斯的定义,由生产、交换、分配三个部分组成,在此之外不独立存在着什么所有制即生产资料的归属问题。但他在解释生产关系这三个组成部分时,又说这三个部分'就是指:(一)用谁所有的生产资料进行生产,生产出来的产品归谁占有;(二)交换的产品是谁生产的,又归谁所占有的产品;(三)被分配的产品是谁生产的又归谁所占有,从而用什么形式按什么比例来分配。'短短一段话连用了六个'谁',第一个也是最重要的一个'谁',是指'谁所有的生产资料',它决定着以下的五个'谁'。而这个'谁'就是生产资料归属于谁。但是在未分析生产、交换和分配等所有制的各现实形态之前,这个谁是得不出来的。如果已经有了,那就只能说明这个'谁'是现实的经济关系之外的先验的规定。因此,说来说去,还是没有最终走出'三分法'的圈子,实质上是对恩格斯的定义用斯大林的方法进行了解释。"❶

我在这里首先要说明的是:林子力同志在上面所说的连用了六个"谁"的那"短短一段话",是从我的《论作为政治经济学对象的生产关系》那篇文章中摘引来的。但是林子力同志既没有提作者姓名,也没有注明出处,用意或许是由于他"存心忠厚",避免了"文化大革命"时期的"点名批判"。然而,我是最反对这种不点名的"批判"或"批评"或"评论"的。因为这种办法杜绝了读者进一步去研究并讨论的可能;从而无从知道所引的文字的上下文如何,更没法知道引者是否曲解以至篡改了被引者

---

❶《红旗》1979 年第 12 期,第 9、10 页。

的原话（林子力同志就是用这办法曲解了我的原话。例如我说所有制问题是指生产资料和产品的归属问题，这不用说是指归属什么阶段的问题）。但是林子力同志却把这句话说成是归属于某甲某乙的问题。这是学术讨论中最忌讳的方式。我希望我们的报刊不要采取这种方式来进行学术讨论。

现在言归正传，再来谈我连讲了六个"谁"字的那"短短一段话"是在什么场合下讲的，为什么我要那么说。

读者只要读过《论作为政治经济学对象的生产关系》中那"短短一段话"的上下文，就会明白，我之所以讲这一段话，是为了说明：为什么恩格斯的定义只有生产、交换、分配三个项目而没有所有制这个项目。我说，这并不是说马克思、恩格斯不重视所有制问题；而是因为生产、交换、分配这三个项目的说明，都离不开所有制问题。只要把生产、交换、分配这三个环节中的生产关系说明了，所有制问题也就明白了。我还引了马克思的话说："在每个历史时代中所有制以各种不同的方式，在完全不同的社会关系下面发展着。因此，给资产阶级所有制下定义不外是把资产阶级生产的全部社会关系重新描述一番。"❶ 我说：所有制问题，即生产资料和产品的归属问题很重要，但是你只要把生产、交换、分配说明白了，所有制问题也就说明白了。如果在生产、交换、分配这三个环节之外去研究所有制问题，那就会陷入马克思所说的法学或形而上学的幻想中去。林子力同志却把我的原话改说成：孙冶方强调所有制，可见孙冶方还要在生产关系之外去研究生产关系，那就是唯心主义和形而上学！

林子力同志把我在《论作为政治经济学对象的生产关系》中的论点全部接过去，然后却把我所批判的观点栽在我头上，为的是最后在文章的末段得出这样的结论："政治经济学所研究的材

---

❶ 马克思：《哲学的贫困》，《马克思恩格斯选集》第1卷，第144页。着重点是引者加的。

料的特殊性,把人们心中最激烈、最卑鄙、最恶劣的感情,把代表私人利益的复仇女神召唤到战场上来反对自由的科学研究。"

林子力同志所引的上面这句话来自马克思《资本论》第一版序言。可惜林子力同志没有把马克思的话引证完全。紧接着这句话后面,马克思还举了一个例子来说明上面这句话的内容:"例如,英国高教会宁愿饶恕对它的三十九个信条中的三十八个信条展开的攻击,而不饶恕对它的现金收入的三十九分之一进行的攻击。"❶

林子力同志文章的最后这段结论真使我摸不着头脑:我在什么地方同林子力同志个人,或者同党和人民发生了私人利益的冲突?我的哪一篇文章、哪一个论点反映了我"心中最激烈、最卑鄙、最恶劣的感情"呢?我又怎么成了"复仇女神"了呢?

我生平没有个人的冤仇。不错,在过去,我曾经挨过不公正的批斗。对于这个问题,我是这么看的:一切都要记在林彪、康生、陈伯达和"四人帮"账上。他们是以毛主席和党的名义蛊惑一些同志参加这些批斗运动的。现在大家都明白,这是上了当。因此,在"四人帮"被揪出以后,我就提出过:"运动中一切个人恩怨应该统统忘掉,忘得越彻底越好。"❷但是过去被林彪、康生、陈伯达、"四人帮"们颠倒了的理论是非,必须重新颠倒过来!为此,我在"四人帮"被揪出以后,曾经写了不少文章,坚持我至今认为正确的观点。同时也批驳了当年一些批判文章中我认为错误的观点。但是对我自己过去的错误观点(例如我曾一度否定奖金),我也做了检讨。坚持马克思主义政治经济学的理论

---

❶ 马克思:《资本论》第1卷,人民出版社1975年版(下同),第12页。
❷ 林子力同志的文章发表在1979年12月。我直到现在,1982年8月才来答复。——这说明我是并不把这种个人恩怨记在心头的;而且要不是我要把《社会主义经济论》中的《导论》写出来,要对别的同志的学术批判作答复,我还不会专门写文章来答复这篇文章呢!

观点是每个共产党员的神圣职责。康生、"四人帮"的监狱也没有能阻止我在里面写出了三万多字的、坚持我的政治经济学观点的申辩书;难道在三中全会后的坚持"双面"方针的社会主义中国,反而不能宣传我的经济学观点了!难道我对那些所谓"大批判文章"中某些还值得一驳的论点做了些恰如其分的答复,我倒有幸成了"复仇女神"了吗?

或许林子力同志会辩解说:前面关于"复仇女神"那一段话不是针对你个人的,而是泛指学术思想斗争的尖锐性的。如果这样,那么林子力同志在这场合引用马克思在《资本论》第一卷序言的这句话也是不恰当的。因为《资本论》这部工人阶级的"圣经"是挖掘资产阶级私有制的墙脚的。因此,《资本论》所遭到的攻击是来自资产阶级中最反动的人物。所以,马克思才举例说:"英国高教会宁愿饶恕对它的三十九个信条中的三十八个信条展开的攻击,而不饶恕对它的现金收入的三十九分之一进行的攻击。"显然马克思这里指的是反动资产阶级和无产阶级之间的敌我双方的阶级斗争。我请问林子力同志:我们现在国内经济学界关于作为政治经济学对象的生产关系的内涵问题的争论有哪一场是反映这种敌对阶级之间的争论,而你林子力同志是站在马克思主义立场上,别人则是站在反动资产阶级立场上的呢?

林子力同志的矛头所指不能不使人想起过去那种无限上纲和阶级斗争扩大化的气势。而这样的"学术讨论"的文章竟发表在三中全会后的1979年12月份!

## 三

下面我再答复另一位批判者,1981年第2期《中国社会科学》发表的《论生产资料所有制是生产关系基础》一文的作者吴宣恭同志。吴宣恭同志既不同意我的观点,也不同意林子力同志

对《论作为政治经济学对象的生产关系》一文的批判者的答复

的观点。关于吴宣恭同志批评林子力同志的观点当然要由林子力同志去答复，我只答复吴宣恭同志对我个人的批判或批评。

首先我要指出，吴宣恭同志的文章采取公开点名商榷，引证对方原话也都注明出处，这是正当的学术讨论态度。对此，我表示完全拥护。

吴宣恭同志为了替斯大林的定义辩护，提出马克思著作中，"所有制这个范畴具有广义和狭义之分"。广义的所有制泛指或解释为生产关系的总和。"狭义的所有制则分别指生产资料所有制、流通资料所有制、劳动产品所有制和有时提到的劳动力所有制。"❶ 而斯大林定义中的"生产资料所有制形式"，则是指狭义的所有制，它不是生产关系的总和而是生产关系的一个组成部分，从而把生产资料所有制形式作为生产关系的三个组成部分之一是可以的。

我认为这是吴宣恭同志强加于马克思的，而且也并不见得符合斯大林的原意。因为经济学所说的所有制就是指生产资料所有制。生产资料归属于什么阶级，那么产品不用说也归属于这个阶级了（吸取经验教训我宁可多写几个字，而不再简称为"归属于谁"，以免又被曲解为归属于某甲某乙）。因为所谓独立的"流通资料"是不存在的。我们知道，马克思认为，即使在资本主义社会，流通过程中的一切运输，保管储藏工作，都是生产过程在流通领域的继续，从而一切所谓"流通资料"，即火车、汽车、仓库等都是生产资料。日常习惯中，我们也都把仓库运输工具看作是生产资料，而不称为"流通资料"。经济学中所说"流通资料"或"流通手段"仅仅是指货币。所以，斯大林定义中"生产资料所有制形式"这句话，不用说是指全部生产资料，也包括了产品的归属在内。而且争论的焦点不在于所有制是否有广义和狭义的

---

❶《中国社会科学》，1981年第2期，第58页。

区别，而在于任何所有制形式问题，即使是吴宣恭同志的狭义的生产资料所有制，如果离开了分析生产、交换、分配这些生产关系，是否能把它说清楚而不陷入法学或形而上学的幻想（在生产资料所有制之外，谈什么流通资料和产品的所有制就是这种幻想的表现之一）。

吴宣恭同志认为我不主张把所有制形式作为生产关系定义的一个组成部分，是由于我否定了所有制是生产关系的基础，是"拒不承认生产资料所有制的存在和重要性"❶。

我怀疑吴宣恭同志并没有读完我的文章，便急于批判我的观点并热衷于宣传他的广义所有制和狭义所有制的理论。我在写上述文章的时候，就料到有人会怀疑恩格斯的定义没有所有制一项，是不是表示马、恩不重视所有制问题。因此，我的上述文章第二节（《恩格斯关于政治经济学研究对象的定义为何没有"所有制形式"这一条》）一开头就说："斯大林的定义中有'所有制形式'这一条；但是恩格斯的定义中却没有'所有制形式'这一条。这是不是说马克思和恩格斯都不重视'所有制形式'的研究呢？如果有谁这样想，那么他是大错特错了。"接着我引证了《共产党宣言》中的一句话和《资本论》第一卷的一个脚注，在那里马克思和恩格斯不仅把改变所有制作为一切革命运动的"基本问题"，而且认为所有制的历史也就是社会发展的历史。正因为所有制问题是具有这种"基本性"或"基础性"的问题，所以马克思和恩格斯认为要说明"所有制问题"，必须先说明生产、交换和分配中的全部生产关系。如果生产、交换、分配的全部生产关系都说明了，那么所有制问题也就完全明白了。反之，如果离开了生产、交换、分配等生产关系想去说明所有制问题，那就如马克思所说的那样，会走入法学或形而上学的幻想。正因为如

---

❶ 《中国社会科学》，1981年第2期，第69页。

此，所以在恩格斯关于生产关系的定义中，除生产、交换、分配三个项目以外，没有另外再列"所有制形式"这个项目。可是吴宣恭同志却因为恩格斯定义中没有了"所有制"这个项目，竟怀疑恩格斯定义否定了"所有制"问题的"基础性"和"重要性"。

当然，吴宣恭同志一定要叫冤屈了。"我批评的矛头是针对孙冶方的而不是针对恩格斯的呀！你怎么说我针对恩格斯了呢？"但是我在文章中，没有标新立异提出过新的生产关系定义。我只是对斯大林的定义和恩格斯的定义做了比较和评论，认为这两个定义有原则上的差别：斯大林的定义有"所有制形式"这一项目，恩格斯的定义没有"所有制形式"这个项目；斯大林定义是错误的，恩格斯的定义是正确的。而吴宣恭同志则说，不把"所有制形式"列为生产关系定义的一个独立项目是否定了所有制问题的基础性和重要性！

问题不在于所有制问题对生产关系是不是重要，是不是具有基础性。相反，正因为所有制问题对生产关系很重要，具有基础性；所以要说明所有制问题，必须把全部生产关系，包括生产、交换、分配这三大方面，从头至尾说一遍。想在生产、交换、分配之外，去说明所有制问题或财产问题，必然如马克思所说的那样走向蒲鲁东式的法学或形而上学的幻想。

## 四

最后，我要答复1979年第12期《学术月刊》登载的《关于作为政治经济学对象的生产关系的几点意见》的作者计瑗澄、徐海阔、李运福三位同志。这三位同志不仅认为斯大林的定义和恩格斯的定义"不存在本质区别"，而且认为"斯大林对恩格斯定义的某些改动是必要的、正确的；斯大林的定义是前进，而不是后退"。理由就是"所有制"是生产关系的基础,是核心。关于这个问题,我在答复吴宣恭同志的时候,已经讲过,问题不在于所有制是不是生产关系的基础或核心。相反,正因为所有制是生产关系的基础或核心,所以不能把所有制从形成生产关系总体的生产、交换和分配三个环节中独立出来,孤立地来分析、研究。

计、徐、李三位以"我国在较短的时间内基本上完成了消灭一切剥削制度和剥削阶级,以及对小私有制的改造等"为理由,坚持要"把生产资料所有制形式从生产关系中突出出来"。因此,他们三位认为"突出生产资料所有制的斯大林定义,比不突出生产资料所有制的恩格斯定义高明"。但是如同我在前面已经说过的那样,我在《论作为政治经济学对象的生产关系》一文中,就曾经指出马克思是非常重视所有制问题的。但是马克思、恩格斯非但没有在他们的政治经济学对象,即生产关系的定义中"突出"所有制问题作为一个独立的项目,而且马克思在致安年柯夫信中,还批评蒲鲁东说:把所有制问题独立出来,不仅是方法上的错误,而且是形而上学的或法学的幻想。❶

计、徐、李三位引了马克思《资本论》下面一句话来说明"突出"所有制问题是有理由的。马克思说:"生产资料的集中和劳动的社会化,达到了同它们的资本主义外壳不能相容的地步。这个地壳就要炸毁了。资本主义私有制的丧钟就要响了。剥夺者就要被剥夺了。"❷ 但是在我看来,计、徐、李三位引出马克思《资本论》这段话来,正好证明:你们要"突出"所有制问题,把所有制独立为一个项目是不对的。

计、徐、李三位的文章引证了不少马克思、恩格斯的语录。我相信三位同志是熟读了《资本论》的。请问《资本论》三卷中

---

❶ 马克思:《致巴·瓦·安年柯夫(1846年12月28日)》,《马克思恩格斯选集》第4卷,第324页。

❷ 马克思:《资本论》第1卷,第831—832页。

有哪一卷、哪一篇、哪一章为了突出"所有制",专门论述"所有制"并以"所有制"为标题的?你们所引为根据的马克思的上面这段话,是马克思在分析了商品、商品的两因素、劳动的两重性、价值形态或交换价值、商品拜物教、交换过程、货币或商品流通、由货币到资本的转化、绝对剩余价值和相对剩余价值、工资、资本的积累过程、资本主义积累的一般规律等篇章中的所有范畴概念之后,在第一卷末了第二十四章《所谓原始积累》的末一节《资本主义积累的历史趋势》中,作为全卷的结论提出来的。而且不仅本章的标题,连这一章的任何一节都没有标出"所有制"这个标题呀!这意味着什么呢?这意味着马克思在写《资本论》的时候,是信守着当年他在批判蒲鲁东的时候所提出的原则:政治经济学不能从"所有制"这个范畴谈起。相反,只有把"所有制"这一范畴之外的其他范畴说清楚之后,才能把"所有制"这个范畴说清楚。

三大卷《资本论》没有一篇、一章专门谈所有制或财产问题,但是把资本主义所有制的本质却说得清清楚楚。现在的某些社会主义政治经济学教科书大多设有"所有制"专章,但是据我看,未必把社会主义的所有制问题讲清楚了。

计、徐、李三位又引马克思《论蒲鲁东》一文中以下一段话,为他们的"突出"所有制的主张辩护。马克思说:"蒲鲁东实际上所谈的是现存的现代资产阶级财产。这是什么财产?——对这一问题,只能通过批判地分析'政治经济学'来给予答复,政治经济学不是把财产关系的总和从它们的法律表现上即作为意志关系包括起来,而是从它们的现实形态即作为生产关系包括起来。"❶ 我认为,计、徐、李三位没有读懂马克思的这句话,而且把这句话理解颠倒了!计、徐、李三位对马克思这段话的解释是

---

❶ 马克思:《论蒲鲁东》,《马克思恩格斯选集》第2卷,第142页。

这样的:"这里有两点很明确。第一,财产关系不等于法权关系,因此,不属于意志关系总和,也就是不属于上层建筑。作为财产关系的法权表现,才包括在意志关系的总和之中;第二,财产关系不是生产关系的法律用语,不是生产关系的法律表现。它的现实形态是'作为生产关系总和包括起来的'。"❶

奇怪的是,计、徐、李三位在自己文章中也承认马克思在《〈政治经济学批判〉序言》中说过"财产关系只是生产关系的法律用语",但是在这里的第二点又以马克思在《论蒲鲁东》一文中上面引的这句话来证明:"财产关系不是生产关系的法律用语,不是生产关系的法律表现。它的现实形态是'作为生产关系总和包括起来的'。"意思是说,"所有制形式"或"财产形式",应该作为生产关系的独立的组成部分之一"包括"进去的。

促使计、徐、李三位发生这样的误解大概是与"包括"这个词的译文不确切大有关系。"包括"这个词在德文原文是"Umfas－sen",俄译文是"Oxbatbibatb",中文译作"包括"是不准确的。这个词在这里应作"抓住""掌握"或"把握"。因此,马克思的这段话大致应如此译:"什么是财产?——对于这个问题,只能通过'政治经济学'的批判性的分析才能答复。政治经济学不是在财产关系的法律表现上,即作为意志关系来把握,而是在财产的现实形态上,即作为生产关系来把握。"

从以上译文,我们可以看出,马克思的这句话丝毫也没有要把财产或所有制"突出"来与生产、交换、分配相并立,作为生产关系的一个独立项目的意思。

计、徐、李三位或许要说,我们的译文是按我们的主观理解来翻译的;只有现有的译文及他们三位的理解才符合马克思的原意。好吧!对此,我也不做辩解。但是,我们不妨再引证马克思

❶ 《学术月刊》,1979年第12期,第22页。

1846年12月28日在写给安年柯夫的信中,对蒲鲁东的另一部著作——《贫困的哲学》——的评论。因为马克思也评论到蒲鲁东在这本书中对财产(所有制)问题的见解。马克思说:"最后,所有制(财产。——治方注)形成蒲鲁东先生的体系中的最后一个范畴。在现实世界中,情形恰恰相反:分工和蒲鲁东先生的所有其他范畴是总合起来构成现在称之为所有制(财产)的社会关系;在这些关系之外,资产阶级所有制(财产)不过是形而上学的或法学的幻想。另一时代的所有制(财产),封建主义的所有制,是在一系列完全不同的社会关系中发展起来的。蒲鲁东先生把所有制(财产)规定为独立的关系,就不只是犯了方法上的错误:他清楚地表明自己没有理解把资产阶级生产所具有的各种形式结合起来的联系,他不懂得一定时代中生产所具有的各种形式的历史的和暂时的性质。"❶

我们看到马克思在前后不到二十年的时间内(马克思的《论蒲鲁东》是1865年写的,致安年柯夫信是1846年写的),两次评论蒲鲁东的两本不同著作中的同一个题目(财产或所有制问题)所讲的话,在思想上是完全一致的。我对《论蒲鲁东》一文中那句话的译文是更能确切地表达马克思的一贯思想的。计、徐、李三位同志为了替斯大林的政治经济学对象的定义辩护,利用译文的不够确切,坚持要把"所有制"(或财产)形式"突出"出来与生产、交换、分配相并立,作为一个独立的项目"包括"进去,真如马克思所说,"不只是犯了方法上的错误"。

末了,计、徐、李三位列举了马克思、恩格斯对政治经济学研究对象和生产关系的不同提法,认为"马克思、恩格斯对生产关系这一概念的内容没有明确地阐述过",因此对生产关系是否包括交换关系和分配关系提出了疑问。此外,他们根据恩格斯晚

---

❶ 马克思:《致巴·瓦·安年柯夫(1846年12月28日)》,《马克思恩格斯选集》第4卷,第324—325页。着重点是作者加的。

年（1894年）给大学生符·博尔吉乌斯的信中一段话，认为"恩格斯对经济关系内容的概述……失之过广"。这给了读者一个印像，好象马克思、恩格斯对生产关系的解说是杂乱无章的。"在恩格斯的定义中也没有直接了当地说明生产关系包括哪些方面的内容"，他们三位认为"斯大林对恩格斯定义的某些改动是必要的，正确的；斯大林的定义是前进，而不是后退"。

下面我们把计、徐、李三位文章中有关部分大段引证如下，以便读者可以做出公正判断。"马克思、恩格斯都很重视生产关系，无论是在政治经济学中还是在哲学中都大量地使用这个概念。但是，我们不难发现这样两种情况。其一，马克思、恩格斯对生产关系这一概念有很多不同的提法，如'社会关系''物质生活关系''经济关系''经济形式''经济结构''物质关系''生产的诸关系'等。从原著的精神看，这些提法指的都是生产关系。其二，马克思、恩格斯对生产关系这一概念的内容没有明确地阐述过。《资本论》第三卷第七篇第五十一章的章目是'分配关系与生产关系'。分配关系与生产关系是并提的。在这一章里，有的地方说：'一定的分配关系，只是历史规定的生产关系的表现。''分配关系不过表示生产的一面而已。'有的地方说：'分配关系本质上和生产关系是同一的，是生产关系的反面，所以二者都具有同样的历史的暂时的性质。'对于交换关系，马克思是这样说的：'我要在本书研究的，是资本主义生产方式以及和它相适应的生产关系和交换关系。'以上引文很难说明交换关系和分配关系是生产关系的内容而包含在生产关系之内的。"

"在恩格斯的定义中，也没有直截了当地说明生产关系包含哪些方面的内容。恩格斯说：政治经济学是'一门研究人类各种社会进行生产和交换并相应地进行产品分配的条件和形式的科学'。……我们认为恩格斯定义中的生产，指的是物质资料生产，与交换、分配（还有消费）一起形成物质资料生产的全过程。"

"恩格斯在他的晚年对经济关系的内容有过这样一段论述。他说:'我们视为社会历史的决定性基础的经济关系,是指一定社会的人们用以生产生活资料和彼此交换产品(在有分工的条件下)的方式说的。因此,这里面也包括生产和运输的全部技术装备……包括在经济关系中的还有这些关系赖以发展的地理基础和事实上由过去沿袭下来的先前各经济发展阶级的残余(这些残余往往只是由于传统和惰力才继续保持下来),当然还有围绕着这一社会形式的外部环境。'这是我们所看到的经典著作中对生产关系这一概念所做的最详尽具体的阐述。从这里可以看到:第一,经济关系内容中没有分配方式;第二,恩格斯把生产和运输的技术装备以及地理基础等也都包括在经济关系内容中,因此,恩格斯对经济关系内容的概述是否有失之过广的问题,我们认为是存在的。"

"……把斯大林对生产关系内容的概述与上面马克思、恩格斯的引文对照一下,我们可以这样说,从对生产关系内容概述的历史过程来看,斯大林的定义把生产关系的内容具体化了,也可以说是进一步深化了。从这个意义上讲,斯大林对恩格斯定义的某些改动是必要的、正确的;斯大林的定义是前进,而不是后退。"❶

现在,我们来回答计、徐、李等三同志:马克思、恩格斯在不同场合,从不同角度来论述生产关系,从而用了不同的名词来称呼生产关系,那是一点也不奇怪的。但是即使是并非专政经济学的同志也会懂得经济关系、经济往来、社会关系、经济形式等都是生产关系的同义语,不能以此来证明马恩头脑中对生产关系的内涵,是一无主见、杂乱无章的(计、徐、李三位虽然没有直接这样说,然而他们的描绘在客观上是给了读者这样的印象)。

---

❶ 见《学术月刊》,1979年第12期,第21—22页。

这是其一。

第二，关于马克思在《资本论》第一卷第一版序言中所说"我在本书研究的是资本主义生产方式以及和它相适应的生产关系和交换关系"这句话，不仅计、徐、李三同志提出了疑问。过去，经济学界也早有过争论：政治经济学的研究对象到底是生产方式，还是生产关系呢？。我个人认为这个争论是多余的：政治经济学的对象既是生产方式又是生产关系。为说明这个问题就要说明什么是生产方式。对于生产方式的定义，我认为斯大林在《联共党史》第四章中所下的定义是正确的："生产方式既包括社会生产力，也包括人们的生产关系，而体现着两者在物质资料生产过程中的统一。"❶ 我过去也引过毛泽东同志对政治经济学研究对象说过的话：政治经济学是研究生产关系的，但是要联系着上层建筑和生产力来研究。马克思在《资本论》序言中的这句话正是这种精神。请读者和计、徐、李三位同志一起来回忆一下三卷《资本论》的内容。马克思在有关绝对剩余价值和相对剩余价值，在关于工资形式等章节，尤其是恩格斯的《英国工人阶级状况》，不是引证过不少法令条例吗？《资本论》第一卷第十三章《机器和大工业》不是还专设有《工厂法》一节吗？《资本论》中联系着生产力来研究生产关系的地方那就更多了。例如《分工和工场手工业》《机器和大工业》这两章，马克思就曾经对工场和工厂内容的生产力布局，新技术的发明对生产关系的改变所产生的影响等做了详细描述。在有关地租的各章节（特别是有关级差地租的部分），马克思又对农业的地理环境（包括水利建设）做了详细描绘。在流通过程（《资本论》第二卷）对运输装备也有所论及。因此，我认为计、徐、李三同志因为恩格斯上述引文中涉及技术装备和地理环境就批评恩格斯对经济关系或生产关系的概述

---

❶ 斯大林：《论辩证唯物主义和历史唯物主义》，《斯大林选集》下卷，人民出版社1979年版，第442页。

"失之过广",未免太轻率了吧!试问计、徐、李三同志是不是认为,把《资本论》上述篇章中论及技术装备和地理环境的段落删了去会使《资本论》更"前进"、更"完美"了呢?

第三,计、徐、李三位认为恩格斯在晚年给大学生符·博尔吉乌斯的信中是"经典著作中对生产关系这一概念所做的最详尽具体的阐述",但是"失之过广"。在他们三位看来,恩格斯《反杜林论》第三篇开头讲政治经济学《对象和方法》那整整一章十二页所讲的不是经济关系!三位或许认为那是讲的政治经济学的对象和方法,那不是指经济关系或生产关系。然则照三位意见,政治经济学的研究对象不是人与人之间的经济关系或生产关系,而是别的什么关系了!什么关系呢?列宁说:"凡是资产阶级经济学家看到物与物之间的关系的地方(商品交换商品),马克思都揭示了人与人之间的关系。"❶ 我想计、徐、李三位不至于是这样的经济学家。那么,他们三位为什么对这一章整整十二页视而不见呢?更何况他们自己还从这一章中引证了恩格斯关于政治经济学对象所下的定义:政治经济学是"一门研究人类各种社会进行生产和交换并相应地进行产品分配的条件和形式的科学"。而这句话正是恩格斯对政治经济学对象问题,也就是对什么是经济关系或生产关系问题,经过详细分析之后得出的结论。

再问一遍:为什么计、徐、李三位对恩格斯用了整整一章十二页篇幅阐明的政治经济学对象,即经济关系或生产关系的定义视而不见,反而用他们认为是"失之过广"的那封信中的一句话当作恩格斯对经济关系或生产关系定义"最详尽具体的阐述"呢?这是为了要贬低马克思和恩格斯的定义,抬高斯大林的定义,用以证明"斯大林对恩格斯的定义的某些改动是必要的,正确的,……是前进,而不是后退"。

---

❶ 列宁:《马克思主义的三个来源和三个组成部分》,《列宁选集》第2卷,第444页。

计、徐、李三位说:"《资本论》第三卷第七篇第五十一章的章目是《分配关系与生产关系》","分配关系与生产关系是并提的";而上述《资本论》序言则是把生产关系与交换关系相并立的,他们以此为理由,认为"很难说明交换关系和分配关系是生产关系的内容而包含在生产关系之内的"。但是奇怪的是他们三位接着又从《资本论》第三卷第七篇的同一章中引证了下面这句话来证明分配关系是生产关系的一部分:"一定的分配关系只是历史规定的生产关系的表现"。"分配关系不过表示生产关系的一个方面"。这说明三位同志对于自己从《资本论》中引来的语录没有读懂!请问:既然分配关系只是生产关系的一方面,是它的表现,那么怎么能说分配关系不包含在生产关系之内呢?

现在再来考察一下这一章的标题:《分配关系与生产关系》。这里好像又是把分配关系与生产关系并立的,而且分配关系还放在生产关系前面。这怎么能说分配关系是包含在生产关系内的呀!请计、徐、李三位想一想,为什么《分配关系与生产关系》这一章放在《资本论》第三卷倒数第二章?《资本论》第三卷是研究什么的?是研究剩余价值在资本主义社会各剥削阶级之间的再分配的!马克思用了近一千页篇幅详细分析了剩余价值的再分配过程之后,在最后得出结论:分配关系的性质是决定于生产关系的性质的,因此,在这里,马克思嘲笑了那些只想改变资本主义的分配关系而不想改变资本主义生产关系的小资产阶级幻想家!而计、徐、李三位的文章却是一个劲地想使分配关系与生产关系脱钩!

以上就是我对我的批判者(关于所有制问题)的答复。这里只涉及五位同志的三篇文章。对于其余二十篇左右的文章恕不一一答复了。因为这些文章所提出的批判意见,大体上没有超出以上三篇(严格说来只是两篇)的论点。

对《论作为政治经济学对象的生产关系》一文的批判者的答复

# 关于改革我国统计体制的呼吁[*]

20世纪50年代我搞过统计工作,后来改行了,但还一直关心着统计工作。现在借这个大会呼吁一下,建议将国家统计局在政权系统划归人大常委管辖,与法院、检察机关一样具有独立性。在党内,统计局归中央直接领导,与中央纪律检查委员会直接挂钩。中央经委不仅要检查贪污盗窃、违法犯罪活动,还要检查经济建设计划完成情况,检查弄虚作假、谎报数字的问题。省、直辖市地方的统计局实行双重领导。党的思想政治工作归地方党委领导;统计业务归上级统计机关领导。各级政府、党委要重视统计工作,选拔能坚持真理、有知识、有能力的明白人,安排在统计部门工作,使统计工作做到客观、准确、科学。列宁、斯大林非常重视统计工作,列宁曾把统计与监督联系在一起,统计机关权威性就很大,就难于弄虚作假。过去坚持统计工作独立性的同志受到打击,省、直辖市局长被划为右派的2人,下放劳动的3人,省属市局长被批判、开除党籍的更多。现在也有这种现象,党政首长不同意,统计部门人员就不敢上报统计数字。书记、厂长、车间主任不点头,统计数字就出不了大门,农村更是如此。耀邦同志批评,统计部门的"统计不如估计"。

但是要改变这种状况,光批评没有用,必须改变体制,给予支持。靠不正确的统计数字或估计数字指导经济工作,那是要上当的。这不是一件小事,希望引起全党重视。

---

[*] 这是作者于1982年9月在中共十二次代表大会上的呼吁。

# 20年翻两番不仅有政治保证而且有技术经济保证

## ——兼论"基数大,速度低"不是规律

胡耀邦同志在十二大的报告中提出:"从1981年到本世纪末的20年,我国经济建设总的奋斗目标是,在不断提高经济效益的前提下,力争使全国工农业的年总产值翻两番,即由1980年的7100亿元增加到2000年的28 000亿元左右。"党的十二大一致通过的这个宏伟的战略目标,鼓舞着全国人民奋勇前进,为实现这个宏伟目标而加倍努力。但是也有人对20年翻两番是信心不足的。他们想,我们不久前的口号还是"保四争五",而20年翻两番,每年增长速度要达到7.2%,这岂不是又要犯浮夸、冒进的老毛病了吗?而且多少年来,"基数大,速度低"这个框框也束缚着人们的思想,认为既然我们"六五"计划的速度是"保四争五",那么按着这个"规律"以后的速度就只可能是更低而不是更高。

我们应该明确指出这些想法都是不对的,20年翻两番既有政治保证,也有技术经济保证。诚如胡耀邦同志在十二大的报告中所指出的那样,这个宏伟目标党实事求是地确定了我国经济建设的战略目标。我认为,在我们全党和全国上下一心共同努力之下,不仅有充分把握按期实现这个宏伟目标,而且一定能像胡耀

---

\* 本文原载《人民日报》,1982年11月19日。

邦同志在报告中指出的那样,"在不断提高经济效益的前提下"实现这个目标。下面我试图说明我的意见。请读者,特别是经济学者和经济实际工作者指正!

一

首先我们应该指出:根据我们中华人民共和国成立33年的历史经验来看,工农业总产值年增长7.2%的速度并不算高。我们把中华人民共和国成立初期3年恢复时期的特殊情况排除不算(那3年工农业总产值平均每年增长21.08%),从1953年到1981年,工农业总产值的年增长速度为8.1%。我在1981年9月14日第50期《世界经济导报》发表的《调整改革与速度》一文中说过:

"在解放后最初3年的经济恢复时期,我们工业的年发展速度达到过20%~30%,如果说恢复时期有它的特殊性,不足为凭,那么,我们第一个五年计划时期工业发展速度是年平均18%,那时并没有浮夸风和瞎指挥。60年代初,7000人大会总结了3年大困难的经验教训以后,直到1966年'十年浩劫'开始为止,我们的工业又以每年17.9%的速度稳步上升。那是'调整、巩固、充实、提高'时期,是没有浮夸风和瞎指挥的。"

"我们的速度上不去的重要原因,就在于调整、改革还没有做好,而调整、改革之所以没有做好,则在于人心没有那时候齐,就在于某些领导班子因'十年浩劫'搞得不很纯了,例如有些人在那里顶着党中央的方针不办。因此,要做好经济调整和体制改革,必须做好思想政治上两条战线的斗争,既要反对'左'倾,又要反对右倾自由主义。对那些顶着党中央的路线方针不办或消极怠工的人,要进行教育以至进行组织调整。"

现在的情况比去年我写《调整改革与速度》一文时有进一步

的好转。经过几年的艰苦努力，我们已经在各条战线的实际工作中取得了拨乱反正的重大胜利，一个安定团结的政治局面已经形成，并且日益巩固。十二大报告又把建设高度的社会主义精神文明，作为建设社会主义的一个战略方针问题提出来，认为是否坚持这样的方针，将关系到社会主义的兴衰和成败。同时，把"努力建设高度的社会主义民主"，作为一个专门的方面进行了系统而详细的论述，认为只有建设高度的社会主义民主，才能使各项事业的发展符合人民的意志、利益和需要，使人民增强主人翁的责任感，充分发挥主动性和积极性。十二大还规定从明年下半年起用3年的时间认真进行整党，使党风根本好转，并以此带动整个社会风气的根本好转。所有这些，都是我们进行社会主义经济建设，在20世纪末实现工农业年总产值翻两番的重要政治保证。回顾30多年来，我们在经济建设上所以会发生几次重大的曲折，重要原因之一，就在于缺乏社会主义民主，特别是缺乏党内民主。因此，我认为，今后我们只要坚决贯彻十二大提出的上述决策和方针，把我们的党风整顿好了，社会风气根本好转了，广大人民群众建设社会主义的积极性和创造性就会大大提高，从而有力地推进我们的生产建设事业。

20年翻两番不仅有政治保证而且有技术经济保证

二

实现工农业年总产值翻两番的最直接的技术经济保证，就在于我们已经找到迅速发展农业和工业的正确道路。

党的十一届三中全会以后，由于逐步清算了"左"的错误指导思想，放宽政策，推行多种形式的生产责任制，提倡科学种田，我国农业发展形势很好。农业总产值在1978年比1977年增长9%的基础上，1979年又比1978年增长8.6%，超过工业总产值增长速度，粮食、棉花、油料均超过了历史最高水平。1980年和1981年，尽管我国不少地区遭受到严重水旱灾害，但是，由于政策对头，调动了广大农村干部和社员的生产积极性，大大减轻了灾害对农业生产的影响，提高了生产自救能力。这两年，农业总产值比上年分别增长2.7%和5.7%，其中经济作物如棉、油、糖继续大幅度增长，林、牧、渔业和社队企业都有新的发展，社员家庭副业发展更快。农业是国民经济的基础，农业的重要性是大家都很清楚的。农业形势的迅速好转，是党的十一届三中全会以来全国经济形势迅速好转的最重要的表现和标志。农业的发展为推动整个国民经济的发展提供了良好的条件。今后，只要我们按照十二大的精神，真正把农业作为经济建设的战略重点，继续贯彻发展农业"一靠政策，二靠科学"的方针，农业的大好形势一定能够继续下去，农业发展速度可以显著高于1953—1980年平均每年增长3.4%的速度。农业发展了，农民富裕了，对工业、交通运输、教育、科学、文化、卫生等方面就会提出新的更高的要求，促进工业交通运输事业和整个国民经济的迅速发展。

## 三

实现工农业年总产值翻两番，最重要的还是靠工业本身的迅速发展。因为工业是大头，其总产值一般占工农业总产值的70%左右。

发展工业绝不能采取按部门、按地区层层摊派指标，统统要求翻两番的办法。如果这样做，就会继续片面追求总产值，必然带来某些"水分"。实现工业本身的迅速发展，要做好许多方面的工作，比如建立合理的部门结构、产品结构和地区结构，实行专业化协作，实现企业组织结构合理化，加强和提高经营管理水平，等等。但是，我认为，发展工业同发展农业一样，最根本的，还是一靠政策，二靠科学技术。当前最重要和最现实的，就是要坚决实行去年五届人大四次会议政府工作报告中提出的经济建设10条方针的第4条,即有重点有步骤地进行技术改造,充分发挥现有企业的作用。报告指出:"过去,扩大再生产主要靠建设新厂,这在奠定工业化基础的时期是必要的。现在已经有了几十万个工业交通企业,今后扩大再生产必须主要靠技术改造,充分发挥现有企业的作用。许多企业在这方面取得的成效说明,这样做比新建企业投资少,见效快,经济效益高。""这是使我国经济走向顺利发展的一个关键。"

对现有企业进行技术改造,这是非常重要的问题。我国现有工交企业40万个,其中工业企业38万多个。而每年施工的大中型项目(主要是工交项目)只有1000多个,其中,全部建成投入生产的每年只不过100个左右(1976年以来建设项目投产率只有10%左右),虽然这些项目都是比较先进的,劳动生产率较高,但是,它们相对于原有几十万个企业来说,只占少数的少数。原有企业才是汪洋大海。我们增加工业产值,提高发展速度,当然也要靠新建企业,特别是其中作为骨干的大中型项目,但是重点应该放在原有的几十万个企业的挖潜、革新、改造上。也就是说,工业的发展应该主要依靠这几十万个企业进行技术改造,改善经营管理。

苏联20世纪30年代曾认为有个规律,叫作"基数大,速度低"。持这种意见的人,一般援引斯大林《第一个五年计划的总结》中的一些话为依据。斯大林说:"在研究产值增长速度时不能只限于考察增长的总的百分数,还必须知道每增长百分之一所包含的内容和全年产值增长的总数。"❶ 斯大林在这里还讲了苏联工业总产值的增长速度,第一个五年计划时期比恢复时期低,但是从增长的绝对数来看,则比恢复时期大。总的说,苏联几十年

---

❶ 斯大林:《第一个五年计划的总结》,见《斯大林全集》,第13卷,第171页,北京,人民出版社,1956。

工业发展的历史，我国30年来工业发展的历史，都是发展速度减慢而不是递增。这就更使"基数大，速度低"成为人们为经济发展速度降低辩护的理由。实际上，这个辩护是无力的，站不住脚的。苏联工业发展速度下降，我国工业发展速度也曾出现降低的趋势，两国具体历史条件不同，现象上有点相似，但这不是规律。苏联和中国发展速度减慢，原因是多方面的，其中一个重要原因，是经济财政体制把原有企业的技术革新和改造卡死了，结果占绝大多数的老企业很少技术进步，劳动生产率基本不变，生产增长很慢，甚至踏步不前，只能靠新建扩建一些企业来增加生产能力，争取发展速度，而新建扩建企业每年就那么一点点。在这种情况下，如果把原有企业的生产能力作为分母，新建扩建企业的生产能力作为分子，那么经济发展速度的快慢就取决于分数值的大小及其动态。而随着老企业越来越多，作为分母的数字越来越大；与此同时，不管你怎样扩大基本建设战线，由于它归根结底要受国力的限制，不可能有奇迹般的增加，每年只能增加百把个大中型企业和几千个小企业，即作为分子的数字很难有多少增加，或者说分子的数字很难比分母的数字增加得更快，这样下去，分数值越来越小，发展速度当然慢了。

邓小平同志在党的十二大开幕词中提出，今后一个长时期要抓紧经济体制改革工作。胡耀邦同志在十二大报告中也提出了有系统地完成经济体制改革的任务。这说明，我们不能满足于对旧的经济体制包括计划、财政体制修修补补，而要进行重大改革，以充分适应生产力发展的需要。可以想象，如果我们改变原来的经济体制，走发展工业生产的新路子，今后扩大再生产主要靠技术改造，充分发挥现有企业的作用，那么，生产的增长就不是只靠新建的那么一点点企业，而是同时也依靠占绝大多数的原有企业进行技术改造。这样，既抓了小头，又抓了大头，发展速度自然就快了。即使是进行新的投资，如果采取对原有企业进行技改造的办法，也能做到花钱小，见效快，收效大。一般来说，对现有企业进行技术改造，比新建企业，投资省1/3甚至更多，建成时间缩短一半以上，设备材料只有60%。这样的事例俯拾即是。所以，抓现有企业的技术改造，是使我们保持高速度发展工业、发展整个国民经济的一条重要技术经济保证。

"基数大，速度低"的说法根本不符合人类社会生产发展的历史。事实恰恰相反，从人类社会的几个经济形态来看，生产发展速度是越来越快的。已故苏联著名经济学家斯特鲁米林院士对人类社会技术进步和生产发展的速度曾做过粗略测算。他认为，石器时代技术进步的速度平均每一万年只提高1%~2%；进入铁器时代，反映技术进步的劳动生产率的增长速度，平均每100年提高4%；到蒸汽时代和电器时代，以美国为例，产业工人劳动生产率从1870年到1949年，平均每年增长1.5%~3.0%。❶ 由于技术进步的速度越来越快，即使在资本主义国家，其工业发展速度也是加快而不是减慢的。有人估算过，英国在1700—1780年的80年间，其工业产值年平均增长率为0.9%；而在1781—1917年的136年间，年平均增长率为2.2%~2.5%。❷ "基数大，速度低"的论断，不符合科学技术和生产发展的规律，无视现代科学技术处于高速运动的现实。

为了加速发展我国工业，我们首先要打破一个老框框：一说增加生产，就想进行基本建设，建新企业，铺新摊子，企求在原有技术、设备、材料、工艺和产品基础上扩大生产能力。特别是不能只从本地区、本部门、本单位利益出发，无视国家规定，继续兴建那些与设备先进的大企业争原材料和能源的小企业，诸如小烟厂、小酒厂、小纺织厂之类。因为这样做不但不能带来经济发展速度，甚至可能使原有企业更加吃不饱，设备能力利用率下

20年翻两番不仅有政治保证而且有技术经济保证

---

❶ 苏联《新时代》，1959（47）。
❷ 诺特京：《社会主义再生产的速度和比例》，第2页。

降,从而造成社会劳动生产率降低,经济效果下降。应当看到,我们除了需要集中必要的资金,加强能源开发,发展交通运输业以及一些新兴产业部门以外,要把主要注意力放在对现有企业的技术改造上,并从资金、物资等方面加以保证。只要我们不再"喜新厌旧",不把像汪洋大海一样的旧企业拖垮,不冻结技术进步,不把经济发展的宝只押在新建企业上面,而是改为下大力量认真搞好现有企业的技术改造,生产发展的速度就一定会快起来。

## 四

随着经济建设方针的改变,要像五届人大四次会议说的那样,"在较短时间内制定出符合我国情况,有利经济发展的设备更新政策。企业固定资产的折旧率要根据不同行业、不同企业的情况逐步提高,以利于合理地缩短企业设备更新的周期"。

关于提高折旧率问题,我国经济界历来存在不同意见。我在《红旗》1979 年第 6 期发表的《从必须改革"复制古董、冻结技术进步"的设备管理制度谈起》一文中曾经说过,"要使现有的几十万个旧企业能够完成这个重大任务,即在短时期内以不低于第一个五年计划时期所已经达到的速度发展生产,从而在较短时期内使人民生活有显著提高,那么……在工业方面就必须彻底改变仍在实行的那种'复制古董''冻结技术'的设备管理制度。为此,首先必须提高折旧率,缩短折旧年限。如果不能像工业先进国家那样一下缩短到四五年左右,也不能落后于西方国家在 19 世纪已经达到的更新周期,即是说折旧年限不能超过 10 年"。我说的关于目前折旧率偏低的问题,是符合客观实际的。最近,周冠五同志在介绍首钢经验时讲了他们那里的实际情况。他说:"过去,企业折旧费按固定资产总额的 3.3% 提取,还要上缴

50%，实际上企业只能拿到1.65%的折旧费。首钢有许多老旧设备，像1918年福特公司出产的锅炉，清朝时代留下的老式汽轮机，现在都还在用着。我们算了一下，按照这样的固定资产折旧率来更新改造全部老旧设备，就需要60年。过去的办法还规定，设备、厂房大修理，一不能易地，二不能增加面积，三不能加层，实际上只能照原样复制'古董'。这些都严重阻碍了技术进步。"❶

但是，有的同志却认为，现在的折旧率并不低，比如柳标、田椿生同志在一篇文章中说，据1978年全年决算统计，工业企业的固定资产平均折旧率为4.1%，折旧年限为24年。如果加上国家用拨款和贷款方式用于企业固定资产更新和技术改造的资金，那么我国工业企业的实际折旧率就是6%以上。还说："现在有些同志主张提高折旧率，却很少甚至根本不考虑物质、技术条件，似乎折旧率提高了，'古董'就变成了'时髦货'，陈旧设备就可以淘汰了，先进的设备就有了，这是不切实际的。"为了替自己的论点辩护，他们还举例说，美国平均折旧率也只有8%左右。❷

应该说，他们文中批驳的"有些同志"就包括我在内。但是，我认为他们的意见是不能令人信服的，其根据是站不住脚的。如果他们的说法能够成立的话，那么资本主义社会历史的发展是倒退的了。谁都知道，马克思在100多年前写的《资本论》就明确指出，资本主义经济危机大概每10年爆发一次，其物质基础就在于资本主义社会固定资本更新大约每10年一次。马克思说："随着资本主义生产方式的发展，生产资料的变换加快了，它们因无形损耗而远在自己有形寿命终结之前就要不断补偿的必要性也增加了。可以认为，大工业中最有决定意义的部门的这个

---

❶ 见《人民日报》，1982年10月30日。

❷ 柳标、田椿生：《关于我国固定资产折旧的几个问题》，载《经济研究》，1980（9）。

生命周期现在平均为10年……虽然资本投下的时期是极不相同和极不一致的,但危机总是大规模新投资的起点。因此,就整个社会考察,危机又或多或少地是下一个周转周期的新的物质基础。"[1] 这就是说,在一百多年前,资本主义社会固定资本的折旧率为10%。此后,资本主义生产技术得到进一步的发展,近几十年世界科学技术又处于高速发展状态。与此相适应,一些资本主义国家和企业为了加强竞争,纷纷搞快速折旧,进一步缩短折旧年限,提高折旧率,3~5年、5~7年更新一次固定资本者屡见不鲜。这也是近几十年来资本主义经济危机周期缩短到四五年一次的一个原因和物质基础。可是,柳标、田椿生同志却不顾这些事实,硬说资本主义社会折旧率不是提高了,而是降低了。如果像他们说的固定资本折旧率为8%,那么资本主义国家固定资本更新周期就是十二三年,即资本主义经济危机周期就不是比过去缩短而是延长了。这既同客观实际不符,也不合乎理论逻辑。

我国当前折旧率太低,已是公认事实,也是制约我国生产技术发展的因素。我曾一再主张,应该逐步把折旧率提高到10%。这是考虑到目前我国财力不足,老企业固定资产更新改造任务很重,30年来这方面欠账太多,一下子还不清。10%是一种过渡性的折旧率。到了20世纪90年代,当我国经济进入新的振兴时期以后,还要逐步提高折旧率。

为了逐步实现对现有工业企业的技术改造,原则上还必须把折旧基金归企业掌握和使用,当然,对于需要关闭的企业,对于那些需要限制发展的企业,其折旧基金应上缴国家统一掌握和使用。一般企业的技术改造主要靠折旧基金。

固定资产折旧问题对社会主义现代化建设的意义是不能低估的。《日本经济新闻》1982年10月20日、21日连载该报社论副

---

[1] 马克思:《资本论》,第2卷,第206—207页,北京,人民出版社,1975。

主编鲛岛敬治写的题为《探索多样化的中国经济》评论说：在中国，"折旧的意义和必要性，无论是有关经济各部委还是企业的管理者，很少有人能够理解。机器设备陈旧老化了，可以从国家得到资金进行更新。在上述这种想法占统治地位的情况下，认为折旧率的大小无所谓，也许是理所当然的。在长春、沈阳等东北工业基地，也听到了如下意见：如果至少承认全部折旧费都由企业保留的话，将会朝着改善目前状况迈出第一步"。

提高折旧率，把折旧基金留给企业掌握使用，连同财政上的其他措施，将给企业以进行技术改造的必要财力。当然我们也要看到，企业有必要的财力并没有解决全部问题。要增强企业对技术进步的努力，不仅要使他们有进行技术改造的实力，还要使他们有动力和压力。企业技术改造的动力和压力问题，涉及经济管理体制。我们的旧管理体制使企业重数量，轻品质；追求产值增加，忽视劳动生产率、产品性能和盈利率的提高；热心于新建扩建，忽视技术更新和改造。如果对这种妨碍技术进步的管理体制不做重大的根本的改革，就会出现这样的情况：企业手里有了钱，但是不用来进行旧设备的更新改造，还是继续走老路子，搞新建扩建。与此同时，国家对老企业的改造，要有指导，有统一管理和监督。第一，指定用于老设备技术改造的钱不能挪用，特别不能用来建楼堂馆所，用来建新企业，铺新摊子。由于扩大了企业的自主权，包括财权，一般说，企业进行技术改造的钱的来源有了。问题在于，这笔钱有时被挪作他用，这就需要进行严格的财政监督。不仅如此，整个 $c$、$v$、$m$ 三部分资金要划分清楚，$c$ 中属于折旧基金部分主要用于更新改造设备，$m$ 部分则除少数利润留成外，90%要上缴国家，用于进行新的投资和非生产性开支等。新产品、新设备试制，新技术试验，主要靠国家财政拨款开支，即从剩余产品（$m$）中支付，企业利润留成中建立的新产品试制基金，也属于这种性质。第二，对各行各业的包括从清王朝一直到现在的各种型号设备的技术改造,业务部门必须邀请专家开会研究,做出统一的规划,制定统一的政策,使技术改造既有领导有计划地分期分批进行,又能充分尊重企业的自主权,不把一切都卡得很死。

前不久,日本《读卖新闻》编委田川五郎采访日本有相当影响的企业家松下幸之助时,松下说,"中国实现现代化需要一个世纪"。一个世纪是什么概念呢?那是相当于日本从1868年明治维新到20世纪60年代末实现现代化的时期。我认为,如果我们不改变复制古董、冻结技术进步制度,我们就只能在外国人后面爬行,很难赶上他们。但是,只要我们在党中央的正确领导下,按照党的十二大报告的精神,全面开创社会主义现代化建设的新局面,坚决贯彻执行经济建设的十条方针,充分重视技术进步的作用,我们就一定能克服前进道路上的种种困难和阻力,能够为中华民族争气,为社会主义争气,不仅能够完成而且能够超额完成本世纪末经济发展战略目标,加速现代化的进程,用比一个世纪短得多的时间实现四个现代化。

# 关于中共旅莫支部

中国共产党莫斯科支部（以下简称旅莫支部），在莫斯科中山大学存在不久，于1926年上半年解散。现在，很多人对它已经不清楚了，深知其错误影响的，只有1925年以前在莫斯科东方大学及中山大学学习的留苏学生。现在在世的，据我所知有：邓小平、傅钟、乌兰夫、伍修权、吴亮平、李培之、孙冶方（以上中大）和刘鼎（东大）等几个人了。

现在看来，旅莫支部有两个最重要的错误倾向。这两个倾向在我们党内很久没有消除，所以党史上值得一提。第一是轻视以至反对党员的理论学习。旅莫支部非但不督促在校学生党员安心学习马列主义理论，而把用功研读马列的党员都视为"学院派"。旅莫支部领导更反对学俄文，认为我们这些留苏学生回国主要做革命实际工作，学俄文是学者们或"学院派"的任务。1941年，华中局派我去党校工作之前，少奇同志亲自和我谈了一次话。他特别交代过，讲课时只能照马列著作讲，如果要联系中国革命实践做什么发挥，必然向华中局请示。我在华中党校教马列主义的时候，讲到俄国党史上也有一种否定理论重要性的经验主义派，因此联想到旅莫支部这种经验主义错误倾向，是不是反映了陈独秀领导中国党时的思想倾向。于是我写一封信向少奇同志请示。

---

\* 原载《中共党史资料》，1982（1），第180—183页。

少奇同志写了《答宋亮同志》（当时我用宋亮名字），对我的意见做了肯定的答复。华东出版的刘少奇《论党》的初版曾把我的信作为附录编进去。40年以前我的记忆力比现在好，在我的那封信里对旅莫支部的错误倾向可能有详细的描述。

旅莫支部另一个错误倾向是，家长制作风和在党内组织生活中不谈思想政治问题，不谈大事，而只注意生活琐事，并提倡党员之间互相打"小报告"。"小报告"的内容就是互相揭发。记得在旅莫支部成立之初，发过一个叫作"军事训练"的计划或提纲。这个"军事训练"的内容，除了早晨上早操和上下午几节课以外，就是过党小组的组织生活，其内容就是批评和自我批评。批评和自我批评是我们党现在也提倡的好作风，也是某些党员所缺乏的。可惜的是旅莫支部的批评和自我批评，其内容全是生活琐事。例如某同学吃饭把面包皮丢了不吃，影响不好；某同志课间休息时蹦蹦跳跳不严肃；等等。记得"文化大革命"初期，有一个群众造反组织也搞这种生活细节的互相揭发和打小报告。周总理说这是从莫斯科传来的，他指的不是联共而是指旅莫支部。

旅莫支部先在东大成立。1925年中大开办后也成立了旅莫支部。这是从西欧勤工俭学学生中的旅法支部和旅欧支部学来的。旅莫支部对第三国际和联共没有正式联系，甚至可以说是不公开的，但不是不知道，而是采取睁一只眼、闭一只眼的态度。因为学校中的苏联领导人并不懂中国话，中共党员的党籍联共也不承认，认为中国学生自己组织起来，自己管理自己也无不可。后来发现中国学生在课余复习时很不用功，特别是不学俄文，例如我在旅莫支部统治的半年时间，就没有学俄文。但会议很多，生活很紧张，有的在小组会上挨了批评的同志往往垂头丧气，甚至有哭泣的、不吃饭的。学校的苏联领导人在了解情况以后，大概经过向联共和第三国际的请示报告之后，就下令解散了旅莫支部。中大的党员不论是正式党员或候补党员，新党员或老党员，甚至像俞秀松这样的中共发起人，都成了苏共中大支部的一个分支部的候补党员，都只发给了一张苏共候补党员证。可见斯大林时期的联共就把中共看作是低一等的党，是"儿子党"。当时解散旅莫支部的理由，除了批评旅莫支部不提倡学习马列主义理论的错误以外，还根据第三国际的一条组织原则：凡是旅居别国的共产党员，就参加所在国的共产党组织和所在国的工人运动，不得另外成立小组织。这条原则好像第一国际和第二国际时代就成文地或不成文地存在的。当时绝大多数学生（或许除旅莫支部的少数领导人以外）听了学校苏联领导人报告，特别是听了对旅莫支部轻视学习马列理论的批评以后，都同意苏联领导人的意见。从此我们就努力学习马列理论，学俄文。我们中大一期学生，绝大多数是1925年11月前后到校的，大概在12月开学。1927年暑假毕业。（其中有一部分同志，如小平同志等，因国内工作需要，没有等毕业就提前回国）实际只有一年半时间，其中又被旅莫支部耽误了半年左右，真正学习的时间只有一年左右。

关于中共旅莫支部

末了，补充说一下旅莫支部的领导组织。这是一个三人小组。其中一人就是任卓宣，即后来成了叛徒的叶青。他负责领导中大旅莫支部。另两人，一个好像是刘伯坚，他回国后好像是先在白区工作，后来到了根据地，很早就去世了。一人好像姓王，广东人，好像是在广州起义中牺牲的，只知道他就义时很英勇。他二人负责领导东大旅莫支部。他们大概在1925年以前就到苏联学习了。关于他们二人的情况，三机部刘鼎同志应该比较清楚，因他当时也参加中大工作。任卓宣同我们中大第一期大多数同学一样，是1925年到苏联学习的，他也是没有毕业就提前回国的。他们三人都是转到苏联学习的留法勤工俭学学生。

关于中大旅莫支部情况，我记忆不全，甚至有记错的，请伍修权、吴亮平同志补充。

旅莫支部存在时间很短，取消以后不曾有什么后遗症。但这种轻视理论学习和不重视思想政治修养，而纠缠个人生活细节的风气，正如少奇同志所说，中国党自陈独秀时期起曾长期存在过。但旅莫支部把这种偏向发展到了极端，成了一种典型，所以很值得注意。

# 《社会主义经济的若干理论问题》（续集）前言[*]

本书收集的文章，除新近找到的一篇1956年的文稿《价值规律和改进计划统计方法问题》和1961年写的《对积累率问题的几点意见》外，都是1978年11月以后，即在1979年人民出版社出版的《社会主义经济的若干理论问题》一书编成后写的，其中绝大部分已在国内一些报刊发表过。这两年来我写的文章，大多数是讨论现实经济生活即社会主义现代化建设中提出的理论问题和实际问题，涉及的面比较广，而不是围绕政治经济学某一个中心问题展开论述的，因此，我把这本文集取名为《社会主义经济的若干理论问题》（续集）。我一向主张在学术问题上"求异存同"。我喜欢同别人进行指名道姓的争论，也很欢迎别的同志对我的主张提出不同意见或批评。我认为，这样做有利于经济理论研究工作的开展，有利于经济科学的繁荣。

参加本书选编工作的，有吴敬琏、张卓元、林青松、冒天启、霍俊超、陈家华、旷建伟等同志，特此表示谢意。

---

[*] 原载《社会主义经济的若干理论问题》（续集），北京，人民出版社，1982。

## 统计要独立[*]

我在党的十二大讲了统计工作的问题。我主张统计要独立。国家统计局在党的工作方面由党中央直接领导,在行政工作方面受全国人民代表大会常务委员会领导,并应同党的纪律检查委员会挂钩。这样,统计数字才能可靠,统计工作才能更好地发挥监督作用。

我深切地希望大家能把统计工作搞得更好,为全面开创社会主义现代化建设的新局面做出更大贡献。

---

[*] 本文1982年12月8日写于北京医院。原载《统计》,1983(1)。

# 就宣传个人问题致函《光明日报》

《光明日报》编辑部并请转报中宣部：

　　最近一个时期，贵报和其他报刊对我进行了大量的报道。为了宣传党的知识分子政策和讨论有关经济理论问题，做一些适当的报道是可以的。我感谢党和人民给予我的莫大荣誉，也感谢贵报和其他报刊对我的鼓励，深感受之有愧。

　　近日来，贵报又开辟专栏，连篇对我个人进行报道，这使我深感不安。作为一个共产党员，为党努力工作，为国家和民族的振兴做些贡献，是应尽的本分，无可过褒。有多少和我同期投身革命的同志，已为党为国捐躯，英勇壮烈牺牲。又有多少中年、青年同志，艰辛工作，默默无闻。我希望多对这些同志进行宣传。对我的经济理论观点进行适当的宣传和讨论，我是赞成的，但不要对我个人进行过多的宣传。这绝非谦虚之词，实为一片肺腑之言。

　　此致
敬礼！

孙冶方<br>
1983年1月18日<br>
于北京医院

## 抗战初期上海文委的一些情况*

从1937年抗战爆发到1939年,我一直在上海工作。"七七"事变前夕,上海地下党的群众工作委员会书记王尧山约我到沙文汉家中,通知我正式恢复党的组织关系,并分配我和王翰一起搞学委的工作,当时,讲明王翰即将调离,由我接任他的工作。胡乔木的一个妹妹(当时在暨南大学)也参加学委,我们就在她家里开会。

"8·13"淞沪战争打响以后,当时上海党内负责管学委和文委的沙文汉通知我调到文委工作,唐守遇接替我搞学委。沙文汉还说:文委的党员关系,由八路军驻上海办事处潘汉年向你移交。参加文委的同志,都是我原来熟悉的,有夏衍、钱俊瑞、曹荻秋等,由我担任文委书记,曹荻秋为副书记,我分管文委的党务工作。为什么组织上指定我担任书记呢?夏衍是老党员,社会地位比我高;钱俊瑞社会地位也是高的;曹荻秋的关系是潘汉年交给我的,他刚从监狱出来。他们都是出头露面或受人注意的人物,组织上曾经决定,如果中国军队从上海撤退,他们都要调离上海。而相对来说,我比较不引人注目,容易隐蔽,能够坚持下来。正式成立文委的会议是在汪光焕家里举行的,而汪光焕没有参加会议。后来,我和钱俊瑞等一起开过两次文委会议。

1937年11月12日,中国军队从上海撤退,夏衍、钱俊瑞都

---
* 原载《党史资料》,1983(2),第10—12页。

调到大后方，曹荻秋也离开了上海。以后参加过文委的有唐守愚、梅益、王任叔、姜君辰、林淡秋、顾准等。顾准是1937年9月从职委调到文委担任副书记的。

1937年年底或1938年年初，潘汉年对我说，他调动工作了，"八办"主任改由刘少文担任，文委工作由刘少文联系。从此，文委的上层统战关系由刘少文负责，文化政策、党务等工作由我负责。这样，文委系统有些党员关系又移交给"八办"。

上海租界地区沦为孤岛以后，在江苏省委和"八办"的领导下，文委利用租界当局和日本帝国主义之间存在矛盾、群众抗日情绪高涨的有利时机开展工作。

戏剧界在发动群众坚持抗战，教育群众发扬民族正气等方面做了不少工作。"8·13"期间，在文委领导下，话剧界曾有12个救亡演剧队。上海租界沦为孤岛后，还有2个演剧队留在上海继续开展救亡演出。当时上海话剧界在2个摊子的工作，一是于伶负责的专业话剧团的工作。先是成立青鸟剧社，团结一批电影、话剧界的同志，占领上海舞台，坚持和日伪的殖民地文艺、汉奸文艺开展斗争。夏衍的《赛金花》《上海屋檐下》在孤岛时期都曾演出过，影响很大。有些学校的学生工作，就是通过话剧打开局面的。二是杨帆负责的各业余话剧团的活动。当时职业界、学生界、妇女界等群众团体都开展了业余演出抗日救亡话剧的活动。业余话剧团先在新光大戏院、璇宫剧场演出，后来在新世界商场下面绿宝剧场演出。各业余话剧团轮流在每星期日演出一次，这在上海戏剧界的历史上是前所未有的。周恩来知道后，曾经称赞："星期小剧场的工作搞得非常好！"

这一时期，文化界还搞了大量的创作、出版工作，如编辑出版《译报》、《译报周刊》等，由张宗麟、梅益等主要负责，张宗麟是直接由"八办"领导的。我没有参加过《译报》的董事会，而我们和《新闻报》《申报》都有联系。《申报》第一版要电的主编是冯宾符的哥哥冯都良，20世纪30年代《申报》的许多社论都是冯都良撰写的。

另外，歌咏队、读书会的工作也都很有成效。

孤岛时期，上海曾派出了两批慰问新四军的代表团。第二批由文化界张宗麟负责组织，杨帆、王元化等参加。开始时，党组织并没派杨帆去，张宗麟对我说，这一批代表中一个党员也没有，却杂有国民党特务，杨帆很有办法，一定要杨帆去参加。后来，刘少文也向我打了招呼。我原以为杨帆去一个月就会回来的，没想到项英把他留在新四军工作了。